普通高等院校"十三五"规划教材

GAOJI CAIWU KUAIJI

高级财务会计

陈文军 傅桂英 主 编
韩 磊 安永红 唐勇军 罗汉俊 副主编

清华大学出版社
北京

内 容 简 介

本书是一本针对我国深化改革开放过程中的企业会计的发展和热点问题而进行的思路发散性、理念创新性和实践联系性的多样性研究的教材。本书在充分考虑高等院校教学要求的基础上，突出实用性。全书包括总论、财务报表调整、中期财务报告、资产减值会计、租赁会计、外币会计、衍生金融工具会计、企业合并会计和合并财务报表共九章内容。

本书既可供高等院校会计专业、财务管理专业学生学习"高级财务会计"或"高级会计学"等课程时使用，也可作为会计实务工作者或继续教育的参考教材。

本书封面贴有清华大学出版社防伪标签，无标签者不得销售。
版权所有，侵权必究。 举报：010-62782989，beiqinquan@tup.tsinghua.edu.cn。

图书在版编目(CIP)数据

高级财务会计／陈文军，傅桂英主编．--北京：清华大学出版社，2016(2024.8重印)
(普通高等院校"十三五"规划教材)
ISBN 978-7-302-45931-6

Ⅰ.①高… Ⅱ.①陈… ②傅… Ⅲ.①财务会计-高等学校-教材 Ⅳ.①F234.4

中国版本图书馆 CIP 数据核字(2016)第 307726 号

责任编辑：刘志彬
封面设计：汉风唐韵
责任校对：宋玉莲
责任印制：杨 艳

出版发行：清华大学出版社
    网　　址：https://www.tup.com.cn，https://www.wqxuetang.com
    地　　址：北京清华大学学研大厦 A 座　　邮　　编：100084
    社 总 机：010-83470000　　邮　　购：010-62786544
    投稿与读者服务：010-62776969，c-service@tup.tsinghua.edu.cn
    质量反馈：010-62772015，zhiliang@tup.tsinghua.edu.cn
印 装 者：涿州市般润文化传播有限公司
经　　销：全国新华书店
开　　本：185mm×260mm　　印　张：15　　字　数：357 千字
版　　次：2016 年 12 月第 1 版　　印　次：2024 年 8 月第 5 次印刷
定　　价：39.00 元

产品编号：072675-01

Preface 前言

作为财务会计三大组成部分之一,高级财务会计在近几年受到了越来越多的关注。目前,西方国家企业会计改革方兴未艾,我国财务会计改革正在加速推进,这些都预示着高级财务会计将在经济管理领域扮演不同于以往的重要角色。

随着我国社会主义市场经济体制的不断完善以及经济的不断全球化、市场化和信息化,经济结构和管理方式已经发生了深刻的变化,出现了不少新的问题和新的矛盾。在新形势下,如何使我国的财务会计与国际惯例接轨,如何通过加强会计管理来提高经济效益,还没有从理论和实践的结合上得到很好的解决。我国的经济发展带来了会计事业的拓展,也为会计实践和理论提供了极大的发展空间,而且经济全球化的发展又在客观上为我国会计界提出了更高的实践要求。

但是,我国现有的财务会计理论与国际先进的财务会计发展水平相比,仍然存在着很大差距。虽然我国引进了大量理论,但是还停留在基本概念和公式上,不能满足财务会计工作实践的需要,理论对实践的指导作用较滞后。因此,为了博采众长,研究适应我国国情的财务会计理论与方法。本书试图从一个新的角度来考察新形势下我国企业财务会计的一些理论及实务问题,研究适应我国国情的财务会计理论,并将之用于实践,为实践提供指导。

本书之所以冠以"高级",是因为它主要是一本针对我国深化改革开放过程中的企业会计的发展和热点问题而进行的思路发散性、理念创新性和实践联系性的多样性研究的教材。

本书的主要特点如下。

1. 体系完整,思路清晰

本书以客观经济环境变化引起的一系列新的、特殊经济业务为主线,分析了高级财务会计产生的理论基础，就当前突破会计假设的特殊交易和特殊事项的会计问题进行了比较系统的论述。

2. 具有前瞻性

本书就当前会计领域若干新的、难度较大的、有代表性的问题进行了论述。在论述过程中，充分考虑会计学的发展趋势和国际惯例，不局限于现有做法，对于在我国刚刚出现或目前尚不完善的经济业务或事项，如或有事项、资产减值等进行了系统的讨论。

3. 注重理论与实践的结合

本书涉及的内容大多属于尚未定论的、探讨性的热点、难点问题，我们对此从理论上进行了较深入的研究，并提出了自己的见解；同时，在对问题的阐述中注重实用性和可操作性。

本书编写过程中，得到了南京师范大学会计与财务管理系江希和教授、熊筱燕教授和赵自强教授的悉心指导和大力帮助，在此表示感谢。

由于水平和角度的局限，本书难免存在一些问题，一些方面的探讨也还不够详尽，恳请读者对本书提出批评和建议，以利再版修订。

编　者

Contents 目 录

第一章 总 论

第一节 高级财务会计的含义及其特征 ………………………………………… 1
第二节 高级财务会计的研究对象 …………………………………………… 3
第三节 学习和研究高级财务会计的方法 …………………………………… 5
本章小结 ……………………………………………………………………… 6
思考题 ………………………………………………………………………… 6
同步测试题 …………………………………………………………………… 7

第二章 财务报表调整

第一节 会计政策、会计估计变更和差错更正 ……………………………… 10
第二节 资产负债表日后事项 ………………………………………………… 19
本章小结 ……………………………………………………………………… 33
思考题 ………………………………………………………………………… 33
同步测试题 …………………………………………………………………… 34

第三章 中期财务报告

第一节 中期财务报告概述 …………………………………………………… 46
第二节 中期财务报告的编制原则和方法 …………………………………… 47
本章小结 ……………………………………………………………………… 52
思考题 ………………………………………………………………………… 52
同步测试题 …………………………………………………………………… 53

第四章 资产减值会计

第一节 资产减值会计概述 …………………………………………………… 58

第二节 资产减值的确认和计量 …………………………………… 60
第三节 资产减值信息的披露 …………………………………… 65
本章小结 …………………………………………………………… 66
思考题 ……………………………………………………………… 66
同步测试题 ………………………………………………………… 66

第五章 租赁会计

第一节 租赁会计概述 …………………………………………… 73
第二节 经营租赁的会计处理 …………………………………… 84
第三节 融资租赁的会计处理 …………………………………… 86
第四节 售后租回的会计处理 …………………………………… 95
本章小结 …………………………………………………………… 98
思考题 ……………………………………………………………… 98
同步测试题 ………………………………………………………… 99

第六章 外币会计

第一节 与外币业务相关的概念 ………………………………… 104
第二节 外币业务的会计处理 …………………………………… 107
第三节 外币财务报表折算 ……………………………………… 114
本章小结 …………………………………………………………… 118
思考题 ……………………………………………………………… 118
同步测试题 ………………………………………………………… 118

第七章 衍生金融工具会计

第一节 金融工具概述 …………………………………………… 124
第二节 金融工具的确认与计量 ………………………………… 130
第三节 金融资产转移 …………………………………………… 136
第四节 套期保值会计 …………………………………………… 142
第五节 金融工具的披露 ………………………………………… 155
本章小结 …………………………………………………………… 159
思考题 ……………………………………………………………… 159
同步测试题 ………………………………………………………… 159

第八章 企业合并会计

第一节　企业合并概述 …………………………………………………… 164
第二节　非同一控制下的企业合并的会计处理 …………………………… 168
第三节　同一控制下的企业合并的会计处理 ……………………………… 170
本章小结 ……………………………………………………………………… 181
思考题 ………………………………………………………………………… 181
同步测试题 …………………………………………………………………… 181

第九章 合并财务报表

第一节　合并财务报表概述 ……………………………………………… 189
第二节　合并资产负债表 ………………………………………………… 194
第三节　合并利润表 ……………………………………………………… 212
第四节　合并现金流量表 ………………………………………………… 217
第五节　合并所有者权益变动表 ………………………………………… 221
本章小结 ……………………………………………………………………… 222
思考题 ………………………………………………………………………… 222
同步测试题 …………………………………………………………………… 222

参考文献 …………………………………………………………………… 232

第一章 总 论

> **学习目标**
>
> 1. 了解高级财务会计的产生和发展规律。
> 2. 掌握高级财务会计的含义及其特征。
> 3. 明确高级财务会计的研究对象。
> 4. 掌握学习、研究高级财务会计的方法。

第一节 高级财务会计的含义及其特征

一、高级财务会计的含义

"高级财务会计"一词源于英文的 advanced financial accounting，在国内的会计教材体系中，有关这一概念，既有谢诗芬教授所著的《高级财务会计问题研究》等专门论著，也可散见于一般财务会计书刊之中。但是，在国外教材中却没有对高级财务会计进行定义性描述。通过深入分析，我们认为，从最基础的角度给高级财务会计下一个切合实际的定义是很有必要的。

根据我国当前会计工作的实际情况，并考虑到今后的发展，我们将高级财务会计定义为：高级财务会计是随着社会经济的发展，对原有的财务会计内容进行补充、延伸和开拓的一种会计，即利用财务会计的固有方法，对现有财务会计未包括的业务，或者需要深入论述的业务，以及随着客观经济环境变化而产生的一些特殊业务进行核算和监督的会计。高级财务会计包括特殊业务会计和特殊行业会计两部分。特殊业务会计主要是针对一些特殊的、比较深奥的会计课题展开探讨，如合并财务报表、套期会计、资产减值会计等；特殊行业会计是指有着鲜明行业特点的企业会计，如房地产会计、石油天然气会计、原保险会计、再保险会计等。

为适应和促进社会经济的不断发展，核算和监督在新的社会经济条件下出现的特殊经济业务，向企业的投资者、债权人和政府有关主管部门提供更为真实有用的相关会计信息，就必然会促使一批会计学者和实际工作者去研究原有的财务会计理论和方法以及所应创建的新的会计理论和方法。这种研究、应用和修正原有的财务会计理论和方法以及创建的新的会计理论和方法，用以核算和监督在新的社会经济条件下出现的特殊经济业务，向外部与企业有利害关系者提供更为真实有用和相关经济信息的会计学科，我们称之为"高级财务会计"。

高级财务会计与中级财务会计互相补充，共同构成了财务会计的完整体系。

深入理解高级财务会计这一概念，还需要进行以下几个方面的说明：

（1）高级财务会计属于财务会计系列，这是因为：①它以货币为主要计量单位进行核算和监督；②它以合法的会计凭证为记录经济业务的依据；③它依据会计凭证登记账簿，依据账簿编制对外报出的财务会计报告；④从本质上看，它也是以记录经济业务为手段而全面介入企业经营的一种管理活动。总之，高级财务会计在采用会计方法上与中级财务会计相一致，也符合财务会计的确认、计量和报告的要求，但高级财务会计核算和监督的内容有一些是中级财务会计所没有的，或者是不经常发生的交易或事项，主要表现为一些特殊的交易或事项和特殊经营方式企业的特殊会计事项。一般来说，将这些交易或事项单独归入高级财务会计，而将企业单位经常、普遍存在的符合会计一般特征的交易或事项安排在中级财务会计课程中加以阐述。

（2）高级财务会计与中级财务会计的分野主要表现在将一般的会计业务划归为中级财务会计的内容，将不经常、不普遍存在的会计业务划归为高级财务会计的内容，从而将两者关系描述为财务会计中的一般与特殊的关系。这样划分中级财务会计和高级财务会计，能够与国际会计惯例基本保持一致。当然，在高级财务会计中还包括对中级财务会计内容需要深入论述的部分，但这些内容有一定的深度，远非中级财务会计业务所能涉及的。

（3）高级财务会计与中级财务会计的区别还可表现在对会计业务反映的连续性、系统性和全面性三个方面。高级财务会计所反映的业务有些只发生于某一特定时期，且既可能发生于所有企业，也可能发生于部分企业，总之属于中级财务会计所不能完全包括的业务事项。将这些业务事项归为高级财务会计的内容，可以给中级财务会计以完整的外延补充，使其有更为完整、清晰的体系，也可使高级财务会计在核算范围、内容的特殊性方面得以明确体现。

高级财务会计是专门研究高级会计业务形成与发展的一门学科。西方国家是在20世纪中期以后对高级财务会计开展研究的，我国对高级财务会计的研究起步较晚，近几年来在我国会计理论界及会计学科建设中，已经开始重视高级财务会计的研究。总之，高级财务会计的产生与发展确实对中级财务会计造成了很大的影响。专门对一些特殊会计业务进行研究、表述的高级财务会计弥补了中级财务会计的不足，两者互为补充、相得益彰，共同构成了财务会计学的完整体系。

二、高级财务会计的特征

高级财务会计具有以下特征。

▶ 1. 探讨问题的视角新颖

高级财务会计探讨的问题多是国际和国内会计学科发展过程中出现的新问题，带有一定的前瞻性，探讨问题的视角独特。

▶ 2. 研究对象新、奇、特

高级财务会计的研究对象是那些随着会计学科的拓宽而出现的更新、更复杂的交易或事项。财务会计领域中的高、精、尖问题，不仅涉及会计核算方法，还应有一定深度的理论探讨，如人们经常提及的财务会计三大难题等。

▶ 3. 涉及领域宽泛

高级财务会计涉及的领域不囿于特定的假设和原则，只要财务会计信息使用者需要的信息，原则上都应该提供。从财务会计报告主体看，不仅要提供反映几个单一公司组成企业集团情况的合并财务报表，还应提供反映一个公司不同部门情况的分部报告；从报告的地域看，不仅要提供包括同一境内、同一币种的合并财务报表，还应提供包括跨国的不同币种的外币报表的折算；从财务会计报告内容的时间看，不仅要提供事后的财务会计报告，还应提供具有前瞻性信息的财务会计报告。

三、高级财务会计在会计学科体系中的地位

在会计学科体系中，属于财务会计领域的有"财务会计三论"：财务会计初论（基础会计、会计学原理）、财务会计通论（中级财务会计）和财务会计专论（高级财务会计）。基础会计主要阐述会计确认、计量、报告的基本理论与方法，属于入门课程；中级财务会计着重阐述企业一般会计事项，如货币资金、应收款项、固定资产、无形资产、投资、流动负债及长期负债、收入、费用、损益、所有者权益、财务会计报告等的会计处理，是财务会计一般理论与方法的运用；高级财务会计着重研究某一行业或企业因各种原因所面临的特殊的交易或事项的会计处理。高级财务会计之所以"高级"，是它对特殊行业会计事项和特殊会计事项的会计处理，无论是在假设和原则方面，还是在程序和方法方面，都是对中级财务会计的突破，属于财务会计的高级层次。只有在掌握基础会计和中级财务会计之后，再学习和研究高级财务会计，才能对财务会计有一个比较系统的了解。

第二节 高级财务会计的研究对象

高级财务会计与中级财务会计的分界线是：在传统的会计理论框架基础上建立的是中级财务会计，在再次协调了的会计理论框架基础上建立的是高级财务会计。高级财务会计的研究对象主要包括对会计要素及其确认和计量的拓展与延伸，以及对会计基本假设的拓展与延伸。高级财务会计的研究对象具体包括以下五个方面。

一、跨越单一会计主体的会计业务

中级财务会计一般只讨论以一个企业为主体的会计业务，具有会计主体单一化的特点。而高级财务会计则注重论述由于会计主体假设松动而产生的多层次、多系统的会计主体及其业务。这样的业务主要表现为大型企业的分支机构会计，企业集团或跨国公司的合

并财务报表、分部报告和外币报表折算会计，也可以包括国外非营利组织会计中的基金会计。

这样归类需要说明的是：大型企业、企业集团和跨国公司有很多超越中级财务会计的特殊业务，需要高级财务会计来处理与解释，如总部与分部之间、母公司与子公司之间、各分部与各子公司之间的往来业务等。然后进一步的提示是：在大型企业、企业集团和跨国公司会计业务中，单一会计主体的会计业务一般是在中级财务会计中讲述的，而跨越单一会计主体的会计主体之间、法人与法人之间的会计业务，应当属于高级财务会计的内容。将高级财务会计业务范围做如此划分，既有利于高级财务会计业务的具体实施，也有利于对高级财务会计的深入研究。

二、某类企业中存在的特殊会计业务

在会计实践中，有些业务，如期汇、外币和租赁业务，仅在某些企业中发生，不具有普遍性，因此，将此类超越中级财务会计内容的特殊业务也归为高级财务会计。之所以进行这样的划分，其着眼点在于中级财务会计主要是讲述所有企业普遍存在且内容相对稳定的会计业务和事项，这样可以使中级财务会计的内容更加稳定、规范，易于深入论述，便于从具体业务中推导和归纳其基本理论、基本原则和基本方法；而对企业因经营上需要而从事的非一般会计业务，也就是较有特色的会计业务，就有必要另设课程，分开阐述。

三、某特定时期发生的会计业务

特定时期发生的会计业务是专指诸如企业解体、破产清算及企业合并和改组时，或者是社会发生较大的物价变动时所产生的会计业务。这类业务的特征是：虽然企业清算只是个别企业的事情，但应将这种业务在会计期间上做特殊处理，即将清算的起止日期专门作为一个特殊的会计期间处理；而物价变动虽然涉及的企业多、范围广，但在会计处理上还有"反映价格变动影响的资料"和"恶性通货膨胀经济中的财务报告"之分，因此根据此类会计业务在时期方面的特征，将其划分为特定时期发生的会计业务。总之，此类会计业务具有时间性的特点，即只是在某个时期内才会发生的会计业务，处理此类业务的时间概念特别重要，这也可以看成是会计环境在时间上的表现。

四、与特种经营方式企业紧密相关的特有会计业务

特种经营方式企业主要指公司制企业，同时也包括独资企业和合伙企业。这类企业的特有会计业务主要是指公司制企业在组建和经营期间的信息披露和中期财务报告，并要紧密结合我国现行的法律、法规，突出我国公司制企业的特色，当然也应包括独资企业会计和合伙企业会计在所有者权益方面的特有内容。

五、一些特殊经营行业的会计业务

特殊经营行业并不是我国一般提及的工业、农业、商业等，而是指诸如租赁公司、期货公司及与之相类似的经纪人公司等在业务经营上有独特之处的行业。对于这些行业，我国的会计制度有的已经做出规范，如租赁业务；有的尚未深入涉及，如期货业务。但由于这样的会计业务与承租企业、期货投资企业等的会计业务相对应而存在，双方有着相互依存、互为补充的关系，因此也将其纳入高级财务会计的内容。

所以，根据高级财务会计的内容要求，我们在本书里设置了九章，并且尽可能地根据

我国的具体实际，结合我国的会计实务和高等会计教育的现实情况，从理论与实务两个方面来探讨这些具体内容。

第三节　学习和研究高级财务会计的方法

由于按上述理论基础与研究范围建立的高级财务会计涉及领域较广，而且难度很大，因此，确定或者选择科学的学习和研究方法就显得十分必要。

一、以中级财务会计为起点，进行深层次的研究

由于高级财务会计是为会计专业高年级本科生、研究生或高层次的研讨班开设的课程，因此高级财务会计所述内容既要与中级财务会计相区别，又要对其进行补充深化，使两者共同形成一个完整的理论方法体系。这一点不仅要表现在各章节内容的安排设置上，也要体现于各章节的具体内容之中。对每一章的内容进行必要的、更深层次的理论探讨，并按不同于中级财务会计的方式，从不同的角度进行范围更为广泛的例题演示。

二、以各个有特色的交易或事项为核心，进行专题研究

与中级财务会计不同，高级财务会计体系是由一系列专题组成的。在对每一专题进行探讨时应遵循的原则是如下。

（1）问题一经提出就要尽可能将其交代清楚，既不回避难点，又不故弄玄虚。

（2）如果所阐述的问题会涉及另外的交易或事项，如租赁业务的承租人与出租人，则尽量在说清一个方面的同时也把另一方面的相关内容介绍清楚。

（3）对一些内容相近但又有区别的会计业务，如企业解散清算与破产清算、外币业务与外币报表折算等，则尽量分析它们之间的相互关系，从相同与相异两个方面说清楚，探讨实际业务处理中的特殊之处。

三、理论与实务紧密结合，重视业务分析和实例演示

与中级财务会计相比，高级财务会计在理论阐述与应用业务举例之间的关系结合方面也有其独特的一面。中级财务会计的理论大都集中于会计假设与会计原则的解释、各会计要素的说明，以及对各会计要素的确认和计量方面。由此也就形成了中级财务会计理论部分相对集中，但是，高级财务会计不仅有着不同于中级财务会计的理论基础，而且各个专题中还有其各自的基础理论和与各专题事项相关的会计理论、特有的处理方法等。可以说，高级财务会计各专题的内容在与之相关的确认和计量等方面既有理论上的独特之处，也有与其实际业务联系紧密的、各具特色的业务处理程序和方法等。这样，各个专题就形成了一个个与传统会计理论大相径庭的专门系列。为此，恰当处理高级财务会计各专题中理论阐述与业务处理之间的关系非常重要。而以业务分析为中心，侧重于实例演示应是正确的选择。

四、进行多方位比较，坚持"洋为中用"，着重分析我国的实际情况

多方位比较主要是对国外经济法规、国际会计准则、国外的其他习惯性做法与我国相

关法律、法规、准则、制度进行的比较，目的是通过比较，认清各个专题的规律性和已取得共识的问题的处理程序和方法，并以此为基础进一步分析我国现行做法与国际通行做法的异同及其原因。"洋为中用"强调对国外的做法加以介绍，并在基础条件相似的情况下，尽可能吸收国外方法的优点，为我所用。按此要求，我国的《高级财务会计》教材不应是国外教材的编译本，而应是经过加工、处理后，基本符合我国实际情况的教材。

为了更好地实现上述目的，进行高级财务会计研究时应注意以下几点。

（1）对于国内国外都有，差异不大的业务，主要按我国的法规和制度加以解释。

（2）对于国内国外都有，差异较大的业务，在阐述基本做法的同时进行国内国外的比较说明。

（3）尽量按我国《企业会计准则应用指南》的要求设置、使用各个会计科目，按我国会计人员的习惯使用会计术语，使内容易读易懂。

（4）对一些与我国现实经济生活结合紧密且我国急需引进的业务处理方式，须说透、说细，并要深入、全面地阐述有关确认、计量和报告交易或事项的看法。

本章小结

高级财务会计是随着社会经济的发展，对原有的财务会计内容进行补充、延伸和开拓的一种会计。高级财务会计具有探讨问题的视角新颖，研究对象新、奇、特，涉及领域宽泛等三大特征。高级财务会计的研究对象主要包括对会计要素及其确认和计量的拓展与延伸及对会计基本假设的拓展与延伸。高级财务会计的研究对象具体包括：跨越单一会计主体的会计业务、仅在某类企业中存在的特殊会计业务，在某一特定时期发生的会计业务、与特种经营方式企业紧密相关的特有会计业务，以及一些特殊经营行业的会计业务等五个方面。

在学习和研究高级财务会计时，应采用诸如以中级财务会计为起点，进行深层次的研究；以各个有特色的交易或事项为核心，进行专题研究；理论与实务紧密结合，重视业务分析和实例演示、进行多方位比较，坚持"洋为中用"，着重分析我国的实际情况等专门方法。

思 考 题

1. 简述高级财务会计的产生和发展过程。
2. 应如何定义高级财务会计？
3. 高级财务会计形成的理论基础是什么？
4. 高级财务会计的研究范围包括哪些？
5. 高级财务会计的研究方法包括哪些？

6. 如何认识高级财务会计与国际会计之间的关系?
7. 如何用科学发展观正确处理好保持中国特色与深化会计改革的关系?
8. 如何理解中国会计与国际会计惯例趋同?
9. 简述《企业会计准则》的创新之处。
10. 简述《企业会计准则》与高级财务会计的关系。

同 步 测 试 题

一、单项选择题

1. 企业将融资租入的设备作为固定资产核算所体现的会计信息质量要求是(　　)。
   A. 可比性　　　　B. 谨慎性　　　　C. 实质重于形式　　D. 重要性
2. 下列各项中,不符合资产会计要素定义的是(　　)。
   A. 委托代销商品　　B. 委托加工物资　　C. 待处理财产损失　　D. 尚待加工的半成品
3. 下列经济业务中,会引起公司股东权益增减变动的是(　　)。
   A. 用资本公积金转增股本　　　　B. 向投资者分配股票股利
   C. 向投资者分配现金股利　　　　D. 用盈余公积弥补亏损
4. 某企业发生的下列经济业务,不影响其营业利润的是(　　)。
   A. 销售材料的收入　　　　　　B. 存货跌价损失
   C. 出租无形资产的收入　　　　D. 处置固定资产净损失
5. 下列各项中,能够引起资产总额和所有者权益总额同时变动的是(　　)。
   A. 根据经过批准的利润分配方案向股东实际发放现金股利
   B. 为企业福利部门购置医疗设备一台
   C. 以低于债务账面价值的现金清偿债务
   D. 按规定将应付可转换公司债券转换成股份
6. 对所有会计事项不分轻重主次,采取完全相同的处理方法,不符合(　　)原则。
   A. 可比性　　　　B. 谨慎性　　　　C. 相关性　　　　D. 重要性
7. 财务会计核算所遵循的8项原则,是建立在(　　)基础之上的。
   A. 会计主体前提　　　　　　B. 持续经营前提
   C. 会计分期前提　　　　　　D. 货币计量前提
8. 资产取得时的入账价值,按照(　　)原则确定。
   A. 权责发生制　　B. 配比　　　　C. 实际成本　　　　D. 谨慎性
9. 企业对融资租入固定资产采用与自有固定资产一样的方法进行会计核算,所体现的会计核算原则是(　　)。
   A. 可比性原则　　B. 重要性原则　　C. 历史成本原则　　D. 实质重于形式原则
10. 下列项目中,不属于流动资产的是(　　)。
    A. 应收账款　　　B. 应收利息　　　C. 预付账款　　　D. 预收账款

二、多项选择题

1. 根据会计基本准则的规定,所有者权益的来源包括(　　)。
   A. 所有者投入的资本
   B. 直接计入所有者权益的利得
   C. 直接计入所有者权益的损失
   D. 留存收益

2. 下列各项中,可以作为资产要素特征的有(　　)。
   A. 必须是过去的交易或事项所产生的
   B. 必须是以实物形式存在的
   C. 必须是企业拥有或实际控制的
   D. 必须是经济资源并能以货币进行可靠计量的

3. 下列项目中,能同时引起资产和利润减少的项目有(　　)。
   A. 计提发行债券的利息
   B. 计提固定资产折旧
   C. 存货发生盘盈
   D. 无形资产价值摊销

4. 根据《企业会计准则》的规定,下列表述中,符合会计信息质量要求的有(　　)。
   A. 会计核算方法一经确定不得随意变更
   B. 会计核算应及时进行,不得提前或延后
   C. 会计核算应当仅反映交易或事项的法律形式
   D. 会计核算应当以实际发生的交易或事项为依据

5. 根据《企业会计准则》的规定,下列各项中,仅影响所有者权益内部结构发生增减变动的有(　　)。
   A. 分配现金股利　　　　　　　　B. 分配股票股利
   C. 提取法定盈余公积　　　　　　D. 用盈余公积弥补亏损

6. 按照我国《企业会计准则》的规定,会计核算的基本前提包括(　　)。
   A. 会计主体　　　　　　　　　　B. 持续经营
   C. 复式记账　　　　　　　　　　D. 会计分期
   E. 货币计量

7. 资产负债表要素包括(　　)。
   A. 资产　　　B. 所有者权益　　C. 成本　　　D. 收入

8. 对企业资产享有要求权的有(　　)。
   A. 投资者　　B. 债权人　　　　C. 企业员工　　D. 财政部门

9. 下列各项中,属于资本性支出的有(　　)。
   A. 购置固定资产支付的增值税
   B. 购入某项专利权发生的支出
   C. 支付给工程项目建设人员的工资
   D. 支付固定资产的日常修理费
   E. 专利技术研制过程中发生的人员工资

10. 我国所有者权益核算的内容由（　　）构成。
A. 实收资本　　　　B. 留存收益　　　　C. 盈余公积　　　　D. 资本公积

三、判断题

1. 财务会计也称对外报告会计。（　　）
2. 高级财务会计也称专用财务会计。（　　）
3. 财务会计以货币作为主要计量单位。（　　）
4. 会计基本假设包括会计分期、会计主体、货币计量和持续经营。（　　）
5. 管理会计和财务会计是会计的两大分支。（　　）
6. 中级财务会计依赖大量的估计，所以中级财务会计在某种程度上是不精确的。（　　）
7. 资产是指由于过去的交易或事项引起的，企业拥有或控制的经济资源。（　　）
8. 某一会计事项是否具有重要性，在很大程度上取决于会计人员的职业判断。对于同一会计事项，在某一企业具有重要性，而在另一企业则不一定具有重要性。（　　）
9. 企业一定期间发生亏损，则其所有者权益必定减少。（　　）
10. 法律主体必定是会计主体，会计主体也必定是法律主体。（　　）

第二章 财务报表调整

学习目标

1. 掌握会计政策、会计估计和会计差错的定义，会计政策变更与会计估计变更的条件。
2. 了解会计政策变更与会计估计变更的关系。
3. 学会会计政策变更、会计估计变更和差错更正的会计处理。
4. 了解资产负债表日后事项的含义和种类。
5. 理解对资产负债表日后事项进行会计确认计量以及披露的意义和原则。
6. 掌握资产负债表日后调整事项和非日后调整事项的划分与账务处理的方法。

第一节 会计政策、会计估计变更和差错更正

一、会计政策及其特点

(一) 会计政策的概念

会计政策是指企业在会计确认、计量和报告中所采用的原则、基础和会计处理方法。原则是指企业按照《企业会计准则》和国家统一的会计制度规定的原则所制定的、适合本企业的会计制度所采用的会计原则；基础主要是指会计计量的基础；会计处理方法是指企业在会计核算中对于诸多可供选择的会计处理方法中所选择的、适用于本企业的方法。

(二) 会计政策的特点

▶ **1. 会计政策是由国家统一的会计制度规定的**

我国《会计法》规定，国家统一的会计制度由国务院财政部门制定。而会计政策通常是由国家统一的会计制度规定的。例如，《企业会计制度》规定："企业的各项财产在取得时，应按照实际成本计量。其后，各项财产如果发生减值，应当按照本制度的规定计提相应的

减值准备。"这一规定表明，企业取得的各项财产应按照实际成本计量，在期末时各项资产按照会计制度的规定反映其可收回金额。而不同的资产，其减值准备的计提方法也不尽相同。

▶ 2. 企业在国家统一的会计制度规定的会计政策中选择本企业适用的会计政策

由于会计政策在具体使用中可以有不同的选择，一般情况下，企业会选择本企业适用的会计政策来反映其经营成果和财务状况。会计政策的选择应考虑稳健性、实质重于形式和重要性三个方面。我国企业在具体选用会计政策时，必须在国家统一的会计制度规定允许选用的会计政策中选择，而不得超出国家统一的会计制度规定允许选用的会计政策范围。

▶ 3. 会计政策是指特定的会计原则和会计处理方法

会计政策中所指的会计原则是指某一类会计业务所应遵循的特定原则，而不是笼统地指所有的会计原则。客观性原则、及时性原则、实质重于形式原则等属于会计核算的一般原则，不属于特定的会计原则。一般会计核算原则不属于会计政策，它是为了满足会计信息质量要求而统一的、不可选择的、企业必须遵循的原则。具体会计处理方法是对国家统一的会计制度所允许选择的某一类会计业务的具体处理方法中所做出的具体选择。例如，在所得税核算采用纳税影响会计法时，会计制度允许在递延法和债务法之间进行选择，而递延法和债务法是对所得税业务的具体处理方法。

▶ 4. 会计政策是指导企业进行会计核算的基础

企业在国家统一的会计制度规定允许选用的会计政策中选择适用的具体原则和具体会计处理方法，它是指导企业进行会计核算的基础。例如，存货采用实际成本法核算的企业，对于发出或销售的存货如果选择采用先进先出法确定其实际成本，则在会计核算时应按照先进先出法确定发出或销售的存货实际成本的要求进行核算。

▶ 5. 会计政策应当保持前后各期的一致性

会计信息的使用者需要比较一个以上的会计信息，以判断企业的财务状况、经营成果和现金流量的趋势，因此，企业通常应在各期采用同样的会计政策。即企业选用的会计政策通常情况下不能也不应当随意变更，以保持会计信息的一致性。

二、会计政策变更的含义及条件

会计政策变更是指对相同的交易或事项由原来采用的会计政策改用另一会计政策的行为。会计政策变更应符合下列条件之一：

（1）法律或会计准则等行政法规、规章要求变更会计政策。

（2）变更会计政策能够提供有关企业财务状况、经营成果和现金流量等更可靠、更相关的会计信息。

企业在会计确认、计量和报告中所采用的新的会计政策，并非都属于会计政策变更。以下两种情形不属于会计政策变更：①本期发生的交易或事项与以前相比具有本质差别而采用新的会计政策；②对首次发生的或不重要的交易或事项采用新的会计政策。

三、会计政策变更的会计处理方法

（一）会计政策变更的会计处理方法的选择

（1）企业依据法律或会计准则等行政法规、规章要求变更会计政策，可根据以下情况分别处理：

① 如果国家发布相关的会计处理办法，则按照国家发布相关的会计处理规定进行处理。

② 如果国家没有发布相关的会计处理办法，则采用追溯调整法进行会计处理。

（2）由于经济环境、客观情况的变化而变更会计政策，以便提供有关企业财务状况、经营成果和现金流量等更可靠、更相关的会计信息，这时应采用追溯调整法进行会计处理。

（3）确定会计政策变更对列报前期影响数不切实可行的，应当从可追溯调整的最早期间期初开始应用变更后的会计政策。在当期期初确定会计政策变更对以前各期影响数不切实可行的，应当采用未来适用法进行会计处理。

（二）会计处理方法

▶ 1. 追溯调整法

追溯调整法是指对某项交易或事项变更会计政策时，如同该交易或事项初次发生时就开始采用新的会计政策，并以此对相关项目进行调整的方法。追溯调整法的操作步骤如下：

1) 计算会计政策变更的累积影响数

会计政策变更的累积影响数是指按变更后的会计政策对以前各期追溯计算的变更年度期初留存收益应有金额与现有金额之间的差额。计算会计政策变更的累积影响数时，应假设与会计政策变更相关的交易或事项在初次发生时即采用新的会计政策，由此计算的变更年度期初留存收益应有金额与现有金额之间的差额就是会计政策变更的累积影响数。在此，会计政策变更的累积影响数仅仅指因会计政策变更而对净损益的累积影响，以及由此导致的对利润分配及未分配利润的累积影响金额，不包括分配的利润或股利。这里所说的留存收益，包括法定盈余公积、法定公益金、任意盈余公积和未分配利润各项目。累积影响数通常可以通过以下步骤计算获得：

（1）根据新的会计政策重新计算受影响的前期交易或事项。
（2）计算两种会计政策下的差异。
（3）计算差异的所得税影响金额。
（4）确定前期中的每一期的税后差异。
（5）计算会计政策变更的累积影响数。

【例 2-1】新欣公司 2015 年 1 月 1 日以现金 500 万元对紫金公司进行长期股权投资，占紫金公司有表决权资本的 25%。按当时有关规定，新欣公司采用成本法对该项股权投资进行会计处理。2016 年，国家新出台的相关会计准则规定，拥有被投资单位 20% 以上有表决权股份的，应采用权益法核算长期股权投资。因此，新欣公司从 2016 年开始对此项投资改用权益法核算。紫金公司 2015 年、2016 年实现的净利润分别为 300 000 元和 200 000 元，每年均将净利润的 80% 按持股比例向投资者分配利润。新欣公司和紫金公司均提取 10% 的法定盈余公积，均按 25% 计算缴纳所得税。

新欣公司由成本法改为权益法后的累积影响数计算如表 2-1 所示。

表 2-1 累积影响数计算　　　　　　　　　　　　　单位：元

年　度	权 益 法	成 本 法	税前差异	所得税影响	税后差异
2015	75 000	60 000	15 000	0	15 000
2016	50 000	40 000	10 000	0	10 000
合计	125 000	100 000	25 000	0	25 000

2）相关的账务处理

在对会计政策变更的累积影响数进行账务处理时，应直接调整留存收益项目及相关资产、负债项目的金额，涉及所得税的，还应同时调整递延所得税资产或递延所得税负债。

新欣公司调整会计政策变更累积影响数的会计分录如下：

借：利润分配——未分配利润　　　　　　　　　　　　　　　　2 500
　　贷：盈余公积——法定盈余公积　　　　　　　　　　　　　　　2 500

3）调整会计报表相关项目

采用追溯调整法时，会计政策变更的累积影响数应包括在变更当期期初留存收益中。如果提供可比会计报表，对于比较会计报表期间的会计政策变更，应调整各该期间净损益各项目和会计报表其他相关项目，视同该政策在比较会计报表期间一直采用。对于比较会计报表可比期间以前的会计政策变更的累积影响数，应调整比较会计报表最早期间的期初留存收益，会计报表其他相关项目的数字也应一并调整。

4）附注说明

通常，企业发生会计政策变更时，应在财务报表附注中披露如下有关事项：

（1）会计政策变更的性质、内容和理由，包括对会计政策变更的简要阐述、变更的日期、变更前采用的会计政策和变更后采用的新会计政策及会计政策变更的原因。

（2）当期和各个列报前期财务报表中受影响的项目名称和调整金额，包括采用追溯调整法时计算出的会计政策变更的累积影响数、会计政策变更对本期以及比较会计报表所列其他各期净损益的影响金额以及比较会计报表最早期间期初留存收益的调整金额。

（3）无法进行追溯调整的，说明该事实和原因以及开始应用变更后的会计政策的时点、具体应用情况，包括在会计报表附注中披露累积影响数不能合理确定的原因以及由于会计政策变更对当期经营成果的影响金额。

▶ 2. 未来适用法

未来适用法是指将变更后的会计政策应用于变更日以后发生的交易或者事项，或者在会计估计变更当期和未来期间确认会计估计变更影响数的方法。采用未来适用法时，既不计算政策变更累积影响数，也不必调整变更当年期初的留存收益，只在变更当年采用新的会计政策。例如，企业可计提折旧的固定资产，其有效使用年限或预计净残值的估计所发生的变更，常常影响变更当年及资产以后使用年限内各个期间的折旧费用。因此，这类会计估计的变更应于变更当年及资产以后各期确认。

三、会计估计及其变更

（一）会计估计的含义

会计估计是指企业对其结果不确定的交易或事项以最近可利用的信息为基础而进行的判断。企业为了定期、及时提供有用的会计信息，将企业延续不断的营业活动人为地划分为各个阶段（如年度、季度、月度），并在权责发生制的基础上对企业财务状况和经营成果进行定期确认和计量。在确认、计量过程中，当确认的交易或事项涉及未来事项不确定性时（例如，关于未来事项是否发生的不确定性以及关于未来事项的影响或时间的不确定性），必须予以估计入账。会计实务中常见的需要进行估计的项目包括：坏账；存货遭受毁损、全部或部分陈旧过时；金融资产或金融负债的公允价值；应折旧资产的使用寿命或者体现在应折旧资产中的未来经济利益的预期消耗方式；担保债务；无形资产的受益期；收入确认中的估计等。

(二) 会计估计变更的含义及原因

会计估计变更是指由于资产和负债的当前状况及预期未来经济利益和义务发生了变化，从而对资产或负债的账面价值或者资产的定期消耗金额所进行的重估和调整。不确定性和估计是财务会计的本质特征之一。在进行会计处理时，估计是不可或缺的。这是因为，会计核算所面对的企业经营活动存在许多内在的不确定因素，许多会计报表项目不能准确地计量，只能加以估计。例如，发生的坏账、存货作废、应计折旧固定资产的使用年限等，都需要进行估计。估计过程是企业以最近可以得到的信息为基础所进行的判断过程，合理运用估计并不会削弱会计信息的可靠性和相关性。但是，估计毕竟是在现有资料的基础上对未来所做的判断。随着时间的推移，如果赖以进行估计的基础及环境发生变化，或者由于取得了新的信息、积累了更多的经验，或者经济事项或环境的发展出现了原来不曾预计到的新情况，此时就不得不对估计进行修正，这种对估计的修正就是会计估计的变更。对会计估计进行修正并不表明原来的估计方法有问题或不恰当，只是表明原来的估计已经不能适应新的情况，目前已经失去了继续应用的依据。

(三) 会计估计变更的会计处理方法

▶ 1. 判断一项变更是否属于会计估计变更

会计中的变更很多，有些涉及会计政策变更，有些涉及会计估计变更。会计人员在进行账务处理时，应首先判断一项变更是否属于会计估计变更。如果属于会计估计变更，就应按照未来适用法进行相关会计处理。实际工作中，区分会计政策变更与会计估计变更有时非常困难。如果企业不能正确区分会计政策变更与会计估计变更，则应按会计估计变更进行会计处理。例如，某企业根据原会计制度规定，按应收账款余额的5%计提坏账准备，假如按国家新发布的会计制度规定改按账龄分析法计提坏账准备，并规定坏账准备由应收账款余额百分比法改为账龄分析法作为会计政策变更处理，同时规定逾期3年以上尚未收回的应收账款按20%计提坏账准备，逾期2～3年尚未收回的应收账款按10%计提坏账准备，逾期2年以下未收回的应收账款按5%计提坏账准备。对于这一事项，如果从会计政策变更角度考虑，坏账准备由应收账款余额百分比法改为账龄分析法，属于会计政策变更；但如果从计提比例看，计提坏账准备的比例发生了变化，属于会计估计变更。在这种情况下，如果不易区别会计政策变更和会计估计变更，《企业会计准则》规定均视为会计估计变更，按会计估计变更的会计处理方法进行处理。

▶ 2. 确定会计估计变更的影响应确认在哪一期间

如果会计估计的变更仅影响变更当期，有关估计变更的影响应于当期确认；如果会计估计的变更既影响变更当期又影响未来期间，则有关估计变更的影响应在当期及以后各期确认。例如，对固定资产有效使用年限、预计净残值及折旧方法的估计发生变更，常常影响变更当期及资产以后使用年限内各个期间的折旧费用。因此，这类会计估计变更应于变更当期及以后各期确认。

▶ 3. 进行相关账务处理

根据变更的经济业务事项以及对当期或未来期间的影响，做出相应的会计处理。由于未来适用法只影响当期或未来期间相关项目的金额，因此，会计估计变更不涉及对财务报表项目的调整；企业编制的当期及以后期间的财务报表会自然反映会计估计变更的影响。

▶ **4. 在会计报表附注中披露会计估计变更**

披露事项主要包括：会计估计变更的内容和原因（包括变更的内容、变更日期以及为什么要对会计估计进行变更）；会计估计变更对当期和未来期间的影响数（包括会计估计变更对当期损益的影响金额，以及对其他各项目的影响金额）；会计估计变更的影响数不能确定的，要披露这一事实及其原因。

【例2-2】新欣公司2015年1月1日起对管理用设备100 000元（不考虑净残值），按8年的折旧年限，采用直线法计提折旧。2016年1月1日，根据该项固定资产的状况及技术发展趋势判断，该项管理用设备的使用年限应为6年。

原会计估计下年折旧额＝100 000÷8＝12 500（元）
已提折旧额＝2×12 500＝25 000（元）
固定资产净值＝100 000－25 000＝75 000（元）
改变会计估计后的年应折旧额＝75 000÷(6－2)＝18 750（元）
2016年确认折旧费用的会计分录为：
借：管理费用　　　　　　　　　　　　　　　　　　　　　　　　　　18 750
　　贷：累计折旧　　　　　　　　　　　　　　　　　　　　　　　　　　18 750

上述折旧费用直接包含在2016年利润表的折旧费用中，以后相关年度也应做相同会计分录。此项会计估计变更对2016年以前的财务报表不会产生影响。

四、前期差错更正

（一）前期差错的含义

前期差错是指由于没有运用或错误运用以下两类信息而对前期财务报表造成遗漏或误报：

（1）编报前期财务报表时能够合理预计取得并应当加以考虑的可靠信息。
（2）前期财务报表报出时能够取得的可靠信息。

（二）前期差错的表现

前期差错通常包括计算错误、应用会计政策错误、疏忽或曲解事实以及舞弊产生的影响以及存货、固定资产盘盈等。实务中，前期差错的表现多种多样，主要可以分为以下三类。

▶ **1. 会计政策运用差错**

它主要表现为企业在会计核算过程中采用了法律或会计准则等行政法规、规章所不允许的会计政策。值得注意的是，从错误的会计政策更正为正确的会计政策，属于会计前期差错更正，不是会计政策变更。

▶ **2. 会计估计错误**

例如，企业在估计某项固定资产的预计使用年限时，多估计或少估计了预计使用年限，造成了会计估计错误。在这里，必须正确区分会计估计错误与会计估计变更。如果在会计估计时应该正确运用某些信息而没有正确运用，或者依据当时的环境应该能够做出正确的估计却没有做出，这种情况就是会计估计差错，应按前期差错加以更正；如果会计估计是依据当时所有可利用的信息所做出的最佳估计,因环境发生变化而使会计估计不再适应当前情况而需要变更的,这种情况就属于会计估计变更,应按会计估计变更进行相关会计处理。

▶ 3. 其他差错

其他差错包括账户分类以及计算错误、在期末应计项目与递延项目未予调整、漏记已完成的交易、对事实的忽视和误用、提前确认尚未实现的收入或不确认已实现的收入和资本性支出与收益性支出划分差错等。

(三)前期差错更正的会计处理方法

对于发生的会计差错,企业应当区别不同情况,分别采用不同的方法。

▶ 1. 当期发生的会计差错

对于当期发生的会计差错,应当调整当期相关项目。对于年度资产负债表日至财务会计报告批准报出日之间发现的报告年度的会计差错,应当按照资产负债表日后事项中的调整事项进行处理。

【例2-3】2015年12月31日,新欣公司发现一台管理用固定资产本年度漏提折旧,金额为11 000元。新欣公司在发现该项会计差错时,应补提固定资产折旧的会计分录为:

借:管理费用　　　　　　　　　　　　　　　　　　　　　　　　　11 000
　　贷:累计折旧　　　　　　　　　　　　　　　　　　　　　　　　　　11 000

▶ 2. 前期发生的非重大会计差错

企业发生的前期会计差错有重大会计差错与非重大会计差错之分。其中,重大会计差错是指使财务报表不再具有可靠性的会计差错。对于以前期间发生的非重大会计差错,如果影响损益,应直接计入发现当期净损益,其他相关项目也应一并调整;如果不影响损益,应调整发现当期相关项目。

【例2-4】2016年12月31日,新欣公司发现2015年度的1台管理用设备少计提折旧,金额为33 000元。这笔折旧费用相对于折旧费用总额而言,金额不大,所以直接记入本期有关项目。新欣公司的会计分录为:

借:管理费用　　　　　　　　　　　　　　　　　　　　　　　　　33 000
　　贷:累计折旧　　　　　　　　　　　　　　　　　　　　　　　　　　33 000

▶ 3. 前期发生的重大会计差错

对于前期发生的重大会计差错,企业应当采用追溯重述法予以更正。确定前期差错累积影响数不切实可行的除外。追溯重述法是指在发现前期差错时,视同该项前期差错从未发生过,从而对财务报表相关项目进行更正的方法。

确定前期重大会计差错影响数不切实可行的,可以从可追溯重述的最早期间开始调整留存收益的期初余额,财务报表其他相关项目的期初余额也应当一并调整,也可以采用未来适用法。具体来说,前期发生的重大会计差错,如果影响损益,应将其对损益的影响数调整为当期的期初留存收益,财务报表相关项目的期初数也应一并调整;如果不影响损益,应调整财务报表相关项目的期初数。在编制比较财务报表时,对于比较财务报表期间的重大会计差错,应调整该期间的净损益和其他相关项目,并视同该差错在产生的当期已经更正;对于比较财务报表期间以前的重大会计差错,应调整比较财务报表最早期间的期初留存收益,财务报表其他相关项目的数字也应一并调整。

第二章 财务报表调整

【例2-5】 2016年,新欣公司发现已于2015年销售的一些产品错误地计入2015年12月31日的存货中,金额为6 500元,申报所得税时此项差错亦未发现。新欣公司2015年的简化利润表如表2-2所示。

表2-2 利润表(简表) 单位:元

项目	金额
主营业务收入	73 500
主营业务成本	53 500
利润总额	20 000
所得税费用	6 000
净利润	14 000

新欣公司2015年的期初留存收益为20 000元,期末留存收益为34 000元;2015年和2016年的所得税税率均为30%,公司没有其他收益或费用;新欣公司共有股本5 000元,且除留存收益外没有其他权益。此项前期差错的发生,导致2015年存货多计6 500元,销售成本少计6 500元,应交所得税多计1 950元。公司应做如下会计分录予以更正:

借:以前年度损益调整　　　　　　　　　　　　　　　　　　　4 550
　　应交税费——应交所得税　　　　　　　　　　　　　　　　1 950
　贷:原材料　　　　　　　　　　　　　　　　　　　　　　　6 500
将以前年度损益调整科目余额转入利润分配科目:
借:利润分配——未分配利润　　　　　　　　　　　　　　　　4 500
　贷:以前年度损益调整　　　　　　　　　　　　　　　　　　4 500

新欣公司的资产负债表(局部)和利润表(局部)如表2-3和表2-4所示。

表2-3 资产负债表(局部)

2016年12月31日 单位:元

资产项目	年初数			负债和所有者权益	年初数		
	调整前	调增(减)	调整后		调整前	调增(减)	调整后
项目		−6 500		应交税费			
存货				股本	5 000		
				留存收益	34 000		

表2-4 利润表(局部)

2016年度 单位:元

项目	上年数		
	调整前	调增(减)	调整后
主营业务收入	73 500		73 500
主营业务成本	53 500	6 500	60 000
利润总额	20 000	−6 500	13 500
所得税费用	6 000	−1 950	4 050
净利润	14 000	−4 550	9 450

新欣公司应在 2016 年的财务报表附注中做如下披露：2005 年已出售的一些产品错误地计入 2015 年 12 月 31 日的存货中，金额为 6 500 元。为更正此项差错，2015 年的财务报表被重新表述。重述对财务报表相关项目的影响分别是：主营业务成本增加 6 500 元，所得税费用减少 1 950 元，净利润减少 4 550 元，存货减少 6 500 元，应交税费减少 1 950 元，留存收益减少 4 550 元。

五、前期差错更正的披露

企业除了按前面所述进行会计处理外，还应在附注中披露以下内容：

(1) 前期差错的性质，包括重大会计差错的事项、原因和更正方法。

(2) 各个列报前期财务报表中受影响的项目名称和更正金额，包括前期差错影响项目的名称、对净损益的影响金额以及对其他项目的影响金额。

(3) 无法进行追溯重述的，说明该事实和原因以及对前期差错开始进行更正的时点、具体更正情况。

六、滥用会计政策、会计估计及其变更

滥用会计政策、会计估计及其变更是指企业在具体运用国家统一的会计制度所允许选用的会计政策，以及企业在具体运用会计估计时，未按照规定正确运用或随意变更，从而不能恰当地反映企业的财务状况和经营成果的情形。

滥用会计政策、会计估计及其变更的主要表现形式如下。

▶ 1. 对按国家统一的会计制度规定应计提的各项资产减值准备未按合理方法估计各项资产的可收回金额（或可变现净值），从而多计提资产减值准备

例如，《企业会计制度》规定，从 1999 年起，股份有限公司必须按照《股份有限公司会计制度》规定的计提损失准备的原则和方法计提坏账准备、计提存货跌价准备、计提短期投资跌价准备、计提长期投资减值准备，并采用追溯调整法进行会计处理。但是，在实际执行过程中，有些公司滥用会计制度给予的会计政策，不按规定的方法估计资产可能产生的损失，在 1999 年度大量计提各项资产损失准备，有的公司甚至不针对债务单位的实际情况，对应收款项全额计提坏账准备。这样做的主要目的在于，待 2000 年度再转回资产减值准备，因此可以增加 2000 年度的利润。这实质上是企业利用会计政策、会计估计及其变更设置秘密准备，以达到操纵利润的目的。

▶ 2. 企业随意变更其所选择的会计政策

企业对其所选择的固定资产折旧方法、存货发出实际成本的确定方法等未按照会计政策变更的条件，随意变更会计政策。例如，有些企业因当年利润未达到预定目标，或者有的上市公司当年度预计将发生亏损为了达到预定的利润目标或不发生亏损而变更折旧政策，将原采用加速折旧法计提固定资产折旧的方法改为按照年限平均法计提折旧，从而减少了当期的折旧费用，增加了利润。

▶ 3. 企业随意调整费用等的摊销期限

无形资产通常应当按照国家统一的会计制度规定的期限摊销。例如，使用寿命有限的无形资产，其应摊销金额应当在使用寿命内系统、合理地摊销；企业摊销无形资产，应当自无形资产可供使用时起至不再作为无形资产确认时止；企业选择的无形资产摊销方法，应当反映与该项无形资产有关的经济利益的预期实现方式；无法可靠确定预期实现方式

的，应当采用直线法摊销。但是，有些企业却无视经营状况，随意调整无形资产的摊销期限：如果当期利润完成得很好，则多摊；如果当期利润未完成或亏损，则不摊或少摊。

▶▶ 4. 属于滥用会计政策和会计估计的其他情形

滥用会计政策和会计估计的其他情形包括随意调增或调减折旧年限等。企业滥用会计政策、会计估计及其变更，应当作为重大会计差错处理。也就是说，当期发现的与前期相关的重大会计差错，如果影响损益，应将其对损益的影响数调整为当期的期初留存收益，财务报表其他相关项目的期初数也应一并调整；如果不影响损益，应调整财务报表相关项目的期初数。当期发现的与当期相关的重大会计差错，应调整当期相关项目。这主要是因为，企业滥用会计政策、会计估计及其变更的结果会导致企业的财务状况和经营成果不实，从而导致会计信息缺乏可靠性。

第 二 节　资产负债表日后事项

一、资产负债表日后事项的概念

资产负债表日后事项是指资产负债表日后至财务报告批准报出日之间发生的有利或不利事项。

资产负债表日包括年度末和中期期末（中期是指短于一个完整的会计年度的报告期间）。"年度资产负债表日"是指每年的12月31日，但资产负债表日后事项不含12月31日发生的事项。"中期资产负债表日"是指年度中间各期期末。例如，提供第一季度财务报告时，资产负债表日是指该年度的3月31日；提供半年度财务报告时，资产负债表日是指该年度的6月30日。资产负债表日后事项限定在一个特定的期间内，即资产负债表日后至财务报告批准报出日之间发生的事项，它是对资产负债表日存在状况的一种补充或说明。这里的财务报告是指对外提供的财务报告，不包括为企业内部管理部门提供的内部会计报表。

在理解资产负债表日后事项的概念时，需要明确以下几个问题。

（1）按照我国《会计法》规定，我国的会计年度采用公历年度，即1月1日—12月31日。如果母公司在境外或子公司在境外，无论国外母公司或子公司如何确定会计年度，其向国内提供的会计报表均应按照我国对会计中期和会计年度的规定，提供相应期间的会计报表，而不能以境外母公司或子公司确定的会计中期或会计年度作为依据。

（2）财务报告批准报出日是指董事会或类似机构批准财务报告报出的日期。它通常是指对财务报告的内容负有法律责任的单位或个人批准财务报告向企业外部公布的日期。这里的"对财务报告的内容负有法律责任的单位或个人"一般是指所有者、所有者中的多数、董事会或类似的管理单位。对于公司制企业（包括有限责任公司和股份有限公司），根据我国《公司法》的规定，董事会有权拟定公司的年度财务预算方案、决算方案、利润分配方案和弥补亏损方案，股东大会有权审议批准董事会拟定的上述方案，董事会有权批准对外公布财务报告。因此，对于公司制企业而言，财务报告批准报出日是指董事会批准财务报告报出的日期，不是股东大会审议批准的日期，也不是注册会计师出具审计报告的日期。对于其他企业而言，财务报告批准报出日是指经理（厂长）会议或类似机构批准财务报告报出的日期。

（3）资产负债表日后事项包括所有有利和不利的事项，即对于资产负债表日后有利或不利事项在会计核算中采取同一原则进行处理。资产负债表日后事项，如果属于调整事项，对有利和不利的调整事项均应进行相关的账务处理，并调整报告年度或报告中期的会计报表；如果属于非调整事项，对有利和不利的非调整事项均应在报告年度或报告中期的会计报表附注中披露。

（4）资产负债表日后事项不是在这个特定期间内发生的全部事项，而是与资产负债表日存在状况有关的事项，或虽然与资产负债表日存在状况无关，但对企业财务状况具有重大影响的事项。例如，资产负债表日正在进行的诉讼案件在资产负债表日后事项期间结案，这一事项是与资产负债表日存在状况有关的事项；如果某公司在资产负债表日后期间内，公司董事会通过以发行可转换债券方式筹集资金的决议，此事项与资产负债表日存在状况不存在直接的关系；但如果该公司发行了可转换公司债券，则将对该公司的财务状况产生重大影响。

二、资产负债表日后事项所涵盖的期间

资产负债表日后事项所涵盖的期间是资产负债表日后至财务报告批准报出日之间。对上市公司而言，在这个期间内涉及几个日期，包括完成财务报告编制日、注册会计师出具审计报告日、董事会批准财务报告可以对外公布日、实际对外公布日等。就年度资产负债表日后事项而言，以报告年度次年的1月1日（含1月1日，下同）为起点；就中期报告而言，以报告期间下一期的第一天为起点（例如，第一季度财务报告涉及的资产负债表日后事项所涵盖的期间以4月1日为起点）。但究竟应以哪个日期为截止日期呢？通常而言，审计报告日期是指注册会计师完成审计工作的日期。审计报告日期不应早于被审计单位管理当局签署会计报表的日期。实际对外公布日通常不早于董事会批准财务报告对外公布的日期。

资产负债表日后事项所涵盖的期间应当包括以下情形。

（1）报告年度次年的1月1日或报告期间下一期第一天起至董事会或经理（厂长）会议或类似机构批准财务报告可以对外公布的日期，即以董事会或经理（厂长）会议或类似机构批准财务报告对外公布的日期为截止日期。

（2）董事会或经理（厂长）会议或类似机构批准财务报告可以对外公布日，与实际对外公布日之间发生的与资产负债表日后事项有关的事项，由此影响财务报告对外公布日期的，应以董事会或经理（厂长）会议或类似机构再次批准财务报告对外公布的日期为截止日期。如果由此影响审计报告内容的，按照《独立审计准则》的规定，注册会计师可以签署双重报告日期，即保留原定审计报告日，并就该期后事项注明新的审计报告日；或更改审计报告日期，即将原定审计报告日推迟至完成追加审计程序时的审计报告日。

【例2-6】A公司2015年的年度财务报告于2016年2月15日编制完成，注册会计师完成整个年度审计工作并签署审计报告的日期为2016年4月18日，经董事会批准的财务报告可以对外公布的日期为2016年4月22日，财务报告实际对外公布的日期为2016年4月25日，股东大会召开日期为2016年5月6日。

财务报告批准报出日为 2016 年 4 月 22 日,资产负债表日后事项的时间区间为 2016 年 1 月 1 日(含 1 月 1 日,下同)—2016 年 4 月 22 日。值得说明的是,董事会批准财务报告可以对外公布的日期至公司实际对外公布的日期之间发生的事项,也属于资产负债表日后事项,按照《企业会计准则》规定的原则进行处理。由此影响财务报告对外公布日期的,以董事会再次批准对外公布的日期为准。在本例中,经董事会批准财务报告可以对外公布的日期为 2007 年 4 月 22 日,实际对外公布的日期为 2016 年 4 月 25 日。如果在 4 月 22—25 日之间发生了重大事项,按照《企业会计准则》规定需要调整会计报表相关项目的数字或需要在会计报表附注中披露的,经调整或说明后的财务报告再经董事会批准的报出日期为 2016 年 4 月 28 日,实际对外公布的日期为 2016 年 4 月 30 日,则资产负债表日后事项所涵盖的期间为 2007 年 1 月 1 日—2016 年 4 月 28 日。

三、资产负债表日后事项的内容

资产负债表日后事项包括两类:一类是对资产负债表日存在的情况提供进一步证据的事项;另一类是资产负债表日后才发生的事项。前者称为调整事项;后者称为非调整事项。

(一)资产负债表日后调整事项

资产负债表日后调整事项是指对资产负债表日已经存在的情况提供了新的或进一步证据的事项。资产负债表日后调整事项的判断标准为:对资产负债表日已经存在的情况提供了新的或进一步的证据的事项。企业应当根据调整事项的判断标准进行判断,以确定是否属于调整事项。

企业发生的资产负债表日后调整事项通常包括下列各项:①资产负债表日后诉讼案件结案,法院判决证实了企业在资产负债表日已经存在现时义务,需要调整原先确认的与该诉讼案件相关的预计负债或确认一项新负债。②资产负债表日后取得确凿证据,表明某项资产在资产负债表日发生了减值或者需要调整该项资产原先确认的减值金额。③资产负债表日后进一步确定了资产负债表日前购入资产的成本或售出资产的收入。④资产负债表日后发现了财务报表舞弊或差错。

【例 2-7】甲企业应收乙企业账款 560 000 元,按合同约定应在 2015 年 11 月 10 日前偿还。在 2006 年 12 月 31 日结账时,甲企业尚未收到这笔应收账款,并已知乙企业财务状况不佳,近期内难以偿还债务,甲企业对该项应收账款提取了 20% 的坏账准备。2016 年 2 月 10 日,在甲企业报出财务报告之前收到乙企业通知,乙企业已宣告破产,无法偿还大部分欠款。从这一例子可见,甲企业于 2015 年 12 月 31 日结账时已经知道乙企业财务状况不佳,即在 2015 年 12 月 31 日资产负债表日,乙企业财务状况不佳的事实已经存在,但未得到乙企业破产的确凿证据,表明根据 2015 年 12 月 31 日存在情况提供的资产负债表所反映的应收乙企业账款中大部分已成为坏账,依据资产负债表日存在状况编制的会计报表所提供的信息已不能真实反映企业的实际情况,因此,应据此对会计报表相关项目的数字进行调整。

(二)资产负债表日后非调整事项

资产负债表日后非调整事项是指表明资产负债表日后发生的情况的事项。资产负债表日后非调整事项的判断标准为:资产负债表日以后才发生或存在的事项,不影响资产负债表日存在状况，但不加以说明将会影响财务报告使用者做出正确估计和决策的事项。

企业发生的资产负债表日后非调整事项通常包括下列各项：①资产负债表日后发生重大诉讼、仲裁、承诺。②资产负债表日后资产价格、税收政策、外汇汇率发生重大变化。③资产负债表日后因自然灾害导致资产发生重大损失。④资产负债表日后发行股票和债券以及其他巨额举债。⑤资产负债表日后资本公积转增资本。⑥资产负债表日后发生巨额亏损。⑦资产负债表日后发生企业合并或处置子公司。

【例2-8】A企业应收B企业一笔货款，在2015年12月31日结账时，B企业经营状况良好，并无显示财务困难的迹象。但在2016年1月25日，B企业发生火灾，烧毁了全部厂房、设备和存货，无法偿还A企业的货款。对于这一事项，完全是由于资产负债表日后才发生的，与资产负债表日存在状况无关，应作为非调整事项。再如，甲公司2015年度财务报告于2016年3月20日由董事会批准对外公布，该公司于2016年3月1日与乙企业及其股东签订了收购乙企业80%的股权并能控制乙企业的协议。2016年3月15日，该收购协议经董事会批准。这一收购乙企业股权的事项发生于2016年度，且在甲公司2015年度财务报告尚未批准对外公布的期间内。由于该收购乙企业股权的事项在2015年12月31日资产负债表日尚未发生，即在资产负债表日不存在收购乙企业的事项，与资产负债表日存在的状况无关。但是，收购乙企业股权并将其作为子公司，属于重大事项，将会影响以后期间的财务状况和经营成果，因此，该事项属于非调整事项。

（三）调整事项与非调整事项的比较

这两类事项的区别在于：调整事项是事项存在于资产负债表日或以前，资产负债表日后提供了证据对以前已存在的事项做出进一步说明；而非调整事项是在资产负债表日尚未存在，但在财务报告批准报出日之前才发生的事项。

这两类事项的共同点在于：调整事项和非调整事项都是在资产负债表日后至财务报告批准报出日之间存在或发生的，对报告年度的财务报告所反映的财务状况、经营成果都将产生重大影响。

在判断调整事项和非调整事项时，还需要明确以下问题：

（1）如何确定资产负债表日后某一事项是调整事项还是非调整事项，是对资产负债表日后事项进行会计处理的关键。调整事项和非调整事项是一个宽泛的概念，就事项本身来说，可以有各种各样的性质，只要符合这两类事项的判断原则即可；同一性质的事项可能是调整事项，也可能是非调整事项，这取决于有关状况是在资产负债表日或以前已经存在，还是在资产负债表日后才发生的。

【例2-9】因债务人破产而使应收账款发生损失。如果债权人在12月31日或之前根据所掌握的资料判断债务人有破产清算的可能，或债务人正处于破产清算的过程中，在资产负债表日债权人已经按该项应收账款的10%计提了坏账准备。如果在资产负债表日后至财务报告批准报出日之间，接到债务人的通知表明其已宣告破产清算，债权人无法收回全部应收账款。由于应收账款可能受到损失的状况在资产负债表日已经存在，只是在资产负债表日后提供了受损的进一步证据，表明原估计的坏账准备不足，应重新调整，因此，这一事项应当作为调整事项。如果在12月31日债务人财务状况良好，没有任何财务状况恶化的信息，债权人按照当时所掌握的资料按应收账款的2%计提了坏账准备，但在债权人财务报告批准报出前，有资料证明债务人由于火灾发生重大损失，债权人的应收账款有可能收不回来。由于这一情况在资产负债表日并不存在，是资产负债表日后才发生的事项，因此，这一事项应作为非调整事项在会计报表附注中进行披露。

【例2-10】债务人由于遇到自然灾害而导致无法偿还债权人的应收账款。对于这一事项，如果债务人是在资产负债表日或以前已遇到自然灾害，但由于种种原因，债权人在资产负债表日或之前不知道这一情况，而在资产负债表日后才得知，则应将这一事项作为调整事项。因为不论债权人知道与否，债务人遇到自然灾害的事实在资产负债表日已经存在，在资产负债表日后发生的事项只是对这一情况提供了进一步的证据。如果债务人遇到的自然灾害是在资产负债表日后才发生的，即使债权人在灾害发生后立即得到消息，也应作为非调整事项在会计报表附注中披露。因为这是资产负债表日后才发生的事项，与资产负债表日存在状况无关，不能据此对资产负债表日存在状况的有关金额进行调整。

（2）资产负债表日后事项在《企业会计准则》中以列举的方式说明了哪些属于调整事项，哪些属于非调整事项，但并没有包括所有调整和非调整事项。会计人员应当按照会计准则中给出的判断标准，确定资产负债表日后事项中哪些属于调整事项，哪些属于非调整事项。需要说明的是，资产负债表日后事项，已经作为调整事项来调整会计报表有关项目数字的，除法律、法规以及国家统一的会计制度另有规定外，不需要在会计报表附注中进行披露。

四、资产负债表日后事项

（一）资产负债表日后调整事项的会计处理原则

资产负债表日后发生的调整事项，应当如同资产负债表所属期间发生的事项一样，应对其做出相关账务处理，并对资产负债表日已编制的会计报表做相应的调整。这里的会计报表包括资产负债表、利润表及相关附表和现金流量表的补充资料内容，但不包括现金流量表正表。由于资产负债表日后事项发生在次年，上年度的有关账目已经结转，特别是损益类科目在结账后已无余额。因此，资产负债表日后发生的调整事项，应当根据以下情况分别进行账务处理：

（1）涉及损益的事项，通过"以前年度损益调整"科目核算。调整增加以前年度收益或调整减少以前年度亏损的事项，以及调整减少的所得税，记入"以前年度损益调整"科目的贷方；调整减少以前年度收益或调整增加以前年度亏损的事项，以及调整增加的所得税，记入"以前年度损益调整"科目的借方。"以前年度损益调整"科目的贷方或借方余额，转入"利润分配——未分配利润"科目。

（2）涉及利润分配调整的事项，直接在"利润分配——未分配利润"科目中核算。

（3）不涉及损益以及利润分配的事项，应调整相关科目。

（4）通过上述账务处理后，还应同时调整会计报表相关项目的数字，包括：①资产负债表日编制的会计报表相关项目的数字。②当期编制的会计报表相关项目的年初数。③提供比较会计报表时，还应调整相关会计报表的上年数。④经过上述调整后，如果涉及会计报表附注内容的，还应当调整会计报表附注相关项目的数字。

（二）资产负债表日后诉讼案件的会计处理

资产负债表日后诉讼案件结案，法院判决证实了企业在资产负债表日已经存在现时义务,需要调整原先确认的与该诉讼案件相关的预计负债,或确认一项新负债。

这一事项是指在资产负债表日以前或资产负债表日已经存在的某项现时义务尚未确认,资产负债表日后至财务报告批准报出日之间获得了新的或进一步的证据,表明符合负债的确认条件,应在财务报告中予以确认,从而需要对会计报表相关项目进行调整;或者资产负债表日已确认的某项负债,资产负债表日后至财务报告批准报出日之间获得新的或进一步的证据,表明需要对已确认的金额进行调整。例如,甲企业与丁企业在签订的经济合同中订明,甲企业应于2015年8月2日提供一批商品给丁企业,由于甲企业未按合同规定按时提供商品,致使丁企业发生经济损失,丁企业于2015年10月提起诉讼,要求甲企业赔偿违约经济损失500 000元。由于案件正在审理过程中,2015年12月31日尚未做出最终判决,甲企业于2015年12月31日根据当时的资料判断可能会败诉,估计赔偿金额为200 000元,按此估计金额确认为预计负债。但在2016年3月1日财务报告批准报出前经一审判决,甲企业需赔偿丁企业经济损失450 000元,甲企业和丁企业均接受此判决,不再上诉。为此,甲企业应对资产负债表日编制的会计报表中有关预计负债、费用或支出等相关项目的数字进行调整。

【例2-11】甲公司与乙公司签订一项供销合同,合同中订明甲公司在2015年11月内供应给乙公司一批物资。由于甲公司未能按照合同发货,致使乙公司发生重大经济损失。乙公司通过法律程序要求甲公司赔偿经济损失55 000万元。该诉讼案件至12月31日尚未判决,甲公司记录了40 000万元的预计负债,并将该项赔偿款反映在12月31日的会计报表上,乙公司未记录应收赔偿款。2016年2月7日,经法院一审判决,甲公司需要偿付乙公司经济损失50 000万元,甲公司不再上诉,并假定赔偿款已经支付。甲公司与乙公司均采用应付税款法核算所得税,两公司均于2016年2月15日完成了2016年度所得税汇算清缴。假定税法规定上述预计负债所产生的损失不允许在税前扣除。根据资产负债表日后事项的判断标准,甲公司和乙公司首先应判断该事项属于调整事项,并分别按调整事项的处理原则进行如下账务处理。

▶ 1. 甲公司的账务处理

(1) 记录支付的赔偿款。

借:以前年度损益调整　　　　　　　　　　　　　　　　　　100 000 000
　　贷:其他应付款　　　　　　　　　　　　　　　　　　　　　　　100 000 000
借:预计负债　　　　　　　　　　　　　　　　　　　　　　400 000 000
　　贷:其他应付款　　　　　　　　　　　　　　　　　　　　　　　400 000 000
借:其他应付款　　　　　　　　　　　　　　　　　　　　　500 000 000
　　贷:银行存款　　　　　　　　　　　　　　　　　　　　　　　　500 000 000

资产负债表日后发生的调整事项如涉及现金收支项目的,均不调整报告年度资产负债表的货币资金项目和现金流量表主表各项目数字。本例中,虽然已支付了赔偿款,但在调整会计报表相关项目数字时,只需要调整上述第一笔和第二笔分录,不需要调整上述第三笔分录,上述第三笔分录作为2015年的会计事项处理。

(2) 将"以前年度损益调整"科目余额转入利润分配。

借:利润分配——未分配利润　　　　　　　　　　　　　　　100 000 000
　　贷:以前年度损益调整　　　　　　　　　　　　　　　　　　　　100 000 000

(3) 调整利润分配有关数字。

借：盈余公积　　　　　　　　　　　　　　　　　　　　　　10 000 000
　　贷：利润分配——未分配利润　　　　　　(100 000 000×10%)10 000 000

(4) 调整报告年度会计报表相关项目的数字(会计报表略)。

① 资产负债表项目的调整：调增其他应付款 50 000 万元；调减预计负债 40 000 万元；调减盈余公积 1 000 万元；调减未分配利润 9 000 万元。

② 利润及利润分配表项目的调整：调增营业外支出 10 000 万元；调减提取法定盈余公积 1 000 万元；调减未分配利润 9 000 万元。

(5) 调整 2016 年 2 月资产负债表相关项目的年初数。甲公司在编制 2016 年 1 月的会计报表时，按照调整前 2015 年 12 月 31 日的资产负债表数字作为资产负债表的年初数，由于发生了资产负债表日后调整事项，甲公司除了调整 2015 年度会计报表相关项目的数字外，还应当调整 2016 年 2 月资产负债表相关项目的年初数，其年初数按照 2015 年 12 月 31 日调整后的数字填列。

▶ **2. 乙公司的账务处理**

(1) 记录已收到的赔偿款。

借：其他应收款　　　　　　　　　　　　　　　　　　　　　500 000 000
　　贷：以前年度损益调整　　　　　　　　　　　　　　　　　　500 000 000
借：银行存款　　　　　　　　　　　　　　　　　　　　　　500 000 000
　　贷：其他应收款　　　　　　　　　　　　　　　　　　　　500 000 000

资产负债表日后发生的调整事项如涉及现金收支项目的，均不调整报告年度资产负债表的货币资金项目和现金流量表正表各项目数字。本例中，虽然收到了赔偿款并存入银行，但在调整会计报表相关项目数字时，只需要调整上述第一笔分录，不需要调整上述第二笔分录，上述第二笔分录作为 2016 年的会计事项处理。

(2) 将"以前年度损益调整"科目余额转入利润分配。

借：以前年度损益调整　　　　　　　　　　　　　　　　　　500 000 000
　　贷：利润分配——未分配利润　　　　　　　　　　　　　　500 000 000

(3) 调整利润分配的有关数字。

借：利润分配——未分配利润　　　　　　　　　　　　　　　 50 000 000
　　贷：盈余公积　　　　　　　　　　　　　　　(500 000 000×10%)50 000 000

(4) 调整报告年度会计报表相关项目的数字(会计报表略)。

① 资产负债表项目的调整：调增其他应收款 50 000 万元；调增盈余公积 5 000 万元；调增未分配利润 45 000 万元。

② 利润及利润分配表项目的调整：调增营业外收入 50 000 万元；调增提取法定盈余公积 5 000 万元；调增未分配利润 45 000 万元。

(5) 调整 2016 年 2 月资产负债表相关项目的年初数。乙公司在编制 2016 年 1 月的会计报表时，按照调整前的 2015 年 12 月 31 日资产负债表数字作为资产负债表的年初数，由于发生了资产负债表日后调整事项，乙公司除了调整 2015 年度会计报表相关项目的数字外，还应当调整 2016 年 2 月资产负债表相关项目的年初数，其年初数按照调整后的 2015 年 12 月 31 日资产负债表数字填列。

五、资产负债表日后资产减值的会计处理

资产负债表日后取得确凿证据，表明某项资产在资产负债表日发生了减值或者需要调整该项资产原先确认的减值金额。

这一事项是指在资产负债表日以前或在资产负债表日，根据当时资料判断某项资产可能发生了损失或减值，但没有最后确定是否会发生。因此按照当时最佳的估计金额反映在会计报表中，但在资产负债表日至财务报告批准报出日之间，所取得的新的或进一步的证据能证明该事实成立，即某项资产已经发生了损失或减值，则应对资产负债表日所做的估计予以修正。需要注意的是，企业在年度资产负债表日至财务报告批准报出日之间发生的涉及资产减值准备的调整事项，如果发生于报告年度所得税汇算清缴之前，应相应调整报告年度的应交所得税；如果发生于报告年度所得税汇算清缴之后，应将与资产减值准备有关的事项所产生的纳税调整金额，作为本年度的纳税调整事项，相应调整本年度应交所得税。上述"报告年度"是指上年度，"本年度"是指报告年度的下一个年度。例如，某上市公司2015年度的财务报告经董事会批准于2016年3月25日报出，则这里的报告年度为2015年度。

【例2-12】甲公司2015年4月销售给乙企业一批产品，价款为58 000万元（含应向购货方收取的增值税额），乙企业于5月收到所购物资并验收入库。按合同规定乙企业应于收到所购物资后1个月内付款。由于乙企业财务状况不佳，到2015年12月31日仍未付款。甲公司于12月31日编制2015年度会计报表时，已为该项应收账款提取坏账准备2 900万元（假定坏账准备提取比例为5％），12月31日资产负债表上"应收账款"项目的余额为76 000万元，该项应收账款已按55 100万元列入资产负债表"应收账款"项目内。甲公司于2016年3月2日收到乙企业通知，乙企业已进行破产清算，无力偿还所欠部分货款，预计甲公司可收回应收账款的40％。甲公司采用应付税款法核算所得税。根据税法规定，甲公司按应收账款期末余额的5％计提坏账准备，计提的坏账准备准予在计算应纳税所得额时扣除。假如甲公司在其已编制的不考虑上述事项的2015年度会计报表中，在计算所得税费用和应交所得税时已按税法规定扣除了坏账准备，甲公司提取盈余公积的比例为净利润的15％。甲公司在接到乙企业通知时，首先判断是属于资产负债表日后事项中的调整事项，并根据调整事项的处理原则进行如下会计处理：

(1) 补提坏账准备。

应补提的坏账准备＝58 000×60％－2 900＝31 900（万元）

借：以前年度损益调整　　　　　　　　　　　　　　　　　319 000 000
　　贷：坏账准备　　　　　　　　　　　　　　　　　　　319 000 000

(2) 调整应交所得税。该补提的坏账准备由于超过税法规定允许在计算应纳税所得额时可以扣除的标准，不影响甲公司2015年度会计报表中已确认的所得税费用和应交所得税。

(3) 将"以前年度损益调整"科目的余额转入利润分配。

借：利润分配——未分配利润　　　　　　　　　　　　　　319 000 000
　　贷：以前年度损益调整　　　　　　　　　　　　　　　319 000 000

(4) 调整利润分配有关数字。

借：盈余公积　　　　　　　　　　　　　　　　　　　　　31 900 000
　　贷：利润分配——未分配利润　　　　　　(319 000 000×10％) 31 900 000

(5) 调整报告年度会计报表相关项目的数字(会计报表略)。

① 资产负债表项目的调整:调减应收账款 31 900 万元;调减盈余公积 3 190 万元;调减未分配利润 28 710 万元。

② 利润表及利润分配表项目的调整:调增管理费用 31 900 万元;调减提取法定盈余公积 3 190 万元;调减未分配利润 28 710 万元。

(6) 调整 2016 年 3 月资产负债表相关项目的年初数。甲公司在编制 2016 年 1 月、2 月的会计报表时,按照表中调整前的数字作为资产负债表的年初数。由于发生了资产负债表日后调整事项,甲公司除了调整 2015 年度会计报表相关项目的数字外,还应当调整 2016 年 3 月资产负债表相关项目的年初数,其年初数按照表中调整后的数字填列。

六、资产负债表日后购入资产成本或售出资产收入的确定

资产负债表日后进一步确定了资产负债表日前购入资产的成本或售出资产的收入。这一事项是指在资产负债表日以前或资产负债表日,根据合同规定所销售的商品已经发出,当时认为与该项商品所有权相关的风险和报酬已经转移,货款能够收回,根据收入确认原则确认了收入并结转了相关成本,或者确认了相关资产的成本,即在资产负债表日企业确认为已经销售,并在会计报表上进行反映。但在资产负债表日后至财务报告批准报出日之间所取得的证据表明,该批已确认销售的商品确实已经退回,应作为调整事项进行相关的账务处理,并调整资产负债表日编制的会计报表有关收入、费用、资产、负债、所有者权益等项目的数字。值得说明的是,资产负债表日后至财务报告批准报出日之间发生的销售退回,既包括报告年度或报告中期销售的商品在报告年度或报告中期的资产负债表日后至财务报告批准报出日之间的销售退回,也包括报告年度或报告中期前销售的商品在报告年度或报告中期的资产负债表日后至财务报告批准报出日之间的退回。但是,除了资产负债表日后事项的销售退回外,其他的销售退回均冲减退回当期的收入、成本。发生的资产负债表所属期间或以前期间所售商品的退回,在会计处理时作为资产负债表日后调整事项处理,调整报告年度或中期会计报表相关项目的年初数或期末数以及调整上期或本期发生数等。按照税法规定,企业年度申报纳税汇算清缴后发生的属于资产负债表日后事项的销售退回所涉及的应纳税所得额的调整,应作为本年度的纳税调整,而不作为报告年度的纳税调整。因此,发生于资产负债表日后至财务报告批准报出日期间的销售退回事项,可能发生于年度所得税汇算清缴之前,也可能发生于年度所得税汇算清缴之后。

(一) 资产负债表日后至财务报告批准报出日之间发生的资产负债表所属期间或以前期间所售商品的退回,发生于报告年度所得税汇算清缴之前的会计处理

资产负债表日后事项中涉及报告年度所属期间的销售退回发生于报告年度所得税汇算清缴之前,则应按资产负债表日后有关调整事项的会计处理方法,调整报告年度会计报表相关的收入、成本等,并相应调整报告年度的应纳税所得额以及报告年度应交的所得税等。企业按应冲减的收入,借记"以前年度损益调整"科目(调整主营业务收入或其他业务收入),按可冲回的增值税销项税额,借记"应交税费——应交增值税(销项税额)"科目,按应退回或已退回的价款,贷记"应收账款"或"银行存款"等科目。按退回商品的成本,借记"库存商品"等科目,贷记"以前年度损益调整"科目(调整主营业务成本或其他业务支出)。按应调整的消费税等其他相关税费,借记"应交税费"等科目,贷记"以前年度损益调

整"科目(调整相关的税金及附加)。如果涉及调整应交所得税和所得税费用的,还应借记"应交税费——应交所得税"科目,贷记"以前年度损益调整"科目(调整所得税费用)。经上述调整后,将"以前年度损益调整"科目的余额转入"利润分配——未分配利润"科目,借记"利润分配——未分配利润"科目,贷记"以前年度损益调整"科目。

(二)资产负债表日后至财务报告批准报出日之间发生的资产负债表所属期间或以前期间所售商品的退回,发生于报告年度所得税汇算清缴之后的会计处理

资产负债表日后事项中涉及报告年度所属期间的销售退回发生于报告年度所得税汇算清缴之后,但在报告年度财务报告批准报出日之前。按照会计制度规定,虽然销售退回发生于报告年度所得税汇算清缴之后,但由于报告年度财务报告尚未批准报出,所以仍然属于资产负债表日后事项,其销售退回仍应作为调整事项处理,并调整报告年度会计报表相关的收入、成本等。按照税法规定,在此期间的销售退回所涉及的应交所得税的调整应作为本年度的纳税调整事项。

(1)对于报告年度所得税费用的计量,企业采用应付税款法核算所得税的,对于报告年度所得税汇算清缴后至报告年度财务报告批准报出日之间发生的属于报告年度销售退回的所得税影响,不调整报告年度的所得税费用和应交所得税。

(2)所得税汇算清缴以后发生的属于资产负债表日后事项的销售退回对本年度所得税费用计量的影响,企业采用应付税款法核算所得税的,在计算本年度应纳税所得额时,应按本年度实现的利润总额,减去报告年度所得税汇算清缴后至报告年度财务报告批准报出日之间发生的销售退回影响的报告年度利润总额的金额,作为本年度应纳税所得额,并按本年度应交的所得税确认本年度所得税费用。例如,某股份有限公司2015年度的财务报告于2016年4月20日经董事会批准对外报出,2015年度的所得税汇算清缴于2016年2月15日完成。2016年4月5日发生2015年度销售的商品退回,因该公司2015年度所得税汇算清缴已经结束,按照税法规定,该部分销售退回应减少的应纳税所得额在2016年度所得税汇算清缴时与2015年度的其他应纳税所得额一并计算,但在对外提供2015年度财务报告时,按会计准则规定,该部分销售退回应当调整2015年度会计报表相关的收入、成本、利润等。

【例2-13】乙公司2015年11月销售给丙企业一批产品,销售价格250万元(不含应向购买方收取的增值税额),销售成本200万元,货款当年12月31日尚未收到。2015年12月25日接到丙企业通知,丙企业在验收物资时,发现该批产品存在严重的质量问题,需要退货。乙公司希望通过协商解决问题,并与丙企业协商解决办法。乙公司在12月31日编制资产负债表时,将该应收账款292.50万元(包括向购买方收取的增值税额)减去已计提的坏账准备后的金额列示于资产负债表的"应收账款"项目内,公司按应收账款年末余额的5‰计提坏账准备。2007年1月10日,双方协商未成,乙公司收到丙企业通知,该批产品已经全部退回。乙公司于2007年1月15日收到退回的产品,以及购货方退回的增值税专用发票的发票联和税款抵扣联(假如该产品增值税税率为17%,乙公司为增值税一般纳税人,不考虑其他税费因素)。乙公司已经税务部门批准在应收款项余额的5‰范围内计提的坏账准备可以在税前扣除,除应收丙企业账款计提的坏账准备外,无其他纳税调整事项。乙公司采用应付税款法核算所得税,2016年2月15日完成了2015年所得税汇算清缴。乙公司首先应根据资产负债表日后事项的判断标准,判断该事项属于调整事项,再按调整事项的处理原则进行如下会计处理:

(1) 调整销售收入。

借：以前年度损益调整　　　　　　　　　　　　　　　　　2 500 000
　　应交税费——应交增值税（销项税额）　（2 500 000×17%）425 000
　贷：应收账款　　　　　　　　　　　　　　　　　　　　　2 925 000

(2) 调整坏账准备余额。

借：坏账准备　　　　　　　　　　　　　　　（292 5000×5%）146 250
　贷：以前年度损益调整　　　　　　　　　　　　　　　　　　146 250

(3) 调整销售成本。

借：库存商品　　　　　　　　　　　　　　　　　　　　　　2 000 000
　贷：以前年度损益调整　　　　　　　　　　　　　　　　　2 000 000

(4) 调整应交所得税。

借：应交税费——应交所得税　　　　　　　　　　　　　　　160 173.75
　贷：以前年度损益调整　[(2 500 000－2 000 000－2 925 000×5‰)×33%]160 173.75

(5) 将"以前年度损益调整"科目余额转入利润分配。

借：利润分配——未分配利润　　　　　　　　　　　　　　　193 576.25
　贷：以前年度损益调整(2 500 000－2 000 000－146 250－160 173.75)193 576.25

(6) 调整利润分配有关数字。

借：盈余公积　　　　　　　　　　　　　　　　　　　　　　19 357.63
　贷：利润分配——未分配利润　　　　　　（193 576.25×10%）19 357.63

(7) 调整报告年度会计报表相关项目的数字(表略)。

① 资产负债表项目的调整：调减应收账款 277.875 万元；调增库存商品 200 万元；调减应交所得税 16.017 3 75 万元；调减应交增值税 42.5 万元；调减盈余公积 0.193 576 万元；调减未分配利润 19.164 049 万元。

② 利润表及利润分配表项目的调整：调减主营业务收入 250 万元；调减主营业务成本 200 万元；调减管理费用 14.625 0 万元；调减所得税 16.017 375 万元；调减提取盈余公积 0.193 576 万元；调减未分配利润 19.164 049 万元。

(8) 乙公司 2016 年 1 月资产负债表的年初数应按上述调整后的数字填列。

七、资产负债表日后发现了财务报表舞弊或差错

这一事项是指资产负债表日后至财务报告批准报出日之间发生的属于资产负债表所属期间或以前期间存在的重大会计差错。该重大差错应当作为资产负债表日后调整事项，调整报告年度的年度财务报告或中期财务报告相关项目的数字。具体会计处理按照重大会计差错更正的处理方法进行处理。

【例 2-14】A 公司为增值税一般纳税人。2016 年 4 月 20 日，A 公司 2015 年度的财务报告经董事会批准对外报出。该公司采用成本与可变现净值孰低法对期末存货计价，对单项存货计提存货跌价准备；采用应付税款法核算所得税，适用的所得税税率为 25%。A 公司 2015 年度所得税汇算清缴完成于 2016 年 2 月 28 日。A 公司 2016 年度实现的净利润尚未分配。

▶ 1. A 公司 2016 年 1 月 1 日至 4 月 20 日，发生如下交易和事项

(1) 2016 年 1 月 20 日，A 公司发现在 2015 年 12 月 31 日计算 A 库存产品的可变现净

值时发生差错,该库存产品的成本为1500万元,预计可变现净值应为1000万元。2015年12月31日,A公司误将A库存产品的可变现净值预计为1200万元。

(2) 2016年1月20日,A公司收到B公司通知,被告知B公司于1月18日遭洪水袭击,整个企业被淹,预计所欠A公司的400万元货款全部无法偿还。2015年12月3日,A公司根据B公司的财务状况对账龄在1年以内应收B公司的400万元账款计提了10%的坏账准备。

(3) 2016年1月25日,A公司收到C公司通知,被告知C公司因现金流量严重不足,无法持续经营而宣告破产,预计只能收回C公司所欠200万元货款的20%。C公司现金流量不足的情况于2014年度已经存在,且积欠A公司的款项已超过2年。2015年12月31日,A公司根据C公司的财务状况,对应收C公司的200万元账款计提了40%的坏账准备。

(4) 2016年2月26日,经法院一审判决,A公司需要赔偿D公司220万元损失,A公司和D公司均不再上诉。2015年度财务报告对外报出时,220万元赔偿款尚未支付。A公司赔偿D公司的损失,系A公司于2014年度销售给D公司的产品未按照合同发货所造成的,对此,D公司通过法律程序要求A公司赔偿部分经济损失。2015年12月31日,该诉讼案件尚未判决,A公司估计很可能赔偿D公司100万元,并确认了100万元预计负债。

(5) 2016年3月2日,A公司于2014年11月销售给E公司的一批产品因发生质量问题而退回,同时收到了增值税进货退出证明单。A公司销售该批产品的销售收入为800万元(不含增值税额),销售成本为400万元,增值税销项税额为136万元(假定不考虑其他相关税费),该销售产品价款(含增值税额)在销售时已经收到。退回商品已经入库,应退回的产品价款(含增值税额)尚未支付,已开具红字增值税专用发票。

根据调整事项的判断标准,A公司上述(1)、(3)、(4)、(5)事项属于调整事项。

▶ 2. 对调整事项的有关账务处理如下
(1) 事项(1)的会计分录如下:
借:以前年度损益调整 2 000 000
 贷:存货跌价准备 2 000 000
(2) 事项(2)的会计分录如下:
借:以前年度损益调整 (2 000 000×60%-2 000 000×20%)800 000
 贷:坏账准备 800 000
(3) 事项(3)的会计分录如下:
借:以前年度损益调整 1 200 000
 贷:其他应付款 1 200 000
借:预计负债 1 000 000
 贷:其他应付款 1 000 000
(4) 事项(4)的会计分录如下:
借:以前年度损益调整 4 000 000
  库存商品 4 000 000
  应交税费——应交增值税(销项税额) 1 360 000
 贷:应付账款 9 360 000

(5)将"以前年度损益调整"科目余额结转至"利润分配——未分配利润"科目。

借：利润分配——未分配利润　　　　　　　　　　　　　　　8 000 000
　贷：以前年度损益调整　　　　　　　　　　　　　　　　　　　　 8 000 000

对会计报表相关项目的调整(略)。

八、资产负债表日后非调整事项

资产负债表日后发生的非调整事项是资产负债表日后才发生或存在的事项，不影响资产负债表日存在状况，不需要对资产负债表日已编制的会计报表进行调整。但由于这类事项可能重大，如果不加以说明，将会影响财务报告使用者做出正确估计和决策，因此，应在会计报表附注中加以披露。企业发生的资产负债表日后非调整事项，通常包括下列各项。

▶ **1. 资产负债表日后发生重大诉讼、仲裁、承诺**

这类事项是指在资产负债表日后至财务报告批准报出日之间发生的重大诉讼、仲裁或承诺事项。由于这类事项比较重大，为防止误导投资者及其他财务报告使用者，应当在会计报表附注中进行相关披露。例如，甲企业是房地产的销售代理商，在买卖双方同意房地产的销售条款时确认佣金收入，佣金由卖方支付。2015年，甲企业同意替乙企业的房地产寻找买主。在2015年后期，甲企业找到一位有意向的买主丁企业，丁企业以其获得银行融资的能力与乙企业签订购买该房地产的合同。2016年1月，丁企业通知甲企业，其在获得银行贷款方面有困难，但仍能够履行合同。之后不久，甲企业找到另一位以现金购买该房地产的买主。2016年2月，丁企业通过法律手段起诉甲企业违背受托责任。2016年3月，甲企业同意付给丁企业50万元的现金以使其撤回法律诉讼。在这个例子中，不论是甲企业还是丁企业，均应将此事项作为非调整事项，在2015年会计报表附注中进行披露。

▶ **2. 资产负债表日后资产价格、税收政策、外汇汇率发生重大变化**

这一事项是指在资产负债表日后至财务报告批准报出日之间发生的资产价格、外汇汇率的重大变动或国家税收政策的重大改变。由于企业已经在资产负债表日按照当时的汇率对有关账户进行调整，因此，无论资产负债表日后的汇率如何变化，均不应影响按资产负债表日的汇率折算的会计报表数字。但是，如果资产负债表日后汇率发生较大变化，如我国2015年汇率改革，应对由此而产生的影响在会计报表附注中进行披露。此外，国家税收政策发生重大改变将会影响企业的财务状况和经营成果，也应当在会计报表附注中及时披露该信息。

▶ **3. 资产负债表日后因自然灾害导致资产发生重大损失**

这一事项是指资产负债表日后至财务报告批准报出日之间发生的自然灾害而导致的资产损失。自然灾害导致的资产损失不是企业主观上能够决定的，是不可抗力所造成的。但这一事项对企业财务状况所产生的影响如果不加以披露，就有可能使财务报告使用者产生误解，导致做出错误的决策。因此，因自然灾害而导致的资产损失应作为非调整事项在会计报表附注中进行披露。

▶ **4. 资产负债表日后发行股票和债券以及其他巨额举债**

发行股票或债券事项是指企业在资产负债表日后至财务报告批准报出日之间经批准发行股票、债券等的一种情况。企业发行股票或债券是比较重大的事项，虽然这一事项与企业资产负债存在状况无关，但应对这一事项做出披露，以使财务报告使用者了解与此有关的情况。对外巨额举债事项是指企业在资产负债表日后至财务报告批准报出日之间决定向银行或非银行金融机构举借巨额债务的一种情况。企业对外巨额举债属于企业的重大事项，虽与企业资产负债表日的存在状况无关，但应当对这一事项进行披露，以使财务报告使用者了解企业对外巨额举债可能会给投资者带来的影响。例如，甲企业于2016年1月15日经批准发行3年期债券500 000万元，面值100元，年利率10%，企业按110元的价格发行，并于2016年3月15日发行结束。甲企业2015年的财务报告经批准于2016年3月20日对外报出，其应在2015年度会计报表中对这一非调整事项加以披露。

▶ **5. 资产负债表日后资本公积转增资本**

这一事项是指企业在资产负债表日后至财务报告批准报出日之间经批准以资本公积转增资本。企业以资本公积支付，将会对企业的资本公积和资本（或股本）结构产生较大影响，需要在会计报表附注中及时披露该事项。

▶ **6. 资产负债表日后发生巨额亏损**

这一事项是指企业在资产负债表日后至财务报告批准报出日之间发生巨额亏损。虽然这一事项与企业资产负债表日存在状态无关，但企业发生巨额亏损将会对企业报告期后的财务状况和经营成果产生重大影响，应当在会计报表附注中及时披露该事项。

▶ **7. 资产负债表日后发生企业合并或处置子公司**

这一事项是指在资产负债表日后至财务报告批准报出日之间发生的重大企业合并或处置子公司的事项。由于这一事项将会影响企业的股权结构，因此应当在会计报表附注中及时披露相关的信息。例如，2016年1月20日，甲企业与乙企业签订协议，乙企业将其持有的丁企业的80%的股权出售给甲企业，对这一重大事项，甲、乙企业均应在会计报表附注中加以披露。

资产负债表日后，企业利润分配方案中拟分配的以及经审议批准宣告发放的股利或利润，不确认为资产负债表日的负债，但应当在附注中单独披露。企业在资产负债表日后至财务报告批准报出日之间，一般会先由董事会或类似机构制订财务报告所属期间的利润分配方案。通常情况下，企业在12月31日结账，需要结转报告年度内取得的收入、发生的成本，计算净利润，董事会或类似机构根据确定的净利润提出利润分配方案。企业在12月31日结账并计算出净利润需要一定的时间，待董事会或类似机构提出利润分配方案时已到下一年度。在财务报告批准报出日之前，董事会或类似机构制订的利润分配方案是对企业上年度的净利润所做的预分配，最终的利润分配方案只有等股东大会或类似机构审核批准后才能确定。由此证明，董事会或类似机构所做出的现金股利分配预案并不构成正式的一项负债。因此，对于董事会或类似机构制订的利润分配方案中所包含的现金股利应当在资产负债表的所有者权益中反映，而不作为负债。对于资产负债表日后至财务报告批准报出日之间由董事会或类似机构制订的利润分配方案中所包含的股票股利，由于公司发放股票股利涉及变更股本等事宜，程序较复杂，因此，在董事会或类似机构制订利润分配方案时，对其中的股票股利不进行会计处理，等到股东大会批准后于实际发放时进行相应的会计处理。对于在资产负债表日后董事会或类似机构制订的利润分配方案中所包含的股票股利，应当在会计报表附注中进行单独披露。

九、资产负债表日后事项的披露

企业应当在会计报表附注中披露与资产负债表日后事项有关的信息主要包括以下几项：

(1) 财务报告的批准报出者和财务报告批准报出日。按照有关法律、法规的规定，企业所有者或其他有关方面有权对报出的财务报告进行修改的，应当披露这一情况。

(2) 对每项重要的资产负债表日后非调整事项的性质、内容及对财务状况和经营成果的影响无法做出估计的，应当说明原因。

需要注意的是，企业在资产负债表日后取得了影响资产负债表日存在情况的新的或进一步的证据，应当调整与之相关的披露信息。

本 章 小 结

财务报表调整根据调整时间是在报表编制之前还是之后分为表前调整和表后调整。表前调整是会计政策、会计估计变更和差错更正引起的财务报表调整，需要在编制财务报表之前考虑上述事项对财务报表的影响。表后调整是资产负债表日后事项引起的财务报表调整，需要根据资产负债表日至财务报表报出日之间发生的对财务报表产生影响的事项进行的财务报表调整。会计政策是指企业在会计确认、计量和报告中所采用的原则、基础和会计处理方法。会计政策变更是指对相同的交易或事项由原来采用的会计政策改用另一会计政策的行为。会计政策变更应符合下列条件之一：①法律或会计准则等行政法规、规章要求变更会计政策。②变更会计政策能够提供有关企业财务状况、经营成果和现金流量等更可靠、更相关的会计信息。会计政策变更的会计处理方法主要有追溯调整法和未来适用法两种。会计估计是指企业对其结果不确定的交易或事项以最近可利用的信息为基础而进行的判断。会计估计变更是指由于资产和负债的当前状况及预期未来经济利益和义务发生了变化，从而对资产或负债的账面价值或者资产的定期消耗金额所进行的重估和调整。前期差错是指由于没有运用或错误运用以下两类信息而对前期财务报表造成遗漏或误报：①编报前期财务报表时能够合理预计取得并应当加以考虑的可靠信息；②前期财务报表报出时能够取得的可靠信息。对于发生的会计差错，企业应当区别不同情况，分别采用不同的方法。各个会计主体除了按前面所述进行会计处理外，还应在附注中披露相关的内容。资产负债表日后事项是指资产负债表日至财务报表报出日之间发生的有利或不利事项。资产负债表日后事项包括两类：调整事项和非调整事项。对于调整事项，不仅要调整相应的会计处理，还可能需要调整财务报表及报表附注说明；对于非调整事项，不需要进行账务处理，也不需要调整财务报表，但是需要在财务报表及报表附注中说明。

思 考 题

1. 什么是会计政策？在哪些情况下企业可以变更会计政策？

2. 什么是会计估计？企业为什么要改变会计估计？
3. 在改变会计估计时，应如何进行会计处理？
4. 如何对会计差错进行会计处理？
5. 什么是资产负债表日后事项？
6. 什么是调整事项？
7. 什么是非调整事项？
8. 发生调整事项，应如何进行会计处理？
9. 调整事项和非调整事项的会计处理有何区别？

同步测试题

一、单项选择题

1. 某上市公司2015年度的财务会计报告于2016年4月30日批准报出，2016年3月15日，该公司发现了2014年度的一项重大会计差错。该公司正确的做法是(   )。
    A. 调整2015年度会计报表的年初余额和上期金额
    B. 调整2015年度会计报表的年末余额和本期金额
    C. 调整2014年度会计报表的年末余额和本期金额
    D. 调整2014年度会计报表的年初余额和上期金额

2. 下列不属于前期差错事项的是(   )。
    A. 账户分类和计算错误
    B. 漏记已完成的交易
    C. 由于资产和负债的当前状况及预期经济利益和义务发生了变化，从而对资产或负债的账面价值或者资产的定期消耗金额进行调整
    D. 疏忽或曲解事实以及舞弊产生的影响

3. 下列事项中，属于企业会计准则允许采用会计政策的有(   )。
    A. 资产负债表日交易性金融资产按照成本计价
    B. 资产负债表日存货按照成本计价
    C. 资产负债表日可供出售金融资产按照公允价值计价
    D. 坏账准备按照直接转销法核算

4. 对下列有关前期差错，其表述方法不正确的是(   )。
    A. 前期差错通常包括计算错误、应用会计政策错误、疏忽或曲解事实和舞弊产生的影响以及存货、固定资产盘盈等
    B. 企业应当采用追溯重述法更正重要的前期差错，但确定前期差错累积影响数不切实可行的除外
    C. 追溯重述法是指在发现前期差错时，视同该项前期差错从未发生过，从而对财务报表相关项目进行更正的方法

D. 确定前期差错影响数不切实可行的，可以从可追溯重述的最早期间开始调整留存收益的期初余额，财务报表其他相关项目的期初余额也应当一并调整，不得采用未来适用法

5. 企业发生的下列交易或事项中，属于会计政策变更的是（　　）。

A. 因固定资产改良将其折旧年限由 8 年延长至 10 年

B. 长期股权投资由权益法改按成本法核算（非企业合并）

C. 年末根据当期发生的暂时性差异所产生的递延所得税调整本期所得税费用

D. 企业在预计首次执行日前尚未计入资产成本的弃置费用时，应当满足预计负债的确认条件，以该项预计负债折现后的金额增加资产成本

6. A 企业于 2015 年 12 月 31 日以 20 000 元购入设备一台，该项设备使用年限为 5 年，残值 5 000 元，采用年限平均法计提折旧。2016 年 6 月 30 日，A 企业发现该设备包含的经济利益的预期实现方式有重大改变，决定自 2016 年 7 月 1 日起，将折旧方法改为年数总和法，并已履行相关程序获得批准。A 企业对该设备折旧方法变更的会计处理应当为（　　）。

A. 作为会计政策变更，并进行追溯调整

B. 作为会计政策变更，不进行追溯调整

C. 作为会计估计变更，并进行追溯调整

D. 作为会计估计变更，不进行追溯调整

7. 某上市公司 2015 年 2 月 1 日发现，正在使用的甲设备技术革新和淘汰速度加快，决定从该月起将该设备预计折旧年限由原来的 10 年改为 6 年，当时公司 2014 年的年报尚未报出。该经济事项应当属于（　　）。

A. 会计政策变更

B. 会计估计变更

C. 前期差错更正

D. 以前年度损益调整

8. 某企业原在生产经营过程中，使用少量的低值易耗品，并在领用时将其价值一次计入费用。但该企业近期转产，所需的低值易耗品较多，且价值较大，企业决定将其摊销方法改为分期摊销法，但摊销方法改变以后预计对损益的影响并不大。则该事项的会计处理方法为（　　）。

A. 作为会计政策变更

B. 不作为会计政策变更

C. 使用"以前年度损益调整"科目处理

D. 使用"利润分配——未分配利润"科目处理

9. 某股份有限公司于 2014 年成立，所得税核算采用应付税款法，适用的所得税税率为 25%，2014 年实现利润总额 150 000 元。2014 年，该公司实际发放工资总额超过计税工资总额的部分为 20 000 元；2014 年年初开始提取折旧的管理用固定资产当年折旧为 50 000 元，但按税法规定采用年数总和法则应计提 65 000 元。2015 年 1 月 1 日起，该公司为了提供更相关、更可靠的会计信息，决定将所得税核算由应付税款法改为资产负债表债务法。则此项会计政策变更的累积影响数为（　　）元。

A. 0　　　　　　B. 4 950　　　　　　C. 6 600　　　　　　D. 11 550

10. 下列各项中，不需要在会计报表附注中披露的内容有（　　）。

A. 会计政策变更的内容和理由

B. 会计估计变更的影响数

C. 非重大前期差错的更正方法

D. 重大前期差错对净损益的影响金额

11. 下列事项属于资产负债表日后事项中调整事项的是（　　）。

A. 资产负债表日发生的销货退回的事项

B. 在资产负债表日后外汇汇率发生较大变动

C. 已确定将要支付赔偿额小于该赔偿在资产负债表日的估计金额

D. 溢价发行债券

12. 资产负债表日至财务会计报告批准报出日之间发生的调整事项在进行调整会计处理时，不允许调整报告年度的项目有（　　）。

A. 货币资金项目

B. 应收账款项目

C. 所有者权益项目

D. 损益项目

13. 2015 年财务会计报告批准报出日为 2016 年 4 月 30 日。2016 年 3 月 4 日，A 公司发现 2015 年一项财务报表舞弊或差错，甲公司应调整（　　）。

A. 2015 年会计报表资产负债表的期末余额和利润表本期金额

B. 2016 年会计报表资产负债表的年初余额和利润表上期金额

C. 2015 年会计报表资产负债表的年初余额和利润表上期金额

D. 2016 年会计报表资产负债表的期末余额和本年累计数及本年实际数

14. 某公司 2015 年的年度会计报告，经董事会批准于 2016 年 3 月 28 日报出。则该公司在 2016 年 1 月 1 日—3 月 28 日发生的下列事项中，属于资产负债表日后事项的调整事项的是（　　）。

A. 2016 年 3 月 10 日取得确凿证据，表明某项资产在资产负债表日发生了减值或者需要调整该项资产原先确认的减值金额

B. 2016 年 2 月 10 日销售的产品被退回

C. 2016 年 2 月 18 日董事会提出资本公积转增资本方案

D. 2016 年 3 月 18 日董事会成员发生变动

15. 下列各项中，有关资产负债表日后事项表述正确的有（　　）。

A. 资产负债表日至财务会计报告批准报出日之间，由董事会制订的财务会计报告所属期间利润分配方案中的盈余公积的提取，应作为调整事项处理

B. 资产负债表日后发生的调整事项如涉及现金收支项目的，均可以调整报告年度资产负债表的货币资金项目，但不调整报告年度现金流量表各项目数字

C. 资产负债表日后事项，作为调整事项调整会计报表有关项目数字后，但不调整报告年度现金流量表各项目数字

D. 资产负债表日至财务会计报告批准报出日之间，由董事会制订的财务会计报告所属期间利润分配方案中的现金股利，应作为调整事项处理

16. 某零售企业在年度资产负债表日至财务会计报告批准报出日之间发生的下列事项中，不属于资产负债表日后事项的有( )。
   A. 销售名牌商品
   B. 出售重要的子公司
   C. 火灾造成重大损失
   D. 发生重大的诉讼案件

17. 下列各项中，关于资产负债表日后调整事项正确的说法有( )。
   A. 总是要调整报告年度利润表的相关项目
   B. 总是不调整报告年度现金流量表的正表部分
   C. 总是不调整报告年度现金流量表的补充资料部分
   D. 总是要在会计报表附注中予以披露

18. 对于上市公司而言，其年度财务会计报告批准报出日是指董事会批准报出的日期，即每年的( )。
   A. 4月30日
   B. 4月30日以前的某天
   C. 4月30日以后的某天
   D. 4月30日及以前的某天

19. 在资产负债表至财务会计报告批准报出日之间发生的下列事项中，属于资产负债表日后事项的有( )。
   A. 新证据表明资产负债表日对长期建造合同应计收益的估计存在重大误差
   B. 自然灾害导致资产重大损失
   C. 计划对资产负债表日存有的债务进行债务重组
   D. 外汇汇率发生较大变动

二、多项选择题

1. 根据会计政策、会计估计变更和差错更正准则的规定，下列各项中，会计处理正确的有( )。
   A. 确定会计政策变更对列报前期影响数不切实可行的，应当从可追溯调整的最早期间期初开始应用变更后的会计政策
   B. 在当期期初确定会计政策变更对以前各期累积影响数不切实可行的，应当采用未来适用法处理
   C. 企业对会计估计变更应当采用未来适用法处理
   D. 企业应当采用追溯重述法更正重要的前期差错
   E. 确定前期差错影响数不切实可行的，可以从可追溯重述的最早期间开始调整留存收益的期初余额，财务报表其他相关项目的期初余额一并调整，也可以采用未来适用法

2. 下列各项中，关于未来适用法正确的表述有( )。
   A. 将变更后的会计政策应用于变更日及以后发生的交易或者事项的方法
   B. 在会计估计变更当期和未来期间确认会计估计变更影响数的方法
   C. 调整会计估计变更当期期初留存收益

D. 对变更年度资产负债表年初余额进行调整

E. 对变更年度利润表上年金额进行调整

3. 下列各项中，属于会计政策变更的项目有（　　）。

A. 周转材料的摊销方法由一次转销变更为五五摊销法

B. 以前固定资产租赁业务均为经营租赁，本年度发生了融资租赁业务，其会计核算方法改变

C. 期末存货计价由成本法改为成本与可变现价值孰低法

D. 所得税核算方法由应付税款法改为资产负债表债务法

E. 对于有确凿证据表明可以采用公允价值模式计量的投资性房地产，在首次执行日可以按照公允价值进行计量

4. 在当期期初确定会计政策变更对以前各期累积影响数不切实可行的，应当采用未来适用法处理，其条件是（　　）。

A. 企业因账簿超过法定保存期限而销毁，引起会计政策变更累积影响数无法确定

B. 企业账簿因不可抗力而毁坏引起累积影响数无法确定

C. 法律或行政法规要求对会计政策的变更采用追溯调整法，但企业无法确定会计政策变更累积影响数

D. 经济环境改变，但企业无法确定累积影响数

E.《企业会计准则第 38 号——首次执行企业会计准则》规定的采用未来适用法

5. 某企业 2016 年 6 月 5 日发现 2015 年 10 月多计提折旧，且金额较大，则该企业会计处理中正确的做法有（　　）。

A. 使用"以前年度损益调整"科目做调整分录

B. 2016 年 6 月 30 日资产负债表的年初数要调整

C. 2016 年度利润表的上年数相关项目要调整

D. 2016 年度利润分配表的上年数相关项目要调整

6. 某股份有限公司于 2011 年成立，下列各项中，属于其滥用会计政策、会计估计及其变更的内容有（　　）。

A. 对购入的商标权按 20 年摊销

B. 对交易性金融资产期末计价采用成本与市价孰低法

C. 对坏账损失采用直接转销法核算

D. 对某项固定资产进行更新改造以后，根据实际情况延长了固定资产的使用寿命

7. 某公司 2016 年 3 月 5 日（2015 年年报尚未报出）发现 2015 年 10 月多计提折旧，且金额较大，则该企业会计处理中正确的做法有（　　）。

A. 使用"以前年度损益调整"科目作调整分录

B. 调整 2015 年 12 月 31 日资产负债表的年末数

C. 调整 2015 年度利润表的上年数

D. 调整 2015 年度利润分配表的本年数

8. B 公司 2016 年收到 A 公司的退货，该商品的销售实现日为 2015 年 11 月 5 日，则该公司会计处理中不正确的做法有（　　）。

A. 使用"以前年度损益调整"科目做调整分录

B. 调整 2016 年 6 月资产负债表的年初数

C. 调整 2016 年度利润表的上年数

D. 调整 2016 年度利润分配表的上年数

9. 除法律或会计制度、会计准则等行政法规、规章要求变更会计政策外，企业有时也可以变更有关会计政策，但必须（   ）。

　　A. 围绕企业的经营目标

　　B. 有充分、合理的证据表明其政策变更的合理性

　　C. 由股东大会等类似机构批准变更会计政策

　　D. 说明变更会计政策后能够提供关于企业财务状况等更可靠、更相关的会计信息的理由

10. 下列各项中，属于会计估计变更的事项有（   ）。

　　A. 变更无形资产的摊销年限

　　B. 发出存货的计价方法由加权平均法改为先进先出法

　　C. 因固定资产扩建而重新确定其预计可使用年限

　　D. 降低坏账准备的计提比例

11. 资产负债表日后至财务会计报告批准报出日之间，由董事会或类似机构制订并经股东大会或类似机构批准宣告发放的股利，应当采取的处理方法有（   ）。

　　A. 现金股利在资产负债表所有者权益中单独列示

　　B. 现金股利在资产负债表流动负债中单独列示

　　C. 股票股利在资产负债表流动负债中单独列示

　　D. 股票股利在会计报表附注中单独披露

12. 下列资产负债表日后事项中，属于调整事项的有（   ）。

　　A. 发生在资产负债表所属期间或以前期间所售商品的退回

　　B. 表明资产负债表所属期间或以前期间存在重大会计差错

　　C. 已证实某项资产在资产负债表日已减值，或为该项资产已确认的减值损失需要调整

　　D. 表明应将资产负债表日存在的某项现时义务予以确认，或已对某项义务确认的负债需要调整

13. 某企业 2015 年会计报表批准对外报出日为 2016 年 4 月 10 日。2016 年 2 月 18 日，该企业发现报告年度的会计记录存在以下问题并予以调整，但并不需要调整报告年度利润表相关项目的有（   ）。

　　A. 漏记 2015 年 12 月 31 日发出的委托代销商品一批，其成本为 10 万元，售价为 12.8 万元

　　B. 2015 年 12 月 31 日，漏记货到单未到的一批材料，估计成本为 5 000 元

　　C. 2015 年 12 月 28 日，误将委托加工物资 6000 元记作委托代销商品

　　D. 2015 年 12 月 18 日，误将销售折让 3000 元作为现金折扣处理

14. 资产负债表日后非调整事项应当在会计报表附注中予以披露，下列关于其披露内容的说法中正确的说法有（   ）。

　　A. 应当披露非调整事项的内容

　　B. 应当披露非调整事项对财务状况的影响

C. 应当披露非调整事项估计对经营成果的影响
D. 如果非调整事项对财务状况和经营成果的影响无法做出估计则可以不作披露

15. 某企业在2016年2月1日发生一项资产负债表日后调整事项，并对该调整事项做出了相应的账务处理，同时也对报告年度会计报表相关项目进行了调整，但却没有将该调整事项的内容、金额，以及对企业财务状况、经营成果的影响在报告年度会计报表附注中予以披露，则该企业的会计处理（　　）。

A. 肯定不正确
B. 在一般情况下是正确的
C. 若该事项法律、法规以及会计制度另有规定，其处理就不正确
D. 若该事项法律、法规以及会计制度没有另外规定，其处理就正确

16. A公司因违约于2015年7月被B公司起诉，该项诉讼在2015年12月31日尚未判决，A公司认为败诉的可能性为60%，赔偿的金额为60万元。2016年3月30日财务报告批准报出之前，法院判决A公司需要偿付B公司的经济损失55万元，A公司不再上诉，并支付了赔偿款项。作为资产负债表日后事项，A公司应做的会计处理包括（　　）。

A. 按照调整事项处理原则，编制会计分录调整以前年度损益和其他相关科目
B. 调整2015年12月31日资产负债表相关项目
C. 调整2015年度利润表相关项目
D. 调整2015年度所有者权益变动表相关项目
E. 调整2016年3月资产负债表年初余额的相关项目

17. A公司为B公司的2000万元债务提供70%的担保。2015年10月，B公司因到期无力偿还债务被起诉，至12月31日，法院尚未做出判决，A公司根据有关情况，预计很可能承担部分担保责任，2016年3月6日，A公司财务报告批准报出之前法院做出判决，A公司承担全部担保责任，需为B公司偿还债务的70%，A公司已执行。以下A公司正确的处理有（　　）。

A. 2015年12月31日，按照或有事项确认负债的条件记录预计负债并做出披露
B. 2015年12月31日，对此事项按照或有负债做出披露
C. 2016年3月6日，按照资产负债表日后非调整事项处理
D. 2016年3月6日，按照资产负债表日后调整事项处理，调整会计报表相关项目
E. 作为2016年3月6日的业务处理

18. 下列资产负债表日后事项中，属于调整事项的有（　　）。

A. 资产负债表日后发生企业合并或处理子公司
B. 资产负债表日后，企业利润分配方案中拟分配的以及经审议批准宣告发放的股利或利润
C. 资产负债表日后进一步确定了资产负债表日前购入资产的成本或售出资产的收入
D. 资产负债表日后发现了财务报告舞弊或差错
E. 资产负债表日后因自然灾害导致资产发生重大损失

19. 甲公司2015年度的财务报告，经董事会批准，对外公布的日期为2016年4月3日。该公司2016年1月1日—4月3日发生的下列事项中，应当作为资产负债表日后事项中的调整事项的有（　　）。

A. 3月11日，临时股东大会决议购买乙公司51%的股权，并于4月2日执行完毕

B. 2 月 1 日，发现 2015 年 11 月盘盈一批原材料尚未入账

C. 4 月 2 日，发现资产价格发生重大变化

D. 4 月 2 日，办理完毕资本公积转增资本的手续

E. 3 月 10 日，甲公司被法院判决败诉并要求支付赔款 1 000 万元，对此项诉讼甲公司已于 2015 年未确认预计负债 800 万元

20. 某上市公司 2015 年度的财务会计报告批准报出日为 2016 年 4 月 30 日，应作为资产负债表日后调整事项处理的有（   ）。

A. 2016 年 1 月销售的商品在 2016 年 3 月被退回

B. 2016 年 2 月，发现 2015 年无形资产少摊销，达到重要性要求

C. 2016 年 3 月，发现 2015 年固定资产少折旧，达到重要性要求

D. 2016 年 5 月，发现 2015 年固定资产少折旧，达到重要性要求

E. 2016 年 3 月发生重大诉讼

三、判断题

1. 如果会计政策变更的累积影响数不能合理确定，无论属于什么情况，都可以采用未来适用法来进行会计处理。（   ）

2. 企业会计估计变更时，应在会计报表附注中披露企业会计估计变更的累积影响数。（   ）

3. 会计政策变更的累积影响数是指按变更后的会计政策对以前各期追溯计算的变更年度期初留存收益金额与会计政策变更当年年初留存收益金额的差额。（   ）

4. 会计政策变更应采用追溯调整法处理。（   ）

5. 企业采用的会计政策前后各期应保持一致，一经选定则不得变更。（   ）

6. 因本期发生的交易或事项与以前相比具有本质差别而采用新的会计政策属于会计政策变更。（   ）

7. 对于发生的重大会计差错，如影响损益，应将其对损益的影响数调整为当期的期初留存收益，至于会计报表其他相关项目的期初数就不必调整了。（   ）

8. 坏账损失的核算采用直接核销法还是备抵法属于会计估计。（   ）

9. 企业选择存货的计价方法属于会计政策。（   ）

10. 会计实务中，如果不易分清会计政策变更还是会计估计变更时，则应按会计估计变更处理。（   ）

11. 涉及损益的事项，只调整相关收入费用科目，无须调整"利润分配——未分配利润"科目。（   ）

12. 涉及利润分配调整的事项，直接在"利润分配——未分配利润"科目核算。（   ）

13. 企业在资产负债表日后至会计报表报出日之间宣告分派的资产负债表所涵盖期间有关的现金股利方案，属于调整事项。（   ）

14. "以前年度损益调整"科目的借方余额或贷方余额，应转入"利润分配——未分配利润"科目核算。（   ）

15. 对于调整事项，应调整资产负债表日编制的会计报表相关项目的数字。（   ）

16. 资产负债表日后事项中的调整事项，除调整会计报表有关项目的数字，还应在会

计报表附注中进行披露。（　　）

17. 资产负债表日后事项中的调整事项，如涉及货币资金项目或现金收支项目的，均不调整资产负债表的货币资金项目和现金流量表的现金净流量的数字。（　　）

18. 资产负债表日后事项中的调整事项必须是自年度资产负债表日至财务报告批准报出日之间发生的所有有利事项和不利事项。（　　）

19. 资产负债表日后事项中不涉及利润分配调整的事项，可不调整相关的科目。（　　）

20. 由于资产负债表日后事项发生在次年，上年度的有关账户已结转，所以只需调整当期会计报表相关项目的年初数。（　　）

四、业务处理题

1. 甲公司 2015 年 1 月 1 日起对某销售部门使用的固定资产计提折旧，该固定资产的原价为 200 万元，折旧期为 5 年（税务的折旧年限为 10 年），假定无残值，2015 年年末该固定资产的可收回价值为 231 万元，2016 年 1 月 1 日甲公司执行新会计准则，将以前的所得税核算方法由应付税款法改为资产负债表债务法。假定会计与税法的收支差异仅限于此固定资产的折旧标准，企业所得税税率为 25%，盈余公积的提取比例为净利润的 10%，其中法定盈余公积为净利润的 10%。要求：做出甲公司会计政策变更的会计处理。

2. 甲公司适用的所得税税率为 25%，考虑到技术进步因素，自 2016 年 1 月 1 日起将一套办公设备的使用年限由 8 年改为 5 年，折旧方法和预计净残值不变。该套设备系 2014 年 1 月 1 日购入并投入使用，原价为 250 万元，预计使用年限为 8 年，预计净残值为 10 万元，采用直线法计提折旧。按税法规定，该套设备的使用年限为 8 年，并按直线法计提折旧。要求：计算对 2016 年度净利润的影响额。

3. 淮海化工厂系国有工业企业，经批准从 2014 年 1 月 1 日开始执行《企业会计制度》。为了保证新制度的贯彻实施，该厂根据《企业会计制度》制定了《淮海化工厂会计核算办法》，并组织业务培训。在培训班上，总会计师就执行新制度、新办法的内容等做了系统解析。部分会计人员感到对会计政策变更的条件、会计估计变更的原因以及相应的会计处理方法不理解，向总会计师请教。总会计师根据《企业会计制度》的有关规定做了解答，同时结合本企业实际，系统地归纳了执行新制度、新办法的主要变化情况。

1) 2014 年执行的新制度、新办法与该厂原做法相比，主要有以下几个方面的变化：

（1）计提坏账准备的范围由应收账款扩大至应收账款和其他应收款。

（2）要求对存货、短期投资、长期投资、固定资产、在建工程、无形资产等资产的账面价值定期进行检查；如发生减值，应计提减值准备。

（3）将存货的日常核算由实际成本法改为计划成本法，期末编制会计报表时再将计划成本调整为实际成本。

（4）待处理财产损溢的余额在资产负债表以资产列示，改为在期末编制会计报表前查明原因，报厂长办公会议批准后处理完毕；未获批准的，应在对外提供财务会计报告时先行处理；其后批准处理的金额与已处理的金额不一致的，调整会计报表相关项目的年初数。

（5）将收入的确认标准由按照发出商品、同时收讫价款或者取得索取价款的凭据确认收入，改为同时满足以下四个条件才能确认收入：

① 企业已将商品所有权上的主要风险和报酬转移给购货方；

② 企业既没有保留通常与所有权相联系的继续管理权，也没有对已售出的商品实施控制。

③ 与交易相关的经济利益能够流入企业。

④ 相关的收入和成本能够可靠地计量。

(6) 将所得税的会计处理方法由应付税款法改为债务法。

2) 2015年1月，该厂对一年来执行新制度、新办法的情况进行了总结，结合企业实际情况，决定从2015年1月1日起对坏账准备和固定资产的会计处理方法做以下调整：

(1) 坏账准备的计提比例由全部应收款项余额的3‰～5‰改为：1年以内账龄的，计提比例为5%；1～2年账龄的，计提比例为10%；2～3年账龄的，计提比例为50%；3年以上账龄的，计提比例为100%。

(2) 将某条生产线的折旧方法由直线法改为年数总和法。

要求：

(1) 假定你作为淮海化工厂总会计师，如何解释：①会计政策变更的条件及其具体会计处理方法；②会计估计变更的原因及其具体会计处理方法？

(2) 请分别指出淮海化工厂2014年和2015年所做会计处理方法变更中，哪些属于会计政策变更？哪些属于会计估计变更？

4. 甲公司系2010年12月25日改制的股份制有限公司，每年按净利润的10%和5%分别计提法定盈余公积和法定公益金。为了提供更可靠、更相关的会计信息，经董事会批准，甲公司于2013年度对部分会计政策做了调整。有关会计政策变更及其他相关事项的资料如下：

(1) 从2013年1月1日起，生产设备的预计使用年限由12年改为8年；同时，将生产设备的折旧方法由平均年限法改为双倍余额递减法。根据税法规定，生产设备采用平均年限法计提折旧，折旧年限为10年，预计净残值为零。上述生产设备已使用3年并已计提了3年的折旧，尚可使用5年，其账面原价为6 000万元，累计折旧为1 500万元（未计提减值准备），预计净残值为零。

(2) 从2013年1月1日起，甲公司对办公楼的折旧由平均年限法改为双倍余额递减法。办公楼的账面原价为8 000万元（未计提减值准备），预计净残值为零，预计使用年限为25年；根据税法规定，该办公楼采用平均年限法计提折旧，折旧年限为20年，预计净残值为零。该办公楼从甲公司改为股份有限公司起开始使用。

要求：

(1) 判断上述行为属于会计政策变更还是会计估计的变更？

(2) 计算甲公司2013年度应计提的生产设备和办公楼的折旧额，以及甲公司办公楼会计政策变更的累积影响数。

5. A公司从2017年1月1日起首次执行新的企业会计准则，2017年未发现前期差错。该公司一条生产线于2014年12月达到预定可使用状况，原值为1 200万元，预计使用年限为25年，预计净残值为零。对生产线的折旧方法应采用双倍余额递减法，但是公司为了与税法规定的折旧方法一致而采用平均法。税法规定采用平均法计提折旧，年限为25年，预计净残值为零。所得税税率为25%，历年按净利润的10%提取法定盈余公积。该生产线所生产的产品全部对外销售，各年均没有在产品。

要求：

(1) 计算前期差错更正金额，并填列前期差错更正金额计算表。

(2) 编制相关会计分录。

(3) 计算 2017 年折旧额。

(4) 计算对 2017 年度净利润影响金额。

6. 甲企业 2016 年财务报告批准报出日是 2017 年 4 月 30 日，2016 年 12 月 31 日前因未履行合同被乙企业起诉，甲企业根据有关情况判断很可能赔偿乙企业 15 万元，2017 年 1 月 3 日法院判决甲企业需偿付乙企业经济损失 18 万元。那么，甲企业 2016 年资产负债表对此项业务的披露应该是"其他应付款"18 万元而不是"预计负债"18 万元，如果 2017 年 1 月 3 日法院判决甲企业需偿付乙企业经济损失 15 万元，则甲企业 2016 年资产负债表对此项业务如何披露？

7. A 企业 12 月 31 日经营状况不佳，B 企业对 A 企业的债权提取 5‰ 的坏账准备，A 企业 1 月发生火灾，使企业无法偿债，B 企业是进行披露，还是进行调整？

8. 某企业拥有 A 公司应收债权 100 万元，2016 年 12 月 31 日对该笔业务按照 10% 的比例提取了坏账准备，该企业 2016 年财务报告批准报出日为 2017 年 4 月 28 日。2016 年 12 月 28 日，A 公司发生火灾，损失惨重，预计难以支付货款。该企业 2017 年 1 月 15 日才知晓 A 公司发生火灾，该火灾事项是否作为调整事项处理？

9. 某公司 2013 年度财务报告对外公布日为 4 月 30 日，该企业的所得税率为 25%，并按纳税影响会计法核算所得税，盈余公积提取比例为税后利润的 15%。该公司自 2014 年 1 月 1 日—4 月 20 日发生如下事项：

(1) 该公司 2014 年 1 月 20 日经董事会决定，以 800 万元购买一家小型企业生产零件部件，使其成为该公司的全资子公司，购买工作于 2014 年 4 月 10 日结束。

(2) 该公司持有 100 万股短期股票投资，在 2013 年 12 月 31 日的市价为每股 12 元，年末按成本与市价孰低计提了短期投资损失准备，并已在会计报表中反映。2014 年 3 月 15 日，该股票的市价跌至每股 8 元。

(3) 该公司与甲企业在 2013 年签订一项供销合同，合同中订明该公司在 2013 年 12 月前供应给甲公司一批原料。由于该公司未能按合同发货，致使甲公司发生重大经济损失。甲公司按法律程序要求该公司赔偿经济损失 20 万元。诉讼案在 2013 年 12 月 31 日未决，该公司记录了 10 万元的预计负债，并在 12 月 31 日的报表上反映。2014 年 2 月 28 日，经法院一审判决，该公司应偿付甲公司经济损失 15 万元，该公司不再上诉。假定赔偿款已支付。

(4) 该公司 2013 年 8 月销售给乙企业一批产品，价款为 1 160 000 元（含应向购货方收取的增值税额），乙企业于 9 月收到所购物资并验收入库。按合同规定乙企业应于收到所购物资后一个月内付款。由于乙企业财务状况不佳，到 2013 年 12 月 31 日仍未付款。该公司于 12 月 31 日编制 2013 年度会计报表时，已为该项应收账款提取坏账准备 5800 元（假定坏账准备提取比例为 5‰），12 月 31 日该项应收账款已按 1 160 000 元列入资产负债表"应收账款"项目内。该公司于 2014 年 3 月 2 日收到乙企业通知，乙企业已进行破产清算，无力偿还所欠部分货款，预计该公司可收回应收账款的 40%，假定该公司采用应付税款法核算所得税。

(5) 该公司2013年11月销售给A企业一批产品,销售价格500 000元(不含应向购买方收取的增值税额),销售成本400 000元,贷款于当年12月31日尚未收到。2013年12月25日接到A企业通知,A企业在验收物资时,发现该批产品存在严重的质量问题需要退货。该公司希望通过协商解决问题,并与A企业协商解决办法。该公司在12月31日编制资产负债表时,将该应收账款585 000元(包括向购买方收取的增值税额)列示于资产负债表的"应收账款"项目内,公司按应收账款年末余额的5‰计提坏账准备。2014年1月10日双方协商未成,该公司收到A企业通知,该批产品已经全部退回。该公司于2014年1月15日收到退回的产品,以及购货方退回的增值税专用发票的发票联和税款抵扣联(假如该物资增值税率为17%,A公司为增值税一般纳税人。不考虑其他税费因素)。

要求:判断上述事项哪些属于调整事项,哪些属于非调整事项,分别应如何处理?

10. 华联公司为一般纳税人,增值税税率为17%,所得税税率为25%,所得税采用债务法核算,其2015年度财务报告批准报出日为2016年4月30日,2015年企业所得税汇算清缴结束日为2016年3月20日。假定税法规定各项实际资产损失允许税前扣除。在对该公司进行会计报表审计时发现以下事项:

(1) 2015年10月15日,A公司对华联公司提起诉讼,要求其赔偿违反经济合同所造成的A公司损失500万元,华联公司在2015年12月31日无法估计该项诉讼的可能性。2016年1月25日,法院一审判决华联公司败诉,要求其支付赔偿款400万元,并承担诉讼费5万元,华联公司对此结果不服并提起上诉,华联公司的法律顾问坚持认为支付赔偿款应为300万元,并承担诉讼费5万元。该项上诉在财务会计报告批准报出前尚未结案,华联公司预计上诉的结果很可能胜诉。

(2) 2015年11月14日,B公司对华联公司提起诉讼,要求其赔偿违反经济合同所造成的B公司损失500万元,华联公司对其涉及的诉讼案预计败诉的可能性为80%,预计赔偿210万~230万元。为谨慎起见,华联公司确认了300万元的预计负债,并在利润表上反映为营业外支出,该项诉讼在财务会计报告批准报出前尚未结案。

(3) 2015年12月31日,涉及一项诉讼案件,华联公司估计败诉的可能性为60%,如败诉,赔偿款估计为100万元,华联公司确认了100万元的预计负债。2016年3月15日,法院判决华联公司败诉,要求其支付赔偿款110万元,华联公司不再上诉,赔偿款项尚未支付。

要求:根据以上资料编制会计分录。

第三章 中期财务报告

> **学习目标**
> 1. 了解中期财务报告的概念及其理论基础。
> 2. 掌握中期财务报告的编报要求。
> 3. 掌握中期财务报告的编制原则和方法。

第一节 中期财务报告概述

一、中期财务报告的概念

中期财务报告是指以中期为基础而编制的财务报告。其中，中期是指短于一个完整的会计年度的报告期间。

根据我国《会计法》的规定："会计年度自公历1月1日起至12月31日止。"所以，中期是在这一会计年度之内但短于一个会计年度的报告期间。它可以是1个月、1个季度或者半年，也可以是其他短于一个会计年度的期间，如会计年度从年初至本中期末的期间等。因此，中期财务报告有可能是月度财务报告，也有可能是季度财务报告或者半年度财务报告。

二、中期财务报告的理论基础

中期财务报告重点是解决三大核心问题：一是当财务报告期间短于一个完整的会计年度时，应该采用什么样的会计政策；二是对资产、负债、收入、费用等会计要素应如何确认和计量；三是中期财务报表应如何进行列报。而上述三个问题都直接或间接地与中期财务报告所依据的理论基础相关。目前，在国际上，中期财务报告的理论基础有两种观点：一是独立观；二是一体观。

独立观就是将每一中期视为一个独立的会计期间。根据这种观点，中期财务报告所采用的会计政策和确认、计量原则与年度财务报告相一致，其中所应用的会计估计、成本分配和应计项目的处理也与年度财务报告相一致。应用独立观编制中期财务报告，其优点是企业在编制中期财务报告时可以直接采用编制年度财务报告时已有会计政策和确认、计量原则，便于实务操作，而且中期财务报告所反映的财务状况和经营业绩相对比较可靠，不易被操纵；其缺点是容易导致各中期收入与费用的不合理配比，既影响企业业绩的评价，又可能导致各中期列报的收益波动较大，影响会计信息使用者对年度结果的正确预测。

一体观就是将每一中期视为年度会计期间的有机组成部分，认为每一中期都是会计年度整体不可分割的一部分，而非独立的会计期间。根据这种观点，中期财务报告中应用的会计估计、成本分配、递延和应计项目的处理均必须考虑全年将要发生的情况，即需要顾及会计年度剩余期间的经营成果。所以，会计年度内发生的成本与费用需要以年度预计活动水平为基础，分配至各个中期。应用一体观编制中期财务报告，优点是可以避免因会计期间的缩短而导致的各中期收益的非正常波动，从而有利于年度收益的预测；缺点是许多成本和费用需要以年度结果为基础进行估计，因此需要建立在较高职业判断能力的基础上，而且估计可能缺乏客观、可靠的依据，容易导致收益操纵，影响中期财务报告的可靠性。目前，世界上只有美国、我国台湾等少数国家和地区采用一体观；国际会计准则以及英国、澳大利亚等国家的中期财务报告准则均以独立观为主导。鉴于我国证券市场不够成熟，会计人员的职业判断能力相对较弱，为减少会计操纵，有效地增强会计信息的可靠性，我国中期财务报告准则采用独立观。这就是说，中期财务报告的独立观贯穿在中期财务报告准则的始终，主要表现在以下方面：

（1）中期财务报告采用的会计政策应与年度相一致。

（2）各会计要素在中期的确认和计量标准，应该与年度财务报告相一致。

（3）中期的会计计量应以年初至本中期末为基础，不得因为报告频率的不同而导致年度财务报告结果的差异。

（4）中期财务报告的组成、格式与年度财务报告一致。

三、中期财务报告至少应当包括的内容

中期财务报告至少应当包括资产负债表、利润表、现金流量表和会计报表附注四个部分。相对于年度会计报表附注，中期会计报表附注可以适当简化，但应当遵循重要性原则。但是，必须注意的是：上述内容仅仅是企业在中期财务报告中至少应当披露的信息，企业也可以根据需要在中期财务报告中披露其他会计报表或者相关信息（如提供股东权益变动表）。但是，这些会计报表或者其他相关信息一旦在中期财务报告中披露，就应当遵循中期财务报告准则关于中期会计报表的编制要求、会计政策的选择和其他有关确认、计量以及信息披露的规定。

第二节　中期财务报告的编制原则和方法

一、中期财务报告的编制应当遵循重要性原则

编制中期财务报告应坚持重要性原则，就是企业在确认、计量和披露各中期会计报表

项目时，应当遵循重要性原则。根据独立观的要求，企业在判断重要性程度时，应当以中期财务数据为基础，不应当以预计的年度财务数据为基础；而且与年度财务数据相比，中期会计计量可在更大程度上依赖于估计。在具体运用重要性原则时，应注意以下几点：

(1) 重要性程度的判断应当以中期财务数据为基础。这里所说的中期财务数据，既包括本中期的财务数据，也包括年初至本中期末的财务数据。但是，企业不得以预计的年度财务数据为基础对中期会计报表项目进行重要性判断。这是因为，有些对于预计的年度财务数据显得不重要的信息，对于中期财务数据可能极为重要，因此需要在中期财务报告中披露这些信息。

(2) 中期会计计量可在更大程度上依赖于估计。例如，企业往往在会计年度末对存货进行较为精确的盘点和计价。鉴于时间限制和成本效益考虑，在中期末一般不对存货进行全面、详细的实地盘点，因而对中期末存货的计价就可在更大程度上依赖于会计估计。

(3) 重要性原则的运用应当保证所提供的中期财务报告包括了与理解企业中期末财务状况和中期经营成果及其现金流量相关的信息，要避免在中期财务报告中由于不确认、不披露或者忽略某些信息而对信息使用者的决策产生误导。

重要性程度的判断依赖于会计人员的职业判断，需要根据具体情况做具体分析和判断。会计人员在判断某一项目的重要性程度时，既要考虑项目的金额，又要考虑项目的性质；在判断项目金额的重要性时，应当以资产总额、负债总额、净资产总额、营业收入总额、净利润等直接相关项目数字作为比较基础，并综合考虑其他相关因素。

二、中期会计报表的编制要求

(一) 中期会计报表的格式和内容

中期财务报告所提供的资产负债表、利润表和现金流量表应当是完整的会计报表，其格式和内容应当与上年度会计报表相一致。如果法律、行政法规或者规章（如当年新施行的会计准则）对当年度会计报表的格式和内容进行了修改，则中期会计报表应当按照修改后的报表格式和内容编制；与此同时，上年度比较会计报表的格式和内容也应当做相应调整。

(二) 在中期财务报告中编制合并会计报表和母公司会计报表的要求

(1) 在上年度财务报告中编制合并会计报表的企业，其中期会计报表也应当按照合并基础编制，即企业在中期财务报告中也应当编制合并会计报表，而且合并会计报表的合并范围、合并原则、编制方法和合并会计报表的格式与内容等应当与上年度合并会计报表相一致。如果在本会计年度有新的会计准则或者有关法规对合并会计报表的编制原则和方法等做了新的规范和要求，则企业应当按照新的准则或者法律的规定编制中期合并会计报表。

(2) 如果企业在中期发生了合并会计报表合并范围变化的情况，则应当区别情况进行处理。

① 如果在上一会计年度纳入合并会计报表合并范围的子公司在报告中期不再符合合并范围的要求，企业编制的中期合并会计报表不必将该子公司的个别会计报表纳入合并范围；如果企业在报告中期内处置了所有纳入上年度合并会计报表编制范围的子公司，而且在报告中期又没有新增子公司，那么企业在其中期财务报告中就无须编制合并会计报表。尽管如此，企业根据中期财务报告准则要求提供的上年度比较会计报表仍然应当同时提供合并会计报表和母公司会计报表。除非在上年度可比中期末，企业没有应纳入合并会计报

表合并范围的子公司(即上年度纳入合并会计报表合并范围的子公司是在上年度可比中期末之后新增的),因而在上年度可比中期的财务报告中并没有编制有关合并会计报表,在这种情况下,企业没有可比中期的合并会计报表可以提供。

② 如果中期内新增符合合并会计报表合并范围要求的子公司,企业在中期末就需要将该子公司的个别会计报表纳入合并会计报表的合并范围中。

(3)对于应当编制合并会计报表的企业,如果企业在上年度财务报告中除了提供合并会计报表之外,还提供了母公司会计报表,那么在其中期财务报告中除了应当提供合并会计报表之外,还应当提供母公司会计报表。

(三)中期财务报告涉及的比较会计报表

企业在中期末除了需要编制中期末资产负债表、中期利润表和现金流量表之外,还应当提供前期比较会计报表,以提高会计报表信息的可比性和有用性。在中期财务报告中,企业应当提供以下会计报表。

(1)本中期末的资产负债表和上年度末的资产负债表。

(2)本中期的利润表、年初至本中期末的利润表以及上年度可比期间的利润表(上年度可比期间的利润表包括上年度可比中期的利润表和上年度年初至可比本中期的利润表)。

(3)年初至本中期末的现金流量表和上年度年初至可比本中期末的现金流量表。

企业在中期财务报告中提供比较会计报表时,还应当注意以下三点。

(1)企业在中期内如果由于新的会计准则或有关法规的要求,对会计报表项目的列报或分类进行了调整或者修正,或者企业出于便于报表使用者阅读和理解的需要,对会计报表项目做了调整,从而导致本年度中期会计报表项目及其分类与比较会计报表项目及其分类出现不同。比较会计报表中的有关金额应当按照本年度中期会计报表的要求予以重新分类,同时还应当在会计报表附注中说明会计报表项目重新分类的原因及其内容。

如果企业因原始数据收集、整理或者记录等方面的原因,导致无法对比较会计报表中的有关金额进行重新分类,在这种情况下,可以不对比较会计报表重新分类,但是,企业应当在本年度中期会计报表附注中说明不能进行重新分类的原因。

(2)企业如果在中期内发生了会计政策变更或者重大会计差错更正事项,则应当调整相关比较会计报表期间的净损益和其他有关项目,视同该项会计政策在比较会计报表期间一贯采用或者该重大会计差错在产生的当期已经得到了更正。对于比较会计报表可比期间以前的会计政策变更的累积影响数或者重大会计差错,应当根据规定调整比较会计报表最早期间的期初留存收益,会计报表其他相关项目的数字也应当一并调整。

(3)对于在本年度中期内发生的调整以前年度损益事项,企业应当调整本年度会计报表相关项目的年初数;同时,中期财务报告中相应的比较会计报表也应当是已经调整以前年度损益后的报表。

三、编制中期会计报表附注的基本要求和中期会计报表附注至少应当包括的内容

(一)中期会计报表附注披露的基本要求

(1)中期会计报表附注应当提供比上年度财务报告更新的信息,无须重复披露在上年度财务报告中已经披露过的、相对并不重要的信息。

(2) 中期会计报表附注应当遵循重要性原则，对于那些会影响中期财务报告信息使用者的经济决策并且又未在中期财务报告的其他部分披露的重要信息，企业应当在会计报表附注中予以披露。

(3) 中期会计报表附注的编制应当以会计年度年初至本中期末为基础，而不应当仅仅只披露本中期所发生的重要事项或者交易。

(4) 中期会计报表附注还应当披露对于本中期重要的交易或者事项，即对于本中期财务状况、经营成果和现金流量而言重要的交易或者事项，企业也应当在中期会计报表附注中予以披露。

(二) 中期会计报表附注至少应披露的内容

(1) 中期会计报表所采用的会计政策与上年度会计报表相一致的说明。如果发生了会计政策的变更，应当说明会计政策变更的内容、理由及其影响数，如果会计政策变更的累积影响数不能合理确定，应当说明理由。

(2) 会计估计变更的内容、理由及其影响数，如果影响数不能确定，应当说明理由。

(3) 重大会计差错的内容及其更正金额。

(4) 企业经营的季节性或者周期性特征。

(5) 存在控制关系的关联企业发生变化的情况；关联方之间发生交易的，应当披露关联方关系的性质、交易的类型和交易要素。

(6) 合并会计报表的合并范围发生变化的情况。

(7) 对性质特别或者金额异常的会计报表项目的说明。

(8) 债务性证券和权益性证券的发行、回购和偿还情况。

(9) 向企业所有者分配利润的情况（包括已在中期内实施的利润分配和已提出或者已批准但尚未实施的利润分配情况），包括向所有者分配的利润总额和每股股利。

(10) 业务分部和地区分部的分部收入与分部利润（亏损）。

(11) 中期资产负债表日至中期财务报告批准报出日之间发生的非调整事项。

(12) 上年度资产负债表日后所发生的或有负债和或有资产的变化情况。

(13) 企业结构变化情况的说明，如企业合并和重组，对被投资单位具有重大影响、共同控制关系或者控制关系的长期股权投资的购买或者处置、终止营业等。

(14) 其他重大交易或者事项，如重大的长期资产转让及其出售情况、重大的固定资产和无形资产取得情况、重大的研究和开发支出、重大的非货币性资产交换事项、重大的债务重组事项、重大的资产减值损失及其减值损失的转回情况等。

当企业在提供上述第(5)项和第(10)项有关关联方交易以及分部收入与分部利润（亏损）信息时，应当同时提供本中期（或者本中期末）和本年度年初至本中期末的数据，以及上年度可比本中期（或者可比期末）和可比年初至本中期末的比较数据。

四、在年度财务报表中的披露

在同一会计年度内，以前中期财务报告中报告的某项估计金额在最后一个中期发生了重大变更、企业又不单独编制该中期财务报告的，应当在年度财务报告的附注中披露该项估计变更的内容、理由及其影响金额。这种情况主要发生在第二季度和第四季度。

编制中期会计报表时应遵循的确认与计量原则如下：

(1) 企业应当在中期会计报表中采用与年度会计报表相一致的会计政策，不得在中期内随意变更会计政策，目的是保持前后各期会计政策的一贯性，提高会计信息的可比性和有用性。

(2) 企业如果在中期变更会计政策，应当符合相关会计准则规定的允许企业进行会计政策变更的条件。如果在上年度资产负债表日之后发生了会计政策变更，且该变更了的会计政策将在本年度会计报表中采用，则中期会计报表应当采用该变更了的会计政策。

(3) 中期各会计要素的确认与计量标准应当与年度会计报表相一致。

(4) 企业财务报告的频率不应当影响其年度结果的计量，中期会计计量应当以年初至本中期末为基础。

(5) 在中期会计计量过程中，会计估计变更的处理应当符合规定。对于会计年度内以前中期的会计报表项目在以后中期发生了会计估计变更，则在以后中期会计报表中应当反映这种会计估计变更的金额，但对以前中期财务报告中已反映的金额不再做调整。对中期会计估计变更，应按相关会计准则的规定进行处理。

(6) 对于季节性、周期性或者偶然性取得的收入，除了在会计年度末允许预计或者递延的之外，企业都应当在发生时予以确认和计量，不应当在中期会计报表中预计或者递延。

(7) 对于会计年度中不均匀发生的费用，除了在会计年度末允许预提或者待摊之外，企业都应当在发生时予以确认和计量，不应当在中期会计报表中预提或者待摊。

五、中期会计估计的应用

企业在中期进行会计计量时，应当保证所提供的会计信息是可靠的，而且与理解企业财务状况、经营成果和现金流量相关的所有重要信息都能够得到恰当的披露。同时，中期财务报告中的计量和年度财务报告一样，都应当基于合理的会计估计。但是，在编制中期财务报告时，一般需要比年度财务报告应用更多的会计估计。

六、中期会计政策变更的会计处理

企业在中期如果发生了会计政策的变更，应当按照《企业会计准则第28号——会计政策、会计估计变更和差错更正》的规定处理，并在会计报表附注中做相应披露。其中，在会计政策变更的累积影响数能够合理确定的情况下，除非国家规定了相关的会计处理方法，企业应当对所提供的以前年度比较会计报表最早期间的期初留存收益和这些会计报表其他相关项目的数字进行追溯调整；同时，涉及本会计年度内会计政策变更以前各中期会计报表相关项目数字的，也应当予以追溯调整，视同该会计政策在整个会计年度和可比会计报表期间一贯采用。

（一）会计政策变更发生在会计年度第一季度的情况

如果企业的会计政策变更发生在会计年度的第一季度，则企业除了计算会计政策变更的累积影响数并做相应的账务处理之外，在会计报表的列报方面，只需要根据变更后的会计政策编制第一季度和当年度以后季度会计报表，并对根据规定要求提供的以前年度比较会计报表最早期间的期初留存收益和这些会计报表的其他相关项目数字做相应调整。在会计报表附注的披露方面，应当披露会计政策变更对以前年度的累积影响数（包括对比较会计报表最早期间期初留存收益的影响数和以前年度可比中期损益的影响数）和对第一季度损益的影响数。在当年度第一季度之后的其他季度会计报表附注中，则应当披露第一季度发生的会计政策变更对当季度损益的影响数和年初至本季度末损益的影响数。

(二) 会计政策变更发生在会计年度内第一季度之外的其他季度

企业的会计政策变更发生在会计年度内第一季度之外的其他季度,如第二季度、第三季度等,企业除了应当计算会计政策变更的累积影响数并做相应的账务处理之外,在会计报表的列报方面,还需要调整根据规定要求提供的以前年度比较会计报表最早期间的期初留存收益和比较会计报表其他相关项目的数字,以及在会计政策变更季度财务报告中或者变更以后季度财务报告中所涉及的本会计年度内发生会计政策变更之前季度会计报表相关项目的数字。在会计报表附注的披露方面,企业需要披露会计政策变更对以前年度的累积影响数(包括对比较会计报表最早期间期初留存收益的影响数和以前年度可比中期损益的影响数。这里所指的可比中期损益的影响数包括可比季度损益的影响数和可比年初至季度末损益的影响数),以及对当年度变更季度、年初至变更季度末损益的影响数和当年度会计政策变更前各季度损益的影响数;同时,在发生会计政策变更后,季度会计报表附注中也需要做相应披露。例如,某企业在第三季度发生了会计政策变更,则在其第三季度财务报告中,需要调整上年度年初留存收益和上年度末资产负债表、上年度第三季度利润表和上年度年初至第三季度末利润表相关项目的数字;同时,在会计报表附注中还需要对会计政策变更对以前年度累积影响数、上年度年初留存收益影响数、上年度第三季度净利润影响数、上年度年初至第三季度末净利润影响数,以及对本年度第三季度净利润影响数、本年度年初至第三季度末净利润影响数和本年度第一季度、第二季度净利润影响数分别做出说明。

本章小结

中期财务报告是指以中期为基础而编制的财务报告。中期财务报告重点是解决三大核心问题:一是当财务报告期间短于一个完整的会计年度时,应该采用什么样的会计政策;二是对资产、负债、收入、费用等会计要素应如何确认和计量;三是中期财务报表应如何进行列报。编制中期财务报告应坚持重要性原则,中期财务报告所提供的资产负债表、利润表和现金流量表应当是完整的会计报表,其格式和内容应当与上年度会计报表相一致。

思考题

1. 什么是中期财务报告?
2. 简述中期财务报告的两种主要理论依据。
3. 简述中期财务报告的主要内容。

同步测试题

一、单项选择题

1. 下列有关中期财务报告的表述中，符合现行会计准则规定的是（　　）。
   A. 中期会计报表的附注应当以本中期期间为基础编制
   B. 中期会计计量应当以年初至本中期末为基础进行
   C. 编制中期会计报表时应当以年度数据为基础进行重要性的判断
   D. 对于年度中不均匀发生的费用，在中期会计报表中应当采用预提或摊销的方法处理

2. 中期财务报告提供比较财务报表，其中不包括（　　）。
   A. 截至本中期期末的资产负债表
   B. 上一会计年度与本中期可比期间的资产负债表
   C. 上一会计年度与本中期可比期间的现金流量表
   D. 上一会计年度与本中期可比期间的利润表

3. 在编制中期财务报告，判断项目的重要性程度应当以（　　）为基础。
   A. 年度会计报表
   B. 上期会计报表
   C. 中期财务数据
   D. 估计财务数据

4. 某国有企业于2010年7月1日改组为有限公司，2012年4月10日经核准对外公开发行股票，所发股票于2012年6月15日正式在证券交易所挂牌交易，证券交易所要求在该所交易股票的公司必须编制季度财务报告。该公司2012年度第二季度的利润表涵盖的期间为（　　）。
   A. 2012年4月1日—2012年6月30日
   B. 2012年6月15日—2012年6月30日
   C. 2012年4月10日—2012年6月30日
   D. 2012年1月1日—2012年6月30日

5. 中期会计计量在更大程度上依赖于（　　）。
   A. 中期期末盘点
   B. 估计
   C. 上期数据
   D. 职业判断

6. 中期资产负债表、利润表和现金流量表应当是完整报表，其格式和内容与上年度财务报表（　　）。
   A. 必须相同
   B. 一般情况下应当相同
   C. 有企业自己选择
   D. 视情况而定

7. 某建筑公司与客户签订了一项总金额为650万元的固定造价合同，工程已于2015年1月开工，预计2016年8月完工。最初预计总成本为540万元，到2015年底，已发生成本378万元，预计完成合同尚需发生成本252万元。在2015年，已办理结算的工程价款为380万元，实际收到工程价款350万元。该项建造合同的结果能够可靠地估计，该公司采用累计实际发生的合同成本的完工程度确认成本和收入。该公司在2015年度确认的合同毛利为（　　）万元。
   A. −28
   B. 2
   C. 12
   D. 14

8. 企业在2013年度第三季度编制中期资产负债表时,要求同时提供上年度比较会计报告时间是( )。

A. 2012年9月30日

B. 2012年12月31日

C. 2012年7月1日—2012年9月30日

D. 2012年1月1日—2012年9月30日

9. 中期财务报告中的附注应当包括向所有者分配利润的情况,下列不属于所有者分配利润情况的是( )。

A. 在中期内实施的利润分配情况

B. 已提出但尚未实施的利润分配情况

C. 已批准但尚未实施的利润分配情况

D. 已经实施的利润分配情况

10. A公司为一家需要编制季度财务报告的企业,公司适用的所得税税率为33%。公司有一台管理用设备,于2010年1月1日开始计提折旧,设备原价为1 000万元,预计使用年限为8年,预计净残值为40万元,按照年限平均法计提折旧。2014年1月1日,公司考虑到设备损耗较大,技术更新较快,对原估计的使用年限和净残值进行了修正,修正后该设备的使用年限调整为6年(即该设备尚余使用年限为2年),净残值调整为16万元。则该公司在编制2014年第二季度财务报告时,会计估计变更说明的正确内容是( )。

A. 此项会计估计变更使本季度净利润减少了22.11万元

B. 使本年度1—6月的净利润减少了44.22万元

C. 此项会计估计变更使本季度净利润减少了22.11万元,使本年度1—6月的净利润减少了44.22万元

D. 不需要说明

二、多项选择题

1. 下列关于上市公司中期报告的表述中,正确的有( )。

A. 中期会计计量应以年初至本中期末为基础

B. 中期报告中应同时提供合并报表和母公司报表

C. 中期报表仅是年度报表项目的节选,不是完整的报表

D. 对中期报表项目进行重要性判断应以预计的年度数据为基础

E. 中期报表中各会计要素的确认与计量标准应当与年度报表相一致

2. 下列关于上市公司中期会计报表的表述中,正确的有( )。

A. 在报告中发现的以前年度重大会计差错,应调整相关比较会计期间的净损益和相关项目

B. 在报告中期发放的上年度现金股利,在提供可比中期会计报表时应相应调整上年度末的资产负债表及利润表项目

C. 上年中期纳入合并会计报表合并范围的子公司在报告中期不再符合合并范围的要求时,不应将该子公司纳入合并范围

D. 在报告中期新增符合合并会计报表合并范围的子公司,因无法提供可比中期合并会计报表,不应将该子公司纳入合并范围

E. 在报告中期对会计报表项目及其分类进行调整时,如无法对比较会计报表的有关项目金额进行重新分类,应在中期会计报表附注中说明原因

3. 下列项目中,属于中期会计报表至少应披露的内容是( )。
   A. 中期资产负债表日至中期财务报告批准报出日之间发生的非调整事项
   B. 主要报告形式的分部收入与分部利润(亏损)
   C. 上年度资产负债表日以后所发生的或有负债和或有资产的变化情况
   D. 企业结构变化情况
   E. 企业经营的季节性或者周期性特征

4. 会计政策变更发生在会计年度第一季度的情况下,在中期财务会计报表附注中应做如下披露( )。
   A. 在第一季度,应披露会计政策变更对以前年度累积影响数
   B. 在第一季度,应披露会计政策变更对当年第一季度影响数
   C. 在当年度第一季度之后的其他季度会计报表附注中,应披露会计政策变更对年初至本季度末损益影响数
   D. 在当年度第一季度之后的其他季度会计报表附注中,应披露第一季度会计政策变更对当季度损益影响数
   E. 会计政策变更对上年度累积影响数

5. 通常在判断项目金额的重要性时,应当以( )等相关数字作为比较基础,并考虑其他相关因素。
   A. 资产总额   B. 负债总额
   C. 净资产总额   D. 营业收入总额
   E. 净利润

6. 下列项目中,( )除了在会计年度末允许预计或者递延的之外,企业都应当在发生时予以确认和计量,不应在中期财务报表中预计或者递延。
   A. 永久性收入   B. 季节性收入
   C. 周期性收入   D. 偶然性收入
   E. 会计年度中不均匀发生的费用

7. 在同一会计年度内,以前中期财务报告中报告的某项估计金额在最后一个中期发生了重大变更、企业又不单独编制该中期财务报告的,应当在年度财务报告的附注中披露( )。
   A. 该项估计变更的内容   B. 该项估计变更的理由
   C. 该项估计变更的影响金额 D. 会计政策变更的性质
   E. 其他重要信息

8. 下列关于上市公司中期会计报表的表述中,正确的有( )。
   A. 在报告中期发现的以前年度重大会计差错,应调整本中期会计报表的净损益和相关项目
   B. 在报告中期发放的上年度现金股利,在提供可比中期会计报表时应相应调整上年度末的资产负债表及利润表项目
   C. 上年中期纳入合并会计报表合并范围的子公司在报告中期不再符合合并范围的要

求时，不应将该子公司纳入合并范围

D. 在报告中期新增符合合并会计报表合并范围的子公司，因无法提供可比中期合并会计报表，不应将该子公司纳入合并范围

E. 在报告中期对会计报表项目及其分类进行调整时，如无法对比较会计报表的有关项目金额进行重新分类，应在中期会计报表附注中说明原因

9. 下列有关中期报告的说法，正确的有（　　）。

A. 当年新施行的会计准则对财务报表格式和内容做了修改的，中期财务报表应当按照修改后的报表格式和内容编制，上年度比较财务报表的格式和内容，也应当做相应调整

B. 上年度财务报告包括了合并财务报表，但报告中期内处置了所有应当纳入合并财务报表编制范围的子公司的，中期财务报告只需提供母公司财务报表，但上年度比较财务报表仍应当包括合并财务报表，上年度可比中期没有子公司的除外

C. 由于企业财务报告的频率会影响其年度结果的计量，因此，中期会计计量应当以整个年度为基础

D. 中期会计报表附注至少应当披露的内容中包括业务分部和地区分部的分部收入与分部利润（亏损），并提供相关比较数据

E. 在中期财务报告中所提供的资产负债表、利润表必须是完整的会计报表，现金流量表可以是简要的会计报表，也可以不提供现金流量表

10. 下列关于上市公司中期会计报表的表述中，正确的有（　　）。

A. 在报告中期发现的以前年度重大会计差错，应调整本中期会计报表的净损益和相关项目

B. 在报告中期发放的上年度现金股利，在提供可比中期会计报表时应相应调整上年度末的资产负债表及利润表项目

C. 上年中期纳入合并会计报表合并范围的子公司在报告中期不再符合合并范围的要求时，不应将该子公司纳入合并范围

D. 在报告中期新增符合合并会计报表合并范围的子公司，因无法提供可比中期合并会计报表，不应将该子公司纳入合并范围

E. 在报告中期对会计报表项目及其分类进行调整时，如无法对比较会计报表的有关项目金额进行重新分类，应在中期会计报表附注中说明原因

三、判断题

1. 大华会计师事务所于2015年2—4月发生培训收入40万元，培训课时为80课时，在2015年3月底已完成培训课时60课时，已收到20万元培训收入，余款按合同于培训结束后结清。则第一季度中期财务报告中该劳务收入应按30万元确认。（　　）

2. 某房地产开发商于2015年6月开发一房地产项目，第三季度已收到楼盘销售款1800万元，以后每季度都会有销售收入，该项目计划于2017年12月底完工后交付购房者。则2015年第三季度应确认的营业收入为1 800万元。（　　）

3. 企业第一季度的应纳税所得额为2 000万元（所得税税率为25%）；第二季度因第一季度会计差错，经调整后借记前期损益调整20万元，贷记"应交税金——应交所得税"20万元；第二季度当期收入8 000万元，允许抵扣的成本费用5 000万元，则第二季度应交

所得税 990 万元。(   )

4. 企业第一季度的净利润 50 万元，其中因投资减值的转回使投资收益增加了 20 万元，企业计划全年净利润 1 000 万元，因投资减值只占全年净利润的 2%，不属于重要事项，因此可不在第一季度中期报告中进行披露。(   )

5. 企业 2 月开发一生产线，并于 3 月投入生产，由于生产造成环境污染于 5 月 10 日被农民告上法庭，直到 6 月 30 日尚未判决，但估计很可能要赔偿损失 8 万～10 万元，则在第二季度的中期财务报告中应确认预计负债 9 万元。(   )

6. 中期会计报表的附注应当以本中期期间为基础编制。(   )

7. 中期会计计量应当以年初至本中期末为基础进行。(   )

8. 对于年度中不均匀发生的费用，在中期会计报表中应当采用预提或摊销的方法处理。(   )

9. 在报告中期发现的以前年度重大会计差错，应调整相关比较会计报表期间的净损益和相关项目。(   )

10. 中期财务报告至少应包括资产负债表、利润表、现金流量表和会计报表附注。(   )

四、业务处理题

1. 某公司签订一项总金额为 2 000 000 元，期限为半年的劳务合同，最初预计总成本 1 800 000 元，工程于 2012 年 4 月 1 日开工，工程第二季度实际发生成本 1 200 000 元，预计第三季度还要发生成本 900 000 元，计算公司在半年度中期报告中应确认的合同收入、合同毛利、合同费用和预计合同损失。

2. 某咨询公司于 2015 年 1 月 1 日与客户签订了一项咨询合同，合同规定，咨询期为 1 年，咨询费为 600 000 元，客户分 3 次平均支付，第 1 次在项目开始时(1 月 1 日)支付，第 2 次在项目中期(7 月 1 日)支付，第 3 次在项目结束时(12 月 31 日)支付。估计总成本为 400 000 元，假定成本估计十分正确，不会发生变化。每季度实际发生的成本(均为咨询人员工资)如表 3-1 所示。

表 3-1 每季度实际发生的成本   单位：元

项　　目	第一季度	第二季度	第三季度	第四季度	合　　计
实际发生的成本	60 000	100 000	180 000	60 000	400 000

假设公司按照已经发生的成本占估计总成本的比例计算确定劳务的完成程度。

要求：根据上述资料，确认和计量 2015 年度各季度劳务收入和成本。

第四章 资产减值会计

学习目标

1. 了解资产减值会计的内涵及其重要意义。
2. 掌握资产减值的确认和计量。
3. 能够进行资产减值信息的披露。

第一节 资产减值会计概述

一、资产减值会计的内涵

（一）资产

在所有的会计要素中，资产最为重要，因为其他要素都是先有资产或与资产共生的。资产是指由过去的交易或事项形成的，由企业拥有或者控制的，预期会给企业带来经济利益的资源。资产有以下三个特性。

（1）资产是一项资源，但企业创立之初，总体资产或通过资本市场上的产权交易，或通过国家有计划地调拨，才配置给企业。已创立的企业营业后，则通过交易、事项的取得或变换具体的资产，这些交易、事项一般是过去的，也可以是未来的，但若是未来的事项，应是依法或不可更改的合同能保证其履行的事项。

（2）资产是由企业控制的资源，不是归企业所有、享有产权的资源。控制意味着：①在生产经营活动中，企业可以使用它们。②对于个别资产，企业根据生产经营活动的需要有权使用、消费、交换、抵押或用作担保。

（3）资源的有用性在于它含有未来的经济利益，如果未来的经济利益已经被企业所享用，或因不可抗拒的原因而丧失，则该资源即丧失作为资产的资格。

（二）资产减值

资产减值是指资产的可收回金额低于其账面价值。此处的资产包括单项资产和资产组。资产组是指企业可以认定的最小资产组合，其产生的现金流入应当基本上独立于其他资产和资产组所产生的现金流入。可收回金额应当根据资产的公允价值减去处置费用后的净额与资产预计未来现金流量的现值两者之间较高者确定。处置费用包括与资产处置有关的法律费用、相关税费、搬运费，以及为使资产达到可销售状态所发生的直接费用等。

（三）资产减值会计

根据会计信息的相关性和可靠性的要求，当资产发生减值时，财务会计应该正确反映该资产的减值。资产减值会计试图部分地用价值计量来弥补成本计量的不足，将资产账面金额大于实际价值部分确认为减值损失或费用。其目的是通过反映客观存在的资产价值的减少，全面、公允地反映企业资产的现时价值状况，披露潜在的风险，为会计信息使用者正确决策提供相关信息。资产减值会计的核算对象是资产负债表上的特定资产，其实质是对减值后的现行价值进行重新计量。当企业的账面成本高于该资产预期的未来经济利益时，记录一笔资产减值损失。

二、资产减值会计的重要意义

（一）资产减值会计符合现代会计目标的要求

会计目标理论在现代会计理论结构中占有十分重要的地位，是现代会计理论结构的起点理论，或者说构成了现代会计理论的理论基石。目前我国会计界有关会计目标理论存在着以下两种不同的观点：受托责任观和决策有用观。

▶ 1. 受托责任观的主要观点

（1）会计的目标是反映资源受托者的受托责任及其履行情况。

（2）强调会计信息的可验证性，会计信息应当尽量精确可靠，注重收益的计量。

（3）强调编制财务报表依据的会计准则的有效性和会计系统整体的有效性，而不只是强调财务报表对决策的有用性。

▶ 2. 决策有用观的主要观点

（1）会计的目标是向信息使用者提供有助于经济决策的数量化信息。

（2）强调会计人员与会计信息使用者之间的关系。

（3）基于信息使用者的立场强调财务会计报告对决策的有用性。从决策有用观来审视资产减值会计，我们认为，资产减值会计应该有助于财务报告使用者的决策。

（二）资产减值会计符合现代资产计量理论的要求

会计计量是财务会计的一个基本环节。会计的许多理论与实务都会涉及会计计量。按照现代资产计量理论的要求，应从完整的时空观来反映企业的资产价值状况，在选用资产的计量标准时不应是单一的，而应当是多重的，而资产减值会计正是满足了现代资产计量理论的这一要求。它是在历史成本下，采用多重计量属性对单一的历史成本计量属性进行修正。资产减值会计涉及的计量标准有现行成本、现行市价、销售净值、可变现净值、未来现金流量现值等。

（三）资产减值会计是稳健原则的重要体现

稳健性原则作为会计的一个重要惯例，要求报告提供者向使用者尽可能提供可能发生的风险损失信息。在这些信息中，资产减值会计是其重要的组成部分。因此，资产减值会计是稳健性原则的重要体现。

第 二 节　资产减值的确认和计量

目前，资产减值的确认标准主要有三种：永久性标准、可能性标准和经济性标准。永久性标准认为，只有在可预计的未来期间内不可能恢复的资产减值损失才予以确认。这种标准可以避免暂时性损失，但在实际工作中很难区分永久性损失和暂时性损失，主观性太强。可能性标准是指对可能的资产减值损失予以确认。在可能性标准下，资产减值在确认时使用未来现金流量的非贴现值，而计量时采用公允价值。当未来现金流量的非贴现值大于资产的账面价值时，即使公允价值小于账面价值，也不确认减值损失。可能性标准比较接近经济现实，尊重管理当局的职业判断，但存在着被滥用的可能性。经济性标准是指只要发生减值，就应当予以确认，确认和计量采用相同的基础。我国采用与国际会计准则相同的做法，采用了经济性标准。

根据《企业会计准则》的规定，企业应当在会计期末对各项资产进行核查，以判断资产是否存在发生减值的可能。

一、资产减值迹象的判断

前已述及，资产减值是指资产的可收回金额低于其账面价值。资产减值准则规定，企业应当在会计期末对各项资产进行核查，判断是否有迹象表明资产可能发生了减值。某项资产如果存在减值迹象，应当估计其可收回金额，以确定减值损失；如果不存在减值迹象，则不应估计其可收回金额。

资产减值的迹象是指可能导致资产的可收回金额低于其账面价值的情况。按其与企业的关系，通常将资产减值的迹象分为外部迹象和内部迹象。

▶ 1. 资产减值的内部迹象

（1）有证据表明资产已经陈旧过时或其实体已经损坏。

（2）资产已经或将被闲置、重组、终止使用或者提前处置。

（3）资产的经济绩效已经低于或将低于预期，如资产所创造的净现金流量或者实现的净损益远远低于预算。

▶ 2. 资产减值的外部迹象

（1）资产的市价当期大幅度下跌。

（2）企业经营所处的经济、技术或法律环境以及资产所处的市场在当期或将在近期发生重大变化，从而对企业产生不利影响。

（3）市场利率或其他市场投资回报率当期已经提高，从而影响企业计算预计未来现金流量现值的折现率，导致资产可收回金额大幅度降低。

（4）企业的市值（如上市公司股票市值）已经低于其净资产账面价值。

二、资产可收回金额的计量

资产可收回金额应当根据资产的公允价值减去处置费用后的净额与资产预计未来现金流量的现值两者之间较高者确定。因此，计算确定资产可收回金额，应当经过以下步骤：

(1) 计算确定资产的公允价值减去处置费用后的净额。
(2) 计算确定资产预计未来现金流量的现值。
(3) 比较资产的公允价值减去处置费用后的净额与资产预计未来现金流量的现值，取其较高者作为资产可收回金额。

处置费用包括与资产处置有关的法律费用、相关税费、搬运费，以及为使资产达到可销售状态所发生的直接费用等。资产的公允价值减去处置费用后的净额比较容易确定。资产减值准则规定，资产的公允价值减去处置费用后的净额应当根据公平交易中的销售协议价格减去直接归属于该资产处置费用的金额确定；不存在销售协议和资产活跃市场的情况下，应当以可获取的最佳信息为基础，估计资产的公允价值减去处置费用后的净额。同行业类似资产的最近交易价格或结果可以作为估计参考。

资产未来现金流量的现值，应当按照预计资产持续使用过程中以及最终处置时所产生的未来现金流量，选择恰当的折现率对其进行折现后的金额加以确定。

预计资产未来现金流量的现值，应当综合考虑资产未来现金流量、使用期限、折现率等因素。计算资产未来现金流量现值的关键是确定未来现金流量和折现率。

预计资产未来现金流量为净现金流量，应当包括：
(1) 资产持续使用中预计产生的现金流入扣除为使资产达到可使用状态和资产持续使用过程中所必需的预计现金流出。
(2) 资产使用寿命结束时，处置资产所收到的或支付的净现金流量。

预计资产未来现金流量，是企业管理层对资产剩余使用寿命内整个过程现金流量的最佳估计，它不能仅从单项资产独立来看，而必须将其与整个企业的经济状况综合起来考虑。一般认为，财务预算是企业管理层对企业未来现金流量的最佳估计。所以，资产减值准则规定，企业在估计预计资产未来现金流量时，应采用已经通过的最近财务预算或预测作为未来现金流量的基础。

在估计资产未来现金流量时，企业应当以资产的当前状况为基础。不包括与将来可能会发生的、尚未做出承诺的重组事项或与资产改良有关的预计未来现金流量，也不包括与筹资活动和所得税有关的现金流量。

折现率应当是一个税前的、反映当前市场货币时间价值和资产特定风险的利率，如果企业难以找到这种利率，也可用资本的加权平均成本和相应的市场借款利率作为折现率。

三、资产组的认定与减值测试

在计算出资产可收回金额以后，单项资产减值是比较容易的，只需将资产的可收回金额与资产的账面价值进行比较。若资产的可收回金额大于资产的账面价值，资产就没有发生减值；若资产的可收回金额小于资产的账面价值，资产就发生了减值。

原《企业会计制度》中规定的八项资产减值准备的计提均以单项资产为基础，但是在会计实务中，许多固定资产、无形资产等难以单独产生现金流量，因此，要求以单项资产为基础计提减值准备在操作上是有困难的。为此，资产减值准则引入了"资产组"的概念。所谓资产组，是指企业可认定的能够独立于其他资产或资产组产生现金流入的最小资产组合。对资产组的认定，应当以资产或资产组产生现金流入是否独立于其他资产或资产组的现金流入为依据。资产组的认定，应考虑管理层监控企业的方式、资产或经营是否持续或处置的决策方式等方面的因素。若管理层按生产线来监控企业，则可将各生产线作为资产组；若管理层按业务类型来进行企业的监控，则可将各类业务中所用的资产作为一个资产组；若管理层按区域来进行企业的监控，则可将各区域所使用的资产作为一个资产组。

如果一个资产组生产的产品存在一个活跃市场，即使部分或所有产品都是供内部使用，也应考虑将其作为一个资产组。

企业集团或事业部的资产，包括总部或事业部的办公楼、电子数据处理设备等，属于总部资产。总部资产难以脱离其他资产或资产组产生独立的现金流入。有迹象表明某项总部资产可能发生减值的，应当计算确定该总部资产所归属后的资产组或资产组组合的可收回金额，然后将其与相应的账面价值相比较，据以判断是否需要确认减值损失。资产组组合是指由若干个资产组组成的最小资产组组合，包括资产组或资产组组合以及按合理方法分摊的总部资产部分。

资产组或资产组组合的可收回金额如低于其账面价值，则应当按其差额确认减值损失计入当期损益。同时将该损失金额按照以下顺序进行分摊，以抵减资产组或资产组组合中资产的账面价值：

(1) 首先抵减分摊资产组或资产组组合中商誉的账面价值。

(2) 然后根据资产组或资产组组合中除商誉之外的其他各项资产的账面价值所占比重，按比例抵减其他各项资产的账面价值。

以上资产账面价值的抵减，经过分摊后，应当作为单项资产的减值损失处理，并计入当期损益。抵减后的资产账面价值最低不得低于零。因此而导致的未能分摊至相关资产的减值损失金额，应按比例分摊至资产组或资产组组合内的其他资产中。

【例 4-1】新欣公司在甲、乙、丙三地拥有三家分公司，其中，丙分公司是上年吸收合并的公司。这三家分公司的经营活动由一个总部负责运作。由于甲、乙、丙三家分公司均能产生独立于其他分公司的现金流入，所以，该公司将这三家分公司确认为三个资产组。2016 年 12 月 1 日，企业经营所处的技术环境发生了重大不利变化，出现了减值迹象，需要进行减值测试。假设总部资产的账面价值为 300 万元，能够按照各资产组账面价值的比例进行合理分摊，甲分公司资产的使用寿命为 10 年，乙、丙分公司和总部资产的使用寿命为 20 年。减值测试时，甲、乙、丙三个资产组的账面价值分别为 200 万元、300 万元和 400 万元（其中合并商誉为 30 万元）。该公司计算出甲分公司资产的可收回金额为 438 万元，乙分公司资产的可收回金额为 312 万元，丙分公司资产的可收回金额为 400 万元。要求：进行该公司的减值测试。

解析：进行减值测试，首先要将总部资产采用合理的方法分配至各资产组，然后比较各资产组的可收回金额与账面价值，最后将各资产组的资产减值额在总部资产和各资产组之间进行分配。

▶ 1. 将总部资产分配至各资产组

由于各资产组的资产使用寿命不同，不能直接按其账面价值分配总部资产，而应根据各资产组的资产使用寿命对各资产组的资产账面价值进行调整，按各资产组调整后的账面价值来分配总部资产。乙、丙资产组的资产使用寿命是甲资产组的资产使用寿命的 2 倍。换言之，乙、丙资产组 1 元资产账面价值相当于甲资产组 2 元资产的账面价值。所以，分配总部资产时的账面价值应为 1 600 万元（200＋2×300＋400×2）。

总部资产分配给甲资产组的数额＝300×200÷1 600＝37.5（万元）
总部资产分配给乙资产组的数额＝300×600÷1 600＝112.5（万元）
总部资产分配给丙资产组的数额＝300×800÷1 600＝150（万元）
分配后各资产组的账面价值：
甲资产组的账面价值＝200＋37.5＝237.5（万元）
乙资产组的账面价值＝300＋112.5＝412.5（万元）
丙资产组的账面价值＝400＋150＝550（万元）

▶ 2. 进行减值测试

甲资产组的账面价值为237.5万元，可收回金额为438万元，没有发生减值。
乙资产组的账面价值为412.5万元，可收回金额为312万元，发生减值100.5万元。
丙资产组的账面价值为550万元，可收回金额为400万元，发生减值150万元。

▶ 3. 将各资产组的资产减值额在总部资产和各资产组之间分配

乙资产组减值额分配给总部资产的数额为27.41万元（100.5×112.5÷412.5），分配给乙资产组本身的数额为73.09万元（100.5×300÷412.5）。

丙资产组中的减值额先冲减商誉30万元，余下的分配给总部和丙资产组，分配给总部资产的数额为43.64万元（120×150÷412.5），分配给丙资产组本身的数额为116.36万元（120×400÷412.5）。

四、商誉减值测试与处理

按照资产减值准则的要求，对企业合并所形成的商誉，企业每年至少进行一次减值测试。

由于商誉难以独立于其他资产为企业单独产生现金流量，所以应当结合与其相关的资产组或资产组组合进行减值测试。会计期末，企业应当将商誉的账面价值按照合理的方法分摊至相关的资产组。如果难以直接分摊至相关的资产组，则应当分摊至相关的资产组组合，然后比较各相关的资产组或资产组组合的账面价值与其可收回金额。如果资产组或资产组组合的可收回金额低于其账面价值，应当按照有关减值的规定处理，确认减值损失。

企业将商誉的账面价值按照合理的方法分摊至相关的资产组时，一般应以各资产组或资产组组合的公允价值为基础。如果公允价值难以可靠地计量，应当以各资产组或资产组组合的账面价值为基础。

五、资产减值的会计处理

可收回金额的计量结果表明，资产的可收回金额低于其账面价值的，应当将资产的账面价值减至可收回金额，减记的金额确认为资产减值损失，计入当期损益。

企业在确认资产减值损失后，减值资产的折旧或摊销费用应当在未来期间做相应的调整，以使该资产在剩余使用寿命内，系统地分摊调整后的资产账面价值。资产减值损失一经确认，在以后期间不得转回。

（一）单项资产减值的会计处理

▶ 1. 采用权益法核算的长期股权投资发生减值

企业采用权益法核算的长期股权投资发生减值的，按长期股权投资减值金额，借记"资产减值损失"科目，贷记"长期股权投资减值准备"科目。

【例 4-2】新欣公司 2014 年 12 月 31 日持有紫金公司的普通股股票账面价值为 752 000 元，作为长期股权投资并采用权益法进行核算。由于紫金公司当年度经营不善，资金周转发生困难，使得其股票市价下跌至 520 000 元，短期内难以恢复。假设新欣公司该年度首次对其计提长期股权投资减值准备。其会计处理如下：

借：资产减值损失　　　　　　　　　　　　　　　　　　　　　　232 000
　　贷：长期股权投资减值准备　　　　　　　　　　　　　　　　　　232 000

▶ 2. 固定资产发生减值

企业固定资产发生减值的，按固定资产减值金额，借记"资产减值损失"科目，贷记"固定资产减值准备"科目。

▶ 3. 无形资产发生减值

企业无形资产发生减值的，按无形资产减值金额，借记"资产减值损失"科目，贷记"无形资产减值准备"科目。

(二) 资产组减值的会计处理

资产减值准则规定，资产组或者资产组组合的可收回金额低于其账面价值，应当确认相应的减值损失。资产减值损失金额应当先抵减分摊至资产组或者资产组组合中商誉的账面价值，再根据资产组或者资产组组合中除商誉之外的其他资产的账面价值所占比重，按比例抵减其他资产的账面价值。以上资产的账面价值的抵减，应当作为各单项资产的减值损失，计入当期损益。抵减后的各资产的账面价值不得低于以下三者之中最高者：该资产的公允价值减去处置费用后的净值（如可确定）、该资产预计未来现金流量的现值（如可确定）、零。因此而导致的未能分摊的减值损失金额，应当按照相关资产组或者资产组组合中其他各项资产的账面价值所占比重进行分摊。

(三) 总部资产减值的会计处理

资产减值准则规定，在有迹象表明某项总部资产可能发生减值时，企业应当计算确定该总部资产所归属的资产组或者资产组组合的可收回金额，然后将相应的账面价值相比较，据以判断是否需要确认减值损失。

企业对某一资产组进行减值测试时，应当先认定所有与该资产组相关的总部资产，再根据相关总部资产能否按照合理和一致的基础分摊至资产组，分别根据下列情况进行会计处理：

(1) 对于相关总部资产能够按照合理和一致的基础分摊至资产组的部分，应该将该部分总部资产的账面价值分摊至该资产组，再据以比较该资产组的账面价值和可收回金额。该资产组的可收回金额低于其账面价值的，应当按其差额确认相应的减值损失。资产减值损失金额应当先抵减分摊至资产组或者资产组组合中商誉的账面价值，再根据资产组或者资产组组合中除商誉之外的其他资产的账面价值所占比重，按比例抵减其他资产的账面价值。以上资产的账面价值的抵减，应当作为各单项资产的减值损失，计入当期损益。抵减后的各资产的账面价值不得低于以下三者之中最高者：该资产的公允价值减去处置费用后的净值（如可确定）、该资产预计未来现金流量的现值（如可确定）、零。

(2) 对于相关总部资产难以按照合理和一致的基础分摊至该资产组的，应当按照下列顺序处理：① 在不考虑相关总部资产的情况下，估计和比较资产组的可收回金额和账面价值，按其差额确认相应的减值损失。② 比较所认定的资产组组合的可收回金额和账面价值，按其差额确认相应的减值损失。资产减值损失金额应当先抵减分摊至资产组或者资产组组合中商誉的账面价值，再根据资产组或者资产组组合中除商誉之外的其他资产的账面价值所占比重，按比例抵减其他资产的账面价值。以上资产的账面价值的抵减，应当作为各单项资产的减值损失，计入当期损益。抵减后的各资产的账面价值不得低于以下三者之中最高者：该资产的公允价值减去处置费用后的净值（如可确定）、该资产预计未来现金流量的现值（如可确定）、零。

第三节 资产减值信息的披露

资产减值信息的披露应以会计目标为主，包括向谁披露、应披露哪些信息、采用何种方式进行披露三个方面，及时披露有利于决策者掌握资产减值方面的相关而可靠的信息。

一、向谁披露

资产减值会计涉及资产价值降低和资产减值引起的损失，关注此信息的是股东、债权人等。信息不对称使企业的股东难以准确、及时地了解资产的价值及其状况。为解决信息不对称而产生的不利影响，企业的股东需要这方面的信息。债权人也特别关注资产的现时价值，如果作为质押品资产的现值，一旦资产发生减值，会立刻影响到其偿债能力，使企业的偿债能力下降。债权人对这方面的信息是十分敏感的。企业管理当局借此信息可以充分认识企业的不良资产，及时做出处置决策。总之，资产减值信息披露的对象与会计报表信息使用者是一致的，包括现有的和潜在的投资者和债权者、经营者及其他信息使用者。

二、应披露哪些信息

企业应当披露以下信息：

（1）当期确认的资产减值损失金额。

（2）企业提取的各项资产减值准备累计金额。

（3）披露分部报告信息的企业，应当披露每个分部当期确认的资产减值损失金额。

如果发生重大减值损失的资产属于资产组的，应当披露以下信息：

（1）资产组的基本情况。

（2）资产组中所包括的各项资产于当期确认的资产减值损失金额。

（3）资产组的组成与前期相比发生变化的，应当披露变化的原因以及前期和当期资产组组成情况。

三、采用何种方式进行披露

资产减值信息的最终载体为中期财务报告和年度财务报告。

本章小结

资产减值会计试图部分地用价值计量来弥补成本计量的不足,将资产账面金额大于实际价值部分确认为减值损失或费用。其目的是通过反映客观存在的资产价值的减少,全面、公允地反映企业资产的现时价值状况,披露潜在的风险,为会计信息使用者的正确决策提供相关信息。资产减值是指资产的可收回金额低于其账面价值。资产减值准则规定,企业应当在会计期末对各项资产进行核查,判断是否有迹象表明资产可能发生了减值。某项资产如果存在减值迹象,应当估计其可收回金额,以确定减值损失;如果不存在减值迹象,则不应估计其可收回金额。资产减值会计应包括对资产减值的确认、计量与披露三个环节。

思考题

1. 简述资产减值会计的产生与发展。
2. 简述资产减值会计与稳健性原则之间的关系。
3. 简述资产减值的确认与计量。
4. 简述资产减值信息的披露。

同步测试题

一、单项选择题

1. 下列不属于资产减值的计提范围有(   )。
   A. 投资性房地产(采用成本模式后续计量)
   B. 长期股权投资
   C. 固定资产
   D. 消耗性生物资产

2. 根据资产减值准则的规定,有关资产的可收回金额表述正确的有(   )。
   A. 企业应比较资产的公允价值减去处置费用后的净值与资产未来现金流量的现值,取其较高者作为资产的可收回金额
   B. 企业应比较资产的公允价值减去处置费用后的净值与资产未来现金流量的现值,取其较低者作为资产的可收回金额
   C. 企业应比较资产的销售净额与资产未来现金流量的现值,取其较高者作为资产的可收回金额
   D. 企业应比较资产的销售净额与资产未来现金流量的现值,取其较低者作为资产的可收回金额

3. 企业计提的资产减值准备，不得转回的资产减值准备有（　　）。
   A. 坏账准备　　　　　　　　　　B. 存货跌价准备
   C. 持有至到期投资减值准备　　　　D. 无形资产减值准备

4. 2015年12月31日，某公司对购入的时间相同、型号相同、性能相似的设备进行检查时发现该类设备可能发生减值。该类设备公允价值总额为82万元，直接归属于该类设备的处置费用为2万元，尚可使用3年，预计其未来两年内产生的现金流量分别为40万元和30万元，第3年产生的现金流量以及使用寿命结束时处置形成的现金流量合计为20万元。在考虑相关因素的基础上，公司决定采用3%的折现率，则可收回金额为（　　）万元。
   A. 82　　　　B. 20　　　　C. 80　　　　D. 85.42

5. 2016年年末，A公司的一项专有技术账面成本为2 000万元，已摊销额为1 500万元，该专有技术已被其他新的技术所代替，其为企业创造经济利益的能力受到重大不利影响。公司经分析，该无形资产公允价值总额为250万元，直接归属于该无形资产的处置费用为10万元，尚可使用2年，预计其未来两年内产生的现金流量分别为200万元和100万元。在考虑相关因素的基础上，公司决定采用3%的折现率，则计提无形资产为减值准备为（　　）万元。
   A. 284.76　　　　B. 211.57　　　　C. 240　　　　D. 260

6. 资产减值的对象不包括（　　）。
   A. 对子公司、联营企业和合营企业的长期股权投资
   B. 采用成本模式进行后续计量的投资性房地产
   C. 存货
   D. 生产性生物资产

7. 期末企业计提资产减值准备时，借记的科目是（　　）。
   A. 营业外支出　　　　　　　　　　B. 管理费用
   C. 投资收益　　　　　　　　　　　D. 资产减值损失

8. 资产组的认定的依据是（　　）。
   A. 该资产能否产生现金流入
   B. 该资产能否独立进行核算
   C. 该资产组能否产生独立的现金流入
   D. 该资产组是否能够可靠地计算未来现金流量

9. 为了达到资产减值测试的目的，计算资产未来现金流量现值时所使用的折现率是反映（　　）和资产特定风险的税前利率。
   A. 当前市场货币时间价值　　　　　B. 预期市场货币时间价值
   C. 未来现金净流入　　　　　　　　D. 资产的公允价值

10. 计算资产未来现金流量现值时所使用的折现率应当首先以（　　）为依据。
    A. 资产的市场利率　　　　　　　　B. 加权平均资金成本
    C. 增量借款利率　　　　　　　　　D. 其他相关市场借款利率

二、多项选择题

1. 根据重要性原则要求的考虑，可以不计算可收回金额的情况有（　　）。
   A. 以前报告期间的计算结果表明，资产的可收回金额远高于其账面价值，之后又没有发生消除这一差异的交易或事项的

B. 以前报告期间的计算与分析表明，资产的可收回金额对于资产减值准则中所列示的一种或者多种减值迹象反映不敏感，在本报告期又发生了这些减值迹象的

C. 资产的公允价值减去处置费用后的净额与资产预计未来现金流量的现值，只要有一项超过了资产的账面价值，就表明资产没有发生减值，不须再估计另一项金额

D. 资产的公允价值减去处置费用后的净额与资产预计未来现金流量的现值，只要有一项超过了资产的账面价值，不能表明资产发生减值，仍须再估计另一项金额

E. 如果没有证据或者理由表明，资产预计未来现金流量的现值显著高于其公允价值减去处置费用后的净额，可以将资产的公允价值减去处置费用后的净额视为资产的可收回金额

2. 根据资产减值准则的规定，预计资产未来现金流量时正确的处理方法有（   ）。

A. 预计资产未来现金流量时，企业管理层应当在合理和有依据的基础上对资产剩余使用寿命内整个经济状况进行最佳估计

B. 预计资产的未来现金流量，应当以经企业管理层批准的最近财务预算或者预测数据，以及该预算或者预测期之后年份稳定的或者递减的增长率为基础。企业管理层如能证明递增的增长率是合理的，可以以递增的增长率为基础

C. 建立在预算或者预测基础上的预计现金流量最多涵盖 5 年，企业管理层如能证明更长的期间是合理的，可以涵盖更长的期间

D. 在对预算或者预测期之后年份的现金流量进行预计时，所使用的增长率除了企业能够证明更高的增长率是合理的之外，不应当超过企业经营的产品、市场、所处的行业或者所在国家或地区的长期平均增长率，或者该资产所处市场的长期平均增长率

E. 预计资产的未来现金流量，应当以资产的当前状况为基础，不应当包括与将来可能会发生的、尚未做出承诺的重组事项或者与资产改良有关的预计未来现金流量

3. 在认定资产组产生的现金流入是否基本上独立于其他资产组时，下列正确的处理方法有（   ）。

A. 如果管理层按照生产线来监控企业，可将生产线作为资产组

B. 如果企业管理层按照业务种类来监控企业，可将业务种类中所使用的资产作为资产组

C. 如果企业管理层按照地区来监控企业，可将地区中所使用的资产作为资产组

D. 如果企业管理层按照区域来监控企业，可将区域中所使用的资产作为资产组

E. 资产组一经确定，各个会计期间应当保持一致，不得随意变更，如需变更，企业管理层应当证明该变更是合理的，并按相关会计准则的规定在附注中说明

4. 关于资产组的减值测试，正确的处理方法是（   ）。

A. 资产组的可收回金额低于其账面价值的，应当确认相应的减值损失

B. 减值损失金额应当先抵减分摊至资产组中商誉的账面价值，再根据资产组中除商誉之外的其他各项资产的账面价值所占比重，按比例抵减其他各项资产的账面价值

C. 资产账面价值的抵减，应当作为各单项资产的减值损失处理，计入当期损益

D. 抵减后的各资产的账面价值不得低于该资产的公允价值减去处置费用后的净额、该资产预计未来现金流量的现值和零三者之中最高者

E. 由此得出的未能分摊的减值损失金额，应当按照相关资产组中其他各项资产的账面价值所占比重进行分摊

5. 下列迹象中，表明资产可能发生了减值的情况有（　　）。

A. 资产的市价当期大幅度下跌，其跌幅高于因时间的推移或者正常使用而预计的下跌

B. 企业经营所处的经济、技术或者法律等环境以及资产所处的市场在当期或者将在近期发生重大变化，从而对企业产生不利影响

C. 市场利率或者其他市场投资报酬率在当期已经提高，从而影响企业计算资产预计未来现金流量现值的折现率，导致资产可收回金额大幅度降低

D. 有证据表明资产已经陈旧过时或者其实体已经损坏

E. 资产已经或者将被闲置、终止使用或者计划提前处置

6. 企业应当在资产负债表日判断资产是否存在可能发生减值的迹象。对于存在减值迹象的资产，应当进行减值测试，资产可能发生减值的有（　　）。

A. 资产的市价当期大幅度下跌，其跌幅明显高于因时间的推移或者正常使用而预计的下跌

B. 有证据表明资产已经陈旧或者其实体已经损坏

C. 资产已经或者将被闲置、终止使用或者计划提前处置

D. 市场利率在当期已经提高且影响企业计算资产预计未来现金流量现值的折现率，导致资产可收回金额大幅度降低

E. 企业经营、法律等环境以及资产所处的市场在当期或者将在近期发生重大变化，但对企业产生有利影响

7. 可收回金额应当根据资产的公允价值减去处置费用后的净额与资产预计未来现金流量的现值两者之间较高者确定，其中处置费用包括（　　）。

A. 相关税费　　　B. 法律费用　　　C. 搬运费　　　D. 财务费用

E. 所得税费用

8. 关于可收回金额应当根据资产的公允价值减去处置费用后的净额是如何确定的，下列表述正确的有（　　）。

A. 根据公平交易中资产的销售协议价格减去可直接归属于该资产处置费用的金额确定

B. 在资产不存在销售协议但存在活跃市场的情况下，应当根据该资产的市场价格减去处置费用后的金额确定

C. 在既不存在销售协议又不存在活跃市场的情况下，企业应当以可获取的最佳信息为基础，可以参考同行业类似资产的最近交易价格或者结果进行估计

D. 如果企业无法可靠估计资产的公允价值减去处置费用后的净额的，应当以该资产预计未来现金流量的现值作为其可收回金额

E. 如果企业无法可靠估计资产的公允价值减去处置费用后的净额的，应当以该资产的账面价值确定

9. 预计资产未来现金流量的现值，主要应当综合考虑的因素有（　　）。

A. 资产预计未来现金流量

B. 资产的使用寿命

C. 折现率

D. 承担资产中包含的不确定性价格

E. 企业预期从资产中取得的未来现金流量的定价中的非流动性

10. 下列资产的减值问题通过第 8 号具体准则规范的有（   ）。

A. 对子公司、联营企业和合营企业的长期股权投资

B. 商誉

C. 采用成本模式进行后续计量的投资性房地产

D. 探明石油天然气矿区权益和井及相关设施

E. 无形资产

三、判断题

1. 企业所有的资产在发生减值时，原则上都应当及时加以确认和计量。（   ）

2. 资产减值准则主要规范了企业非流动资产的减值会计问题。（   ）

3. 企业在资产负债表日应当判断资产是否存在可能发生减值的迹象，主要可从内外部信息来源加以判断。（   ）

4. 资产减值准则中的资产包括单项资产和资产组。（   ）

5. 企业应比较资产的公允价值减去处置费用后的净值与资产未来现金流量的现值，取其较低者作为资产的可收回金额。（   ）

6. 资产处置费用包括与资产处置有关的法律费用、相关税费、搬运费，以及为使资产达到可销售状态所发生的直接费用等，但财务费用和所得税费用等不包括在内。（   ）

7. 资产的公允价值减去处置费用后的净值与资产未来现金流量的现值，只要有一项超过了资产的账面价值，就表明资产没有发生减值，不须再估计另一项金额。（   ）

8. 考虑到固定资产、无形资产、商誉等资产发生减值后属于永久性减值，因而在以后期间不得转回。（   ）

9. 固定资产、无形资产、商誉等资产以前期间计提的资产减值准备，在资产处置、出售、对外投资、以非货币性资产交换方式换出、在债务重组中抵偿债务等时，方可予以转出。（   ）

10. 资产组是企业可以认定的最小资产组合，其产生的现金流入应当基本上独立于其他资产或者资产组。（   ）

四、业务处理题

1. 神州公司有一条甲生产线，生产光学器材，由 A、B、C、D 四部机器构成，初始成本分别为 60 万元、40 万元、60 万元和 40 万元，使用年限为 10 年，预计净残值为零，以年限平均法计提折旧。

四部机器均无法单独产生现金流量，但整条甲生产线构成完整的产销单位，属于一个资产组。

2006 年，该生产线所生产的光学产品有替代产品上市，导致当年公司光学产品销量锐减 40%，因此，公司于年末对该生产线进行减值测试。

2006 年年末，A 机器的公允价值减去处置费用后的净额为 28 万元，D 机器的公允价值减去处置费用后的净额为 9 万元，B、C 机器都无法合理估计其公允价值减去处置费用后的净额以及未来现金流量的现值。

公司无法合理估计甲生产线的公允价值减去处置费用后的净额，但经估计未来 5 年现金流量及其折现率计算的现值为 50 万元。

整条甲生产线预计尚可使用 5 年。

要求：做出此生产线组成的资产组减值的会计处理。

2. 某公司在三地拥有 A、B、C 三家分公司。其中，C 分公司是上年吸收合并的公司。这三家分公司的经营活动由一个总部负责运作。由于 A、B、C 三家分公司均能单独产生现金流量，所以该公司将这三家分公司确定为三个资产组。2005 年 12 月 1 日，企业经营所处的技术环境发生了重大不利变化，出现资产减值迹象，需要进行减值测试。

假设总部资产的账面价值为 150 万元，能够按照各资产组账面价值的比例进行合理分摊，A 分公司资产的使用寿命为 10 年，B、C 分公司和总部资产的使用寿命均为 20 年，减值测试时，A、B、C 三个分公司资产组的账面价值分别为 100 万元、150 万元和 200 万元(其中合并商誉为 15 万元)，该公司计算出 A、B、C 分公司资产的可收回金额分别为 219 万元和 156 万元和 200 万元。要求：进行该公司的资产减值测试。

3. 某公司于 2015 年 9 月 5 日对一项固定资产进行改扩建，改扩建前该项固定资产的原价为 2 000 万元，已提折旧 400 万元，已提减值准备 200 万元，在改扩建过程中领用工程物资 300 万元，领用生产用原材料 100 万元，原材料的进项税额为 17 万元，发生改扩建人员工资 150 万元，用银行存款支付其他费用 33 万元，该固定资产于 2015 年 12 月 20 日达到预定可使用状态。该企业对改扩建后的固定资产采用年限平均法计提折旧，预计尚可使用年限为 10 年，预计净残值为 100 万元。

2016 年 12 月 31 日，该固定资产的公允价值减去处置费用后的净额为 1 602 万元，预计未来现金流量现值为 1 693 万元。

2017 年 12 月 31 日，该固定资产的公允价值减去处置费用后的净额为 1 580 万元，预计未来现金流量现值为 1 600 万元。

2018 年 12 月 31 日，该固定资产的公允价值减去处置费用后的净额为 1 340 万元，预计未来现金流量现值为 1 350 万元。

2019 年 12 月 31 日，该固定资产的公允价值减去处置费用后的净额为 1 080 万元，预计未来现金流量现值为 1 100 万元。假定固定资产计提减值准备不影响固定资产的预计使用年限和预计净残值。

要求：

(1) 编制与上述固定资产改扩建相关的会计分录。

(2) 计算改扩建后的固定资产 2016 年计提的折旧额并编制相关的会计分录。

(3) 计算该固定资产 2016 年 12 月 31 日应计提减值准备并编制相关的会计分录。

(4) 计算改扩建后的固定资产 2017 年计提的折旧额并编制相关的会计分录。

(5) 计算该固定资产 2017 年 12 月 31 日应计提减值准备并编制相关的会计分录。

(6) 计算该固定资产 2018 年计提的折旧额并编制相关的会计分录。

4. 某运输公司 2017 年年末对一艘远洋运输船舶进行减值测试。该船舶原值为 50 000 万元，累计折旧 25 000 万元，2017 年年末账面价值为 25 000 万元，预计尚可使用 5 年，假定该船舶存在活跃市场，其公允价值 19 000 万元，直接归属于该船舶的处置费用为 200 万元，该公司在计算其未来现金流量的现值确定可收回金额时，考虑了与该船舶资产有关的货币时间价值和特定风险因素后，确定 6% 为该资产的最低必要报酬率，并将其作为计算未来现金流量现值时使用的折现率。公司根据有关部门提供的该船舶历史营运记录、船舶性能状况和未来每年营运收入和相关人工费用、燃料费用、安全费用、港口码头费用以及日常维护费用等支出,在此基础上估计该船舶在2018—2022年每年预计未来现金流量分别为3 750万元、3 690万元、3 250万元、3 060万元、2 685万元。

要求:

(1) 计算船舶的公允价值减去处置费用后净额。

(2) 计算船舶的未来现金流量现值。

(3) 计算船舶的可收回金额。

(4) 计算资产减值损失。

(5) 做出相应的会计处理。

5. 乙公司2017年年末对某资产组进行减值测试,该资产组包括固定资产A、B、C、D、E设备外,还包括一项负债,同时规定该资产组在处置时要求购买者承担该负债,该负债金额已经确认并计入相关资产账面价值。2017年年末固定资产的账面价值为4 350万元,其中A、B、C、D、E设备的账面价值分别为885万元、1 170万元、1 425万元、270万元、600万元;要求购买者承担该负债的账面价值为225万元,五个设备无法单独使用,不能单独产生现金流量,因此作为一个资产组,五个设备的公允价值减去处置费用后净额以及预计未来现金流量现值均无法单独确定,但乙公司确定该资产组的公允价值减去处置费用后净额为3 225万元,预计未来现金流量的现值为3 075万元。

要求:

(1) 计算资产组的减值准备。

(2) 根据该资产组固定资产账面价值,按比例分摊减值损失至资产组内的各项固定资产,如表4-1所示。

表4-1 按比例分摊减值损失　　　　　　　　　　单位:万元

资 产 组 合	分摊减值损失前账面价值	分摊的减值损失	分摊减值损失后账面价值
固定资产:			
——A设备			
——B设备			
——C设备			
——D设备			
——E设备			
小计			
负债			
合计			

(3) 编制会计分录。

第五章 租赁会计

学习目标

1. 了解租赁的含义与方式。
2. 掌握经营租赁与融资租赁的账务处理。
3. 学会售后租回业务的会计处理方法及其披露的内容和方式。

第一节 租赁会计概述

一、租赁的概念

租赁是指在特定的期间内，出租人将资产的使用权让与承租人，以获取租金的协议。换言之，租赁是持有物品的物主将持有的物品按照一定期限出租给用户使用，并向用户收取费用的一种服务性商业活动。从租赁的业务性质来看，它既是一种服务性商业活动，又是一种信用方式。从租赁的基本构成来看，它由出租人、承租人、租赁物、租赁期和租赁费等要素构成。

在国内外的租赁业务中，租赁对象都是有形耐用物品，即具有使用价值并可长期供人们使用的物品。在租赁期间，虽然出租人将物品交给承租人使用，但物品的所有权仍属于出租人。所有权不变既是租赁的前提，也是租赁的基础。

租赁是随着生产和交换规模的不断扩大而产生的，例如，A生产者暂时不使用的生产工具或生产对象，可能恰恰是B生产者所需要的，于是B就请求A给予借用。经过较长时间的实践，财产的所有者发现，借出的财产不仅不会给自己带来任何好处，反而使自己的财产受到损坏，如变得陈旧以及磨损。于是，为了弥补这种损失，他们就向借用者索取钱物，这就逐渐形成了有偿借用。这种有偿借用就是租赁。

二、租赁的特征

租赁具有以下几方面的特征。

1. 所有权与使用权相分离

就租赁的目的来看，承租人是为了获得设备的使用权，而出租人则是为了取得价值。在租赁期内，物件的所有权属于出租人，使用权则属于承租人，所有权与使用权处于相分离的状态。

2. 融资和融物有机结合

就租赁的手段来看，其基本特征是把租赁变为融通资金的手段，使实物租赁进一步转化为融资性租赁，融物与融资融为一体。

3. 租金的分期回收

就租金的性质来看，它是出租人投资成本和投资收益的分期回收。在租赁财产所有权与使用权相分离的前提下，租金分期回收是租赁的一大特点，也是其得以存在和长足发展的原因。

4. 独特的资金运动形式

基于租赁信用实现融资与融物的有机结合，租赁成为一种特殊的商业活动。它的价值运动以商业资本价值运动为基础，包括购入、租出、偿还三个阶段。

5. 灵活方便

就融资、融物合二为一而言，租赁与分期付款购买很相似。但是，分期付款购买与租赁相比显得呆板，仅能解决购物一次性资金不足的问题，而不能满足以永久拥有使用权为目的的愿望。租赁却能很好地实现这一愿望。

6. 有效避免无形损耗所带来的筹资风险

略

三、与租赁相关的几个概念

（一）租赁期

租赁期是指租赁合同规定的不可撤销的租赁期间。承租人有权选择继续租赁该资产，而且在租赁开始日就可以合理确定承租人将会行使这种选择权，如果租赁合同规定承租人享有优惠购置权，则租赁期最长不得超过自租赁开始日起至优惠购置权行使之日止的期间。

（二）不可撤销租赁

不可撤销租赁是指在一般情况下不允许撤销合同。除非发生以下一种或数种情况才可撤销：发生某些不常出现的或有事项；经承租人与出租人协商同意；承租人与原出租人就同一资产或同类资产签订了新的租赁合同；承租人支付了一笔足够大的额外款项。

（三）担保余值

就承租人而言，担保余值是指由承租人或与其有关的第三方担保的开始日租赁资产原账面价值；就出租人而言，担保余值是指就承租人而言的担保余值加上独立于承租人和出租人，但在财务上有能力担保的第三方担保的资产余值。其中，资产余值是指在租赁开始日估计的租赁期届满时租赁资产的公允价值。

（四）未担保余值

未担保余值是指租赁资产余值中扣除就出租人而言的担保余值以后的资产余值。

（五）最低租赁付款额

最低租赁付款额对于租赁的分类、租赁资产和负债金额的确定等都具有重要影响，因此，必须正确理解和确定最低租赁付款。《企业会计准则》将最低租赁付款额定义为：支付或可能被要求支付的各种款项（不包括或有租金和履约成本），加上由承租人或与其有关的第三方担保的资产余值。

《企业会计准则》中的最低租赁付款额是从承租人角度规定的一个概念，其中"最低"一词是相对或有租金、履约成本等而言的。最低租赁付款额是在租赁开始日就可确定的、承租人将必须向出租人支付的最小金额，或者说是承租人在租赁开始日对出租人的最小负债。租赁合同规定的内容不同，最低租赁付款额的构成内容也不相同。如果租赁合同没有规定优惠购买选择权，则承租人在租赁期内应支付或可能被要求支付的各种款项包括：①租赁期内承租人每期支付的租金。②租赁期届满时，由承租人或与其有关的第三方担保的资产余值。③租赁期届满时，承租人未能续租或展期而造成的任何应由承租人支付的款项。

如果租赁合同规定有优惠购买选择权，则承租人在租赁期内应支付或可能被要求支付的各种款项包括：①自租赁开始日起至优惠购买选择权行使之日止即整个租赁期内承租人每期支付的租金。②承租人行使优惠购买选择权而支付的任何款项。

（六）最低租赁收款额

最低租赁收款额与最低租赁付款额在租赁会计中的作用是完全相同的，因此，理解和掌握最低租赁收款额也同样非常重要。《企业会计准则》将最低租赁收款额定义为：最低租赁付款额加上与承租人和出租人均无关、但在财务上有能力担保的第三方对出租人担保的资产余值。与承租人的最低租赁付款额相对应，《企业会计准则》所指最低租赁收款额是从出租人角度规定的一个概念，其中"最低"一词也是相对或有租金、履约成本等而言的。最低租赁收款额是在租赁开始日就可确定的、出租人将能够向承租人等收取的最小金额，或者说是出租人在租赁开始日对承租人等的最小债权。出租人除了根据租赁合同规定要求承租人支付最低租赁付款额外，如果还存在与承租人和出租人均无关、但在财务上有能力担保的第三方对出租人的资产余值并提供担保，则表明租赁期届满时能够保证出租人实现这一确定的金额，这一担保的资产余值也应包括在出租人的最低租赁收款额之中。

（七）租赁开始日与租赁期开始日

租赁开始日是指租赁协议日与租赁各方就主要租赁条款做出承诺日中的较早者。在租赁开始日，承租人和出租人应当将租赁认定为融资租赁或经营租赁。

租赁期开始日是指承租人有权行使其使用租赁资产权利的日期，表明租赁行为的开始。在租赁期开始日，承租人应当对租入资产、最低租赁付款额和未确认融资费用进行初始确认；出租人应当对应收融资租赁款、未担保余值和未实现融资收益进行初始确认。

（八）优惠购置权及优惠续租权

优惠购置权指根据租赁合同规定，承租人在租赁期满时，可以以约定价格或名义价格购买租赁资产的权力。所谓约定价格，是指明显低于租赁期满时租赁资产公允价值的合同价格。所谓名义价格，通常是指极低的象征性价格，其目的是为了完成租赁资产的所有权从出租人转移给承租人的法律手续。

优惠续租权是指承租人在租赁期满时，若想继续租赁，可以以低于市价的价格继续租赁资产的权力。

(九) 履约成本

履约成本是指租赁期内承租人为租赁资产所支付的各种使用费用，如保险费、维修费、服务费、人员培训费等。

(十) 租赁内含利率

租赁内含利率是指在租赁开始日，使最低租赁付款额和未经担保余值之和的现值总额等于租赁资产的公允价值的贴现率。

(十一) 公允价值

公允价值是指在公平交易中，熟悉情况的双方自愿进行资产交换和债务清偿的金额。

四、租赁分类的原则

(一) 承租人和出租人应视租赁的经济实质而不是其法律形式对租赁进行分类

一项租赁是否认定为融资租赁，不在于租赁合同的形式，而应视出租人是否将租赁资产的风险和报酬转移给了承租人。如果一项租赁实质上转移了与资产所有权有关的全部风险和报酬，那么无论租赁合同采用什么样的形式，都应将该项租赁认定为融资租赁。如果一项租赁实质上并没有转移与资产所有权有关的全部风险和报酬，那么应将该项租赁认定为经营租赁。

▶ 1. 融资租赁

融资租赁是指实质上转移了与资产所有权有关的全部风险和报酬的租赁。所有权最终可能转移，也可能不转移。所谓与资产所有权有关的风险，是指由于资产闲置或技术陈旧而发生的损失，以及由于经营情况变化致使有关收益发生的变动。所谓与资产所有权有关的报酬，是指在资产有效使用年限内直接使用它而获得的利益、资产本身的增值，以及处置它所实现的收益。一项租赁只有在实质上转移了与资产所有权有关的全部风险和报酬，才能认定为融资租赁。但在租赁业务中，风险和报酬的转移与所有权的转移并不一定是同时进行的。租赁期届满后，如果承租人购买了租赁资产，则租赁资产所有权转移给了承租人；否则，租赁资产所有权一般不会转移给承租人。在判断租赁类型时，不应以租赁资产所有权是否转移给承租人为标准。

我国的《企业会计准则》所指的融资租赁，从法律意义上说是一种合同关系。在这种合同关系中，一般涉及三方当事人：出租人、承租人和出卖人。其中，出租人为租赁资产的购买者和所有者；承租人为租赁资产的使用者和收益者；出卖人为租赁资产的生产者或销售者。即出租人根据承租人对出卖人、租赁资产的选择订立买卖合同，出卖人按照约定向承租人交付租赁资产。在租赁期内，出租人享有租赁资产的所有权，并定期收取租金，所收取的租金中不仅包含购买租赁资产的大部分或全部成本，而且还包含出租人的合理利润。承租人享有租赁资产的使用权并定期向出租人支付租金；而出卖人则根据承租人的特定要求生产租赁资产并将租赁资产提供给承租人。

从经济关系上看，在融资租赁下，承租人将租赁作为一种融资手段。出租人将资产出租给承租人，实际上向承租人提供了一笔资金，承租人相当于从出租人那里借入了一笔资金。承租人由此而每期支付的租金相当于分期付款。融资租赁同分期付款购买相比，在还款形式上存在相似之处，都是用户先取得物品，再在以后相当长的时间内分期分批归还物品价款及相应的利息，都是以商品形态提供信用。但是，融资租赁并不等同于分期付款购买,两者之间存在着显著的差别。

(1) 从法律关系上讲,在租赁期内,租赁资产的所有权归出租人。承租人破产时,租赁资产不属于破产财产。出租行为是出租人行使所有权的体现。承租人只享有租赁资产的使用权,即未经出租人同意,承租人不得做出任何侵犯所有权的行为。如果有侵犯所有权的行为发生,出租人有权解除合同,收回租赁资产。分期付款购买是一种买卖行为,在购买方未还清货款之前,资产所有权的转移已经确定,即分期付款购买的是商品的所有权,在商品交付验收或合同生效时就已经从销货方转移到购买方,在购买方购货时,便表明商品已经出售给了购买方,商品应归购买方所有,只是在货款尚未付清之前,购买方承担了一项债务,并以所购入的商品作为债务的担保物,而销货方保留的只是商品的抵押权。

(2) 从业务关系上看,融资租赁涉及出租人、承租人和出卖人三个方面的关系。在租赁业务成立时,必须签订买卖合同和融资租赁合同两个相互联系的合同,合同三方当事人的关系相当密切。任何一方违约,或要求变更、修改合同,都会影响其他两方的利益。一些复杂的租赁协议还涉及长期贷款人,如杠杆租赁。而分期付款购买是买卖双方的关系,销货方多为制造商或经销商,合同的变更与违约只会影响买卖双方的利益。虽然分期付款购买也具有融资的性质,但销货方垫付的资金不论是自有的还是借入的,都与达成这种交易无直接关系。

(3) 两者涉及的对象不同。融资租赁转移的是资产的使用权,这一权利待租赁期届满时可由出租人收回。即使合同约定资产的所有权将在租赁期届满时转移,出租人作为所有人也完全可因承租人违约而在租赁期内收回租赁资产。同时,从承租人角度分析,融资租赁不受出租人所持有的租赁资产的种类的限制,承租人根据自身的需要,可自由选定合适的租赁资产,然后与出租人签订融资租赁合同,由出租人付款购买租赁资产,以出租给承租人使用。可见,融资租赁较之分期付款购买更为灵活、方便,能够更好地满足承租人对资产的需求。而分期付款购买主要是为了缓解购买方一次性支付能力不足的困难,其购买对象可以是固定资产,也可以是存货等流动资产,但局限于销货方所持有的或所生产的商品。

此外,融资租赁也不同于银行贷款信用和信托信用,在此不再赘述。

▶ 2. 经营租赁

经营租赁指除融资租赁外的其他租赁。在我国的《企业会计准则》中凡不属于融资租赁的租赁都属于经营租赁。与融资租赁相比,经营租赁通常只涉及两方当事人——出租人和承租人。出租人购买租赁资产的过程是一个独立行为,通常与承租人无关。用于经营租赁的资产往往通用性强,有较好的二手市场,需要专门的管理。在租赁期内,出租人一般要向承租人提供各类专门服务,如租赁资产的维护与保养。经营租赁以满足用户临时需要或季节性需要为主,因此租赁期通常较短。经营租赁租金属于一种非全额清偿,即出租人的投资回收来源于不同的承租人所支付的租金。这些租金只是承租人取得资产使用权所支付的代价,而非资产成本的回收。经营租赁一般可撤销。在租赁期届满之前,承租人出于自身的需要,经过一定的手续可提前解除租赁合同。在经营租赁中,租赁资产的所有权不转移,租赁期届满后,承租人只有退租或续租的选择权,而不存在优惠购买选择权。

(二) 承租人和出租人均应在租赁开始日对租赁进行分类

在会计上确定租赁开始日的目的之一是作为进行租赁分类的基准日。因此,在租赁开始日承租人和出租人对同一项租赁进行分类，能够体现与租赁资产所有权有关的风险和报酬是否实质上发生了转移的要求，不能提前对租赁进行分类，也不能延后对租赁进行分类。

（三）承租人和出租人对同一项租赁所认定的类型应当一致

由于承租人和出租人的权利和义务是以一项双方签订的租赁合同为基础确定的，因此，承租人和出租人对同一项租赁所认定的类型应当一致。即一项租赁，如果承租人将其认定为融资租赁，原则上，出租人也应将其认定为融资租赁，而不应认定为经营租赁，从而避免同一项资产在承租人和出租人双方做重复反映。但是，如果存在独立于承租人和出租人，但在财务上有能力担保的第三方对出租人的资产余值提供了担保，在这种情况下，最低租赁付款额不等于最低租赁收款额，因此在按照融资租赁的判断标准做出分类时，就会出现租赁开始日最低租赁付款额的现值占租赁开始日租赁资产原账面价值的比例与最低租赁收款额的现值占租赁资产原账面价值的比例不相等，从而可能会导致一项租赁在租赁双方归为不同的类型。此外，如果租赁双方所采用的折现率不同，也可能会导致一项租赁在租赁双方归为不同的类型。

（四）承租人和出租人同意改变租赁合同，则他们均应按修订后的租赁合同对租赁进行重新分类

如果承租人和出租人在租赁期内的某一时间同意改变租赁合同的条款（续租除外），由此改变了原来对租赁的分类，则出租人和承租人均应当根据修订后的租赁合同，对租赁进行重新分类。但是，由于租赁资产使用年限或担保余值的改变等导致会计估计的变更或发生承租人违约等事项，因此不应当对租赁进行重新分类。

五、租赁分类的具体标准

承租人和出租人在对租赁分类时，应全面考虑租赁期届满时租赁资产所有权是否转移给承租人、承租人是否有购买租赁资产的选择权、租赁期占租赁资产尚可使用年限的比例等各种因素。

满足以下一条或数条标准的租赁，应认定为融资租赁：

（1）在租赁期届满时，租赁资产的所有权转移给承租人。这条标准是指如果在租赁合同中已经约定，或者根据其他条件在租赁开始日就可以合理地判断，租赁期届满时出租人会将租赁资产的所有权转移给承租人，那么该项租赁应当认定为融资租赁。

（2）承租人有购买租赁资产的选择权，所订立的购价预计远低于行使选择权时租赁资产的公允价值，因此在租赁开始日就可以合理地确定承租人将会行使这种选择权。

这条标准有两层含义：①承租人拥有在租赁期届满时或某一特定的日期选择购买或不购买租赁资产的权利。②在租赁期届满时或某一特定的日期，当承租人行使购买租赁资产的选择权时，在租赁合同中订立的购价远低于（通常低于5%，含5%，下同）届时该项租赁资产的公允价值，因此在租赁开始日就可以合理地确定承租人一定会购买该项租赁资产。

【例5-1】 出租人和承租人签订了一项租赁合同，租赁期限为3年，租赁期届满时承租人有权以1 000元的价格购买该项租赁资产。在签订租赁合同时估计该项租赁资产租赁期届满时的公允价值为30 000元，由于购买价格仅为公允价值的3.33%（低于5%的要求），如果没有特别的情况，承租人在租赁期届满时将会购买该项租赁资产。在这种情况下，在租赁开始日即可判断该项租赁为融资租赁。

(3) 即使资产的所有权不转移，但租赁期占租赁资产使用寿命的大部分。这实际上是一条时间性标准，它是指租赁期占租赁开始日租赁资产尚可使用年限的大部分（通常为75%以上，含75%，下同），而不是租赁期占该项资产全新时可使用年限的大部分。需要注意的是，如果租赁资产是一项旧资产，在开始此次租赁前其已使用年限超过该资产全新时可使用年限的75%，则该条判断标准不适用。

【例5-2】某项租赁设备全新时可使用年限为10年，已经使用了3年，从第4年开始租出，租赁期为6年。由于在租赁开始日该项设备尚可使用年限为7年，租赁期占租赁设备尚可使用年限的85.7%（6÷7），符合上述第(3)条标准，因此，该项租赁应认定为融资租赁。如果从第4年开始，租赁期为3年，租赁期占租赁设备尚可使用年限的42.9%（3÷7），就不符合上述第(3)条标准，因此该项租赁不应认定为融资租赁（假定也不符合其他判断标准）。假如该项设备已经使用了8年，从第9年开始租出，租赁期为2年，此时，该项设备尚可使用年限为2年。虽然租赁期为租赁设备尚可使用年限的100%（2÷2），但由于在开始此次租赁前该项设备的已使用年限超过了全新时可使用年限（10年）的75%（8÷10，80%＞75%），因此，不能使用该条标准来判断租赁的类型。

(4) 承租人在租赁开始日的最低租赁付款额的现值，几乎相当于租赁开始日租赁资产公允价值；出租人在租赁开始日的最低租赁收款额的现值，几乎相当于租赁开始日租赁资产公允价值。

这实际上是一条价值补偿性标准。它分别为承租人和出租人从租赁开始日最低租赁付款额现值或最低租赁收款额现值占租赁资产原账面价值的比例角度，来判断租赁的类型。在租赁开始日，如果承租人计算得出的最低租赁付款额现值几乎相当于（通常为90%以上，含90%，下同）租赁资产的原账面价值，则从承租人角度分析，该项租赁应认定为融资租赁；如果出租人计算得出的最低租赁收款额现值几乎相当于租赁资产的原账面价值，则从出租人角度分析，该项租赁应认定为融资租赁。

同样需要注意的是，如果租赁资产是一项旧资产，在开始此次租赁前其已使用年限超过该资产全新时可使用年限的75%，则该条判断标准不适用。

(5) 租赁资产性质特殊，如果不做较大改造，其他企业无法使用。这条标准是指租赁资产是出租人专门为承租人订购或建造的专用设备。该专用设备是由承租人选定的生产商专门为承租人的特殊工艺和特殊用途设计的，一般不形成系列化产品。这种专用设备有专购、专用性质，或者说是具有排他性，也即该项资产只能供此项租赁交易中的承租人使用，如果不做较大改制，其他企业无法使用。因此，从租赁一开始就可以说与该项资产的所有权有关的风险和报酬已经实质上转移给了承租人，该项租赁应认定为融资租赁。

六、租赁的基本分类

租赁按其性质和内容划分为融资租赁和经营租赁。

(一) 融资租赁

融资租赁是指与一项资产所有权有关的风险和报酬实质上已全部转移的一种租赁方式。按其租赁手段又可进一步划分为直接租赁、杠杆租赁、融资转租赁和售后租回等几种类型。

▶ 1. 直接租赁

直接租赁是指承租企业直接向生产厂家或有关租赁机构租赁生产经营中所需要的机器设

备，以取得资产使用权的一种租赁形式。近年来，由于商品市场周期变换加快，企业的集约化程度迅速提高。企业直接租赁的固定资产品种大量涌现，拓展了直接租赁业务的内容。

2. 杠杆租赁

杠杆租赁又称借款租赁，是指依靠出租人或第三者信贷提供的资金共同制造或购置资产而形成的租赁。在租赁业务中，大型成套固定资产出租形式的出现，使出租人仅靠自有资金的能力已无法满足大额度经营的态势，需要寻找借款者，以便向其借入为购置或营造出租大型固定资产所需的资金，此时，信贷资金通过租赁手段起着杠杆作用。出租人作为借款人取得贷款，可以用所出租的大型资产转让出租权和以租金形式作为该项贷款的抵押条件。这种租赁形式就当事人来看，增加了贷款者，形成了出租人、贷款者、承租人三方面的关系。杠杆租赁在融资中是一种运用较广的租赁形式。

3. 融资转租赁

融资转租赁又称为转租，是指租赁公司作为承租人将租入的资产又转租给第三方。实际上，租赁公司等于是一个中介人，从资产租入、租出之间的租金差额获取转租业务的收益。融资转租赁的性质视情况的不同而不同，租入时是经营租赁的，转租出去也只能是经营租赁；租入时是融资租赁的，转租出去可能是融资租赁，也可能是经营租赁。租赁公司具有双重身份，当它向国外或别的企业租入设备，又把租入的机器设备转租给企业时，它就是出租人。作为承租人，它必须按合同规定向出租人定期交纳租金。作为出租人，它需要向承租人收取合理的租金。

4. 售后租回

售后租回又称返回租赁，是指企业把现有的固定资产按市价或相当于市价出售给租赁公司，然后再把它租回来的形式。这种形式对承租人极为有利。一方面，承租人由于售出固定资产，可以得到额外的资金，以解决经营资金不足或其他财务问题；另一方面，售出的固定资产仍可租回使用，保证生产需要。可见，这种租赁的特点是企业把自有资产所有权进行转让，再以租赁方式重新获得固定资产的使用权。

（二）经营租赁

经营租赁是指解决企事业单位对某些大型通用设备、专门设备一次性使用和临时短期需要的一种租赁方式。其租赁对象主要是一些需要专门技术保养和技术更新较快的通用设备。按其内容可分为日常租赁、专用设备租赁和维修租赁三种类型。

1. 日常租赁

日常租赁是指出租人将自己的财产出租给承租人，以满足承租人日常短期生产或生活需要的一种租赁方式。它是经营租赁的主要方式。

2. 专用设备租赁

专用设备租赁是指租赁公司或特定单位部门向特定的承租企业提供其专门设备、专有技术的一种租赁形式。采用这种租赁形式时，出租人必须拥有先进的专用设备，如飞机、石油钻井机等。

3. 维修租赁

维修租赁是指出租人向承租人提供专门的设备维修、置换等劳务活动的一种租赁方式。这实际上是一种以专有技术为租赁对象的租赁方式。由于出租人在处理某些设备故障方面具有先进的专业技术和训练有素的专业人员，它可以及时、快速地排除故障，为生产盈利，减小损失。

（三）融资租赁与经营租赁的区别

▶ 1. 两者的购买交易权不同

经营租赁在承租期满时，承租人没有购买财产的特殊权利，也没有续租与购买的选择权；而融资租赁在承租期短于财产的全部使用经济寿命时，承租人有权取得该项财产或有权按廉价的租金延长租赁合同。

▶ 2. 两者的租赁期限不同

经营租赁一般都是短期的，主要是为了完成某一短期内的特定任务，用后交回。显然，租赁合同签订的年限大大短于设备的预计经济寿命，因此，它比较适合用于技术更新换代快的行业和企业。

▶ 3. 两者的费用负担不同

经营租赁因财产所有权不发生转移，出租人要承担财产的保险费、维修费、折旧费和税金等因持有财产而发生的费用，但这些费用最终还是以租金形式转嫁给承租人。从这种意义上说，经营租赁是一种比较贵的租赁形式；在融资租赁条件下，由于承租人实际上已享受了与财产所有权有关的一切利益，故也就要承担因持有资产而发生的全部费用。所以，融资租赁相对廉价些。

▶ 4. 两者的合同取消条件不同

经营租赁合同一般可由任何一方在租期内随时通知取消，但一般要提前3个月通知；而融资租赁合同一般是不可取消的，只有出现少数意外情形时才能按规定取消。

▶ 5. 两者的租金内容不同

经营租赁所付租金用来抵补出租人因持有财产而发生的一切费用，以及收回它的投资以及合理的利润，但是由于期限较短，通过一次出租所收取的租金不足以偿付租赁的设备机器成本；融资租赁的租金包括出租人的投资和投资的利润，而且，由于租期较长，通过一次租赁基本能收回其投资成本并取得合理利润。

▶ 6. 选择设备和供应商的权利与责任承担人不同

在经营租赁条件下，承租人从出租人手中直接租进所要设备，设备的购买由出租人自行处理完毕；而在融资租赁条件下，设备和生产厂家、供货商由出租人和承租人商定，然后由出租人出资购进并租给承租人使用，因此，对于设备的质量、规格、数量、技术上的检查和验收等主要由承租人负责。然而，出租人为了保障其利益，可以拒绝承租不合适的设备或不合格的供应商，而推荐好的设备或可靠的供应商供承租人选择。

七、租赁业务会计处理的原则

进行租赁业务的会计处理，必须遵循以下几项原则。

▶ 1. 相关性原则

相关性原则是指会计核算信息必须满足各方面了解企业财务状况和经营过程及其成果的需要，满足企业加强内部经营管理的需要。具体来说，在会计核算与传递信息的过程中，根据信息使用者对会计信息需要的不同特点来提供相关信息。租赁业务会计处理应提供的相关信息主要有：① 租金的计算方法。② 每期应收（付）的租金额。③ 每期的租赁费用(包括利息费用、手续费用等)，租赁收入。④ 每年年末租赁资产的规模。⑤ 每年年末应收(付)未收(付)的租赁款净额等。

▶ 2. 权责发生制原则

权责发生制原则是指以收入和费用是否已经发生为标准，按照归属期来确认本期的收入和费用的方法。租赁业务的有关收入和费用必须遵循权责发生制原则的要求，如对手续费的支付，在很多情况下于租赁开始日一次付清。如果手续费的数额较大，承租方则必须在租赁期内均衡负担，每期分别确认租赁费用，相应地出租方也应分期将其确认为租赁收入。对于应收(付)的租金，也在租赁期内分期支付与确认。

▶ 3. 配比性原则

配比性原则是指企业的营业收入与其相对应的成本、费用应当相互配合。具体来说，在会计核算中，一个会计期间内的各项收入与其相关联的成本费用，应当在同一会计期间内进行确认和计量。配比性原则有利于正确计算和考核企业的经营成果。

租赁企业的租金核算也必须遵循配比性原则，各租赁企业可相应地采用以下三种不同的会计处理方法，进行不同租金的计算与收取核算。

(1) 应收租金总额需减去租赁财物取得的成本差额等于未实现租赁收益，未实现租赁收益减净投资的递减余额乘以租赁利率，在租赁期间中的各个会计期内连续实现，依此类推，直至租期终了，全部收益得以实现，未实现租赁收益全部冲平。至于利息支出，则应在各会计期内，根据借款余额计算，并将应付利息记入"利息支出"科目。

(2) 应收租赁租金总额中包含设备的成本和利息。租金收取日，租金中的利息在当期作为收益实现。借款利息于利息支出日列为当期利息支出。起租日收取一次性手续费作为当期收益一次实现。

(3) 租赁财物成本和利息分别计算，应收租赁债权按"净额法"记账，即只包括租赁成本部分。每次租金收回，设备成本部分抵减应收租赁债权，利息部分则作为当期收益的"利息收入"。

以上三种方法所要解决的是如何将租赁收益(费用)分摊于各个计算期内的问题。合理的租赁收益(费用)的分摊符合配比性原则。

租金对出租人来说是其投资和服务的偿还和报酬。租金的内容应包括设备的原价、利息和手续费。由此根据配比性原则，应收(付)租金总额应包括上述三部分金额。其中，租赁设备的原价作为本金回收(支付)处理；手续费应作为财务收入(费用)处理；至于利息是出租方因出租设备而取得的报酬，也是承租方因使用租赁物品而必须支付的报酬，也属于财务收入(费用)。应收(付)租金总额或债权(债务)的数额应是上述三者之和。应收(付)租金总额与设备的原价之差，就是尚未实现的租赁收益(或尚未支付的租赁费)，按投资余额乘以租赁利率，在租赁期间中的各个会计期间实现。

▶ 4. 历史成本原则

历史成本原则是指企业的各种资产应当按其取得或创建时发生的实际成本进行计价。历史成本原则要求对企业资产、负债、所有者权益等项目的计量只基于经济业务的实际交易价格或成本，而对于市场价格的波动影响不予考虑。历史成本原则有助于促进会计核算与会计信息的真实可靠。

在租赁业务会计处理中，无论是出租方还是承租方，其租赁资产必须按实际成本计价。在经营租赁情况下，出租方的租赁资产属于自有资产的一部分；在融资租赁形式下，承租方必须在其资产负债表的资产方反映租赁资产的价值，这一数额是反映在整个租赁期间内所需支付租赁款项的最低数额。若在总的租赁款中含有设备使用过程中的保险费、维修费和税金等，则必须予以扣除。按照历史成本原则的要求，企业设备的价值取决于取得设备发生交易时实际付出（或应付出）的货币数额，这也就是入账的价值。至于设备在使用中的维修费和保险费等仅在支付时才作为费用处理，不应计入设备的入账价值。因此，承租方租入财物时应付租赁款总额中包含的这些费用理应扣除。另外，承租方在租入设备时所支付的利息、手续费属于财务费用的性质，不构成租入设备的原价，应在"应付租金总额"中予以扣除。扣除了所有以上这些费用后的余额，即为租赁财物的价款、运输费和安装调试费，才是租赁资产的现值。

▶ 5. 重要性原则

重要性原则是指在会计核算过程中对经济业务或会计事项应区别其重要程度，采用不同的核算方式。具体来说，就是针对那些对企业的经济活动或会计信息的使用者相对重要的会计事项，应分别核算、分项反映、力求准确，在会计报告中做重点说明；而对于次要的会计事项，在不影响会计信息真实性、相关性的情况下，可适当简化会计核算程序，合并反映。

在经营租赁和融资租赁会计核算业务中都存在应收（付）租赁款的核算。在计算应收（付）租赁款时，应遵循重要性原则。例如，融资租赁中应收（付）租赁款是租赁财物的原价、利息和手续费之和，于租赁的会计期间均衡支付，这时，应付的手续费如果不是于起租日一次付清的，则在今后的租赁期间予以分摊。并且，从理论上讲，手续费也应计算利息，即手续费的货币时间价值，包括风险补偿率。但是，由于手续费一般只占设备价款的1‰～2‰，金额通常都比较小，如果也一律计算利息，就不符合成本效益的原则。因此，为简化计算过程和核算手续，手续费无论是一次性支付还是在租赁期的各会计期间内支付，均不计算利息。

在经营性租赁中，专为获得经营租赁的租金收入（支出）而发生的初始直接费用的计算与账务处理也应遵循重要性原则的要求。

▶ 6. 一致性原则

一致性原则是指会计核算方法前后各期应当保持一致，不得随意变更。租赁的成本摊销、负债抵减、收入计算必须符合一致性原则。一项租赁成本必须在整个租赁期间摊销；与此同时，负债也将逐渐减少。租赁资产的摊销方法必须与承租者自己拥有的资产摊销方法一致。应当指出，如果资产的经济寿命长于租赁的期限，则承租者对租赁资产的摊销期限仍限于租期的期限。另外，融资租赁的负债，随着租赁期限的推移而逐渐递减，融资租赁负债的减少数采用利息计算的方法求得。运用这种方法，每一次租赁款项的支付，意味着应偿还的本金和应付利息的减少，其中本金偿还意味着负债的减少。

如前所述，利息、手续费属于财务费用，理应作为费用而计入利润表。作为影响收益数额的因素之一，租赁资产的摊销额也属于费用性质，与任何一项费用的性质一样，用同一种方法抵减净收益额。

第二节　经营租赁的会计处理

经营租赁是指与租赁资产所有权相关的全部风险和报酬并不由出租人转移给承租人的租赁方式。相对于融资租赁，经营租赁的会计处理较为简单。

一、承租人的会计处理

(一) 租金费用的确认和分摊

由于经营租赁实质上并没有转移与租赁资产所有权有关的全部风险和报酬，因此，承租人对经营租赁的处理比较简单，主要问题是应支付的租金与计入当期费用之间的关系。

根据《企业会计准则》的规定，经营租赁的租金应当在租赁期内的各个期间按直线法确认为费用；如果其他方法更合理，也可以采用其他方法。

(二) 初始直接费用

根据《企业会计准则》的规定，承租人发生的初始直接费用，应当计入当期损益。

(三) 或有租金

根据《企业会计准则》的规定，或有租金应当在实际发生时确认为当期费用。

【例 5-3】新欣公司与紫金公司签订一份租赁协议，新欣公司自 2015 年 1 月 1 日租赁紫金公司一厂部办公用固定资产，租赁期 1 年，租赁费为 12 万元。租赁开始日，新欣公司以银行存款支付。另外，新欣公司以银行存款支付律师费、印花税等 1 万元。

(1) 租赁开始日，新欣公司应将 12 万元租赁费用计入待摊费用，并按直线法每月进行摊销，计入管理费用；租赁初始直接费用应计入当期损益。其会计处理为：

借：待摊费用　　　　　　　　　　　　　　　　　　　　　　　120 000
借：管理费用　　　　　　　　　　　　　　　　　　　　　　　　10 000
　　贷：银行存款　　　　　　　　　　　　　　　　　　　　　　130 000

(2) 以后，每月摊销租赁费用时，会计分录为：

借：管理费用　　　　　　　　　　　　　　　　　　　　　　　　10 000
　　贷：待摊费用　　　　　　　　　　　　　　　　　　　　　　 10 000

(四) 经营租赁的披露

在经营租赁的披露上，我国参照国际会计准则的做法，并结合我国租赁业的实际情况，要求承租人在报表附注中披露重大的经营租赁。

根据《企业会计准则》的规定，承租人应当对重大的经营租赁做如下披露：

(1) 资产负债表日后连续三个会计年度每年将支付的不可撤销经营租赁的最低租赁付款额。

(2) 以后年度将支付的不可撤销经营租赁的最低租赁付款额总额。

二、出租人的会计处理

出租人对经营租赁的会计处理，主要问题是对经营租赁资产的处理、租金收入的确认、初始直接费用、租赁资产折旧或摊销、或有租金和经营租赁的披露。

(一) 对经营租赁资产的处理

在经营租赁下，租赁资产仍是出租人的资产，应在资产负债表中适当地列报。国际会计准则规定，出租人应按资产的性质，在其资产负债表上列示用作经营租赁的资产。其他国家和地区会计准则均要求出租人将用作经营租赁的资产包括在资产负债表上的相关项目内。借鉴国际会计准则及其他国家和地区的做法，我国的租赁准则规定，出租人应当按照资产的性质，将用作经营租赁的资产包括在资产负债表上的相关项目内。

（二）租金收入的确认

租金收入的确认是经营租赁下出租人会计核算的主要问题。国际会计准则规定，经营租赁形成的租赁收益应按直线法在租赁期内确认为收益。如果另有一种系统方法更能代表从租赁资产中获取利益递减的时间形态，则为例外。在美国、英国和我国香港等国家和地区的会计准则中，也均要求出租人采用直线法将经营租赁的租金确认为租赁期内各个期间的收入，如果其他方法更合理，也可以采用其他方法。但我国台湾地区则没有明确规定对经营租赁租金的计算确定的方法。

借鉴国际会计准则及其他国家和地区的做法，根据租赁准则规定，经营租赁的租金应当在租赁期内的各个期间按直线法确认为收入；如果其他方法更合理，也可以采用其他方法。

（三）初始直接费用

在经营租赁下，出租人也会发生初始直接费用。按照国际会计准则规定，为赚取经营租赁的租金收入而特别发生的初始直接费用，可以递延，并按租金收益的确认比例，在整个租赁期内加以分摊，也可以在费用发生的当期确认为费用。

为了便于实务操作，我国的租赁准则在制定时采用了与国际会计准则及其他国家和地区不同的处理方法。根据《企业会计准则》的规定，出租人在经营租赁下发生的初始直接费用应确认为当期费用。

（四）租赁资产折旧或摊销

由于用作经营租赁的资产其所有权上的主要风险和报酬并没有转移给承租人。因此出租人仍应对其计提折旧。按照国际会计准则的规定，租赁资产的折旧，应采用与出租人对类似资产通常所采用的折旧政策相一致的政策。

根据《企业会计准则》的规定，对于经营租赁资产中的固定资产，应当采用出租人对类似应折旧资产通常所采用的折旧政策计提折旧；对于其他经营租赁资产，应当采用合理的方法进行摊销。

（五）或有租金

对于经营租赁或有租金的处理，国际会计准则和美国会计准则均没有明确规定，只强调应加以披露。英国、我国台湾和香港地区的会计准则也没有相关规定。考虑到或有租金的金额不确定，为了与承租人或有租金的会计处理相一致，在实际发生时确认为当期收入是一种较好的处理方法。因此，我国的租赁准则规定，或有租金应当在实际发生时确认为当期收入。

【例5-4】 承例5-3，假定紫金公司对一项固定资产每月计提折旧费用为5 000元，初始直接费用1万元，则紫金公司应进行以下会计处理。

（1）收到租金时：

借：银行存款　　　　　　　　　　　　　　　　　　　　　　　120 000
　　贷：其他业务收入　　　　　　　　　　　　　　　　　　　　　　　120 000

(2) 发生初始直接费用时：
借：管理费用　　　　　　　　　　　　　　　　　　　　　　　10 000
　　贷：银行存款　　　　　　　　　　　　　　　　　　　　　　　10 000
(3) 每月计提折旧费用时：
借：其他业务成本　　　　　　　　　　　　　　　　　　　　　　5 000
　　贷：累计折旧　　　　　　　　　　　　　　　　　　　　　　　5 000

(六) 经营租赁的披露

从国际会计准则及英、美等国家和地区的准则来看，对经营租赁的披露要求均较为详细。而我国的租赁准则的披露要求较为简单，只要求出租人披露每类出租资产在资产负债表日的账面价值。

第三节　融资租赁的会计处理

一、承租人的会计处理

(一) 租赁资产的资本化及其金额的确定

通过融资租赁，承租人一方面取得了一项资产，另一方面又承担了一笔债务，因此，承租人应将租入的资产确认为资产，同时将未来的付款义务确认为负债。对于融资租赁资产确认的时点，新的《企业会计准则》有了明确的规定，即在租赁期开始日予以确认。这一时点与租赁开始日略有区别。租赁期开始日是指承租人有权执行其使用租赁资产权利的开始日而不是租赁开始日。在融资租赁资产的计量上，承租人在租赁期开始日记录租赁资产和负债的金额应是以下两项金额中的较低者：租赁开始日租赁资产的公允价值和租赁开始日最低租赁付款额的现值。

(二) 最低租赁付款额现值折现率的选择

根据《企业会计准则》的规定，承租人在计算最低租赁付款额的现值时，如果知悉出租人的租赁内含利率，应当采用出租人的租赁内含利率作为折现率；否则，应当采用租赁合同规定的利率作为折现率。如果出租人的租赁内含利率和租赁合同规定的利率均无法知悉，则应当采用同期银行贷款利率作为折现率。其中，租赁内含利率是指在租赁开始日，使最低租赁收款额的现值与未担保余值的现值之和等于租赁资产公允价值和出租人的所有初始直接费用之和的折现率。

【例 5-5】假设 2014 年 1 月 1 日，新欣公司采用融资租赁的方式从紫金设备租赁公司租入生产设备一台，双方签订了一份租赁合同。合同主要条款如下：

(1) 租赁标的物：生产设备。
(2) 起租日：2014 年 1 月 1 日。
(3) 租赁期：2014 年 1 月 1 日—2016 年 12 月 31 日，共 36 个月。
(4) 租金支付：自租赁开始日每隔 6 个月，于月末支付租金 150 000 元。
(5) 该设备的保险、维护等费用均由新欣公司负担，估计每年约 10 000 元。

(6) 该设备在 2014 年 1 月 1 日的公允价值为 700 000 元。

(7) 利率为 7%（6 个月的利率）。

(8) 该设备的估计使用年限为 8 年，已使用 3 年，期满无残值。承租人采用使用年限法计提折旧。

(9) 租赁期届满时，新欣公司享有优惠购买该设备的选择权，购买价为 100 元，估计该日该设备的公允价值为 800 000 元。

(10) 2015 年和 2016 年，新欣公司按该设备所生产的产品的年销售收入的 5% 向紫金设备租赁公司支付经营分享收入。

此外，假设该设备占新欣公司资产总额的 30% 以上，而且不需安装。

新欣公司会计处理如下。

▶ **1. 判断租赁类型**

本例存在优惠购买选择权，优惠购买价为 100 元，远低于行使选择权日租赁资产的公允价值 80 000 元（100÷80 000×100%），此金额大于租赁资产公允价值的 5%，因此，在 2014 年 1 月 1 日就可合理确定新欣公司将会行使这种选择权。另外，最低租赁付款额的现值为 715 116.6 元（计算过程见后），大于租赁资产公允价值的 90%，即 630 000 元（700 000×90%），因此，这项租赁应当被认定为融资租赁。

▶ **2. 计算租赁开始日最低租赁付款额的现值，确定租赁资产入账价值**

最低租赁付款额计算公式为

最低租赁付款额＝各期租金之和＋行使优惠购买选择权支付的金额
　　　　　　　＝150 000×6＋100＝900 100（元）

计算现值的过程如下：

每期租金 150 000 元的年金现值＝150 000×PA（6 期，7%）

优惠购买选择权行使价 100 元的复利现值＝100×PV（6 期，7%）

查复利现值表得知：PA（6 期，7%）＝4.767，PV（6 期，7%）＝0.666。

现值合计＝150 000×4.767＋100×0.666＝715 116.6（元）＞700 000（元）

根据《企业会计准则》规定的孰低原则，租赁资产入账价值应为其公允价值 700 000 元。

▶ **3. 计算未确认融资费用**

未确认融资费用计算公式为

未确认融资费用＝最低租赁付款额－租赁开始日租赁资产的入账价值
　　　　　　　＝900 100－700 000＝200 100（元）

▶ **4. 编制会计分录**

2004 年 1 月 1 日：

借：固定资产——融资租入固定资产　　　　　　　　　　　　　　700 000
　　未确认融资费用　　　　　　　　　　　　　　　　　　　　　　200 100
　　贷：长期应付款——应付融资租赁款　　　　　　　　　　　　　　900 100

（三）初始直接费用

初始直接费用是指在租赁谈判和签订租赁合同过程中所发生的可直接归属于租赁项目的费用，如印花税、佣金、律师费和差旅费等。根据租赁准则的规定，初始直接费用应当计入租入资产价值。

【例 5-6】承例 5-5，假设新欣公司因租赁交易向某律师事务所支付律师费 10 000 元，则新欣公司的有关会计分录为：

借：管理费用　　　　　　　　　　　　　　　　　　　　　　　　　10 000
　　贷：银行存款　　　　　　　　　　　　　　　　　　　　　　　　　　10 000

（四）未确认融资费用的分摊

为了与国际会计准则趋同，新的租赁准则规定，未确认融资费用应当在租赁期内各个期间进行分摊，承租人在分摊未确认融资费用时，应当采用实际利率法。

【例 5-7】承例 5-5，新欣公司对未确认融资费用分摊的处理。

▶ 1. 确定融资费用分摊率

根据下列公式：

租赁开始日最低租赁付款额的现值＝租赁开始日租赁资产入账价值

可以得出：

150 000×PA(6 期，7%)＋100×PV(6 期，7%)＝700 000(元)

可在多次测试的基础上，用插值法计算融资费用分摊率。

当 r＝7%时：150 000×4.767＋100×0.666＝715 116.6(元)＞700 000(元)。

当 r＝8%时：150 000×4.623＋100×0.630＝693 513(元)＜700 000(元)。

因此，7%＜r＜8%，用插值法计算如下：

715 116.6－700 000÷715 116.6＝7%－r÷7%－8%

得到 r＝7.7%，即融资费用分摊率为 7.7%。

▶ 2. 在租赁期内采用实际利率法分摊未确认融资费用

未确认融资费用分摊表（实际利率法）如表 5-1 所示。

表 5-1　未确认融资费用分摊表

2014 年 1 月 1 日　　　　　　　　　　　　　　　　　　　　　　　　　　单位：元

日　期	租　金	确认融资费用	应付本金减少额	应付本金余额
(1)	(2)	(3)＝期初(5)×7.7%	(4)＝(2)－(3)	(5)＝期初(5)－(4)(1)
2014 年 1 月 1 日				700 000
2014 年 6 月 30 日	150 000	53 900	96 100	603 900
2014 年 12 月 31 日	150 000	46 500.30	103 499.70	500 400.30
2015 年 6 月 30 日	150 000	38 530.82	111 469.18	388 931.12
2015 年 12 月 31 日	150 000	29 947.70	120 052.30	268 878.82
2016 年 6 月 30 日	150 000	20 703.67	129 296.33	139 482.49
2016 年 12 月 31 日	150 000	10 517.51	139 582.49	100
2017 年 6 月 30 日	100		100	
合计	900 100	200 100	700 000	

▶ 3. 编制会计分录

2014 年 6 月 30 日，支付第一期租金：

借：长期应付款——应付融资租赁款　　　　　　　　　　　　　　　150 000
　　贷：银行存款　　　　　　　　　　　　　　　　　　　　　　　　　150 000

同时对未确认融资费用分摊：
　　借：管理费用　　　　　　　　　　　　　　　　　　　53 900
　　　　贷：未确认融资费用　　　　　　　　　　　　　　　　　　53 900
2014 年 12 月 31 日，支付第二期租金：
　　借：长期应付款——应付融资租赁款　　　　　　　　　150 000
　　　　贷：银行存款　　　　　　　　　　　　　　　　　　　　150 000
同时对未确认融资费用分摊：
　　借：管理费用　　　　　　　　　　　　　　　　　　　46 500.30
　　　　贷：未确认融资费用　　　　　　　　　　　　　　　　　　46 500.30
2015 年 6 月 30 日，支付第三期租金：
　　借：长期应付款——应付融资租赁款　　　　　　　　　150 000
　　　　贷：银行存款　　　　　　　　　　　　　　　　　　　　150 000
同时对未确认融资费用分摊：
　　借：财务费用　　　　　　　　　　　　　　　　　　　38 530.82
　　　　贷：未确认融资费用　　　　　　　　　　　　　　　　　　38 530.82
2015 年 12 月 31 日，支付第四期租金：
　　借：长期应付款——应付融资租赁款　　　　　　　　　150 000
　　　　贷：银行存款　　　　　　　　　　　　　　　　　　　　150 000
同时对未确认融资费用分摊：
　　借：管理费用　　　　　　　　　　　　　　　　　　　29 947.70
　　　　贷：未确认融资费用　　　　　　　　　　　　　　　　　　29 947.70
2016 年 6 月 30 日，支付第五期租金：
　　借：长期应付款——应付融资租赁款　　　　　　　　　150 000
　　　　贷：银行存款　　　　　　　　　　　　　　　　　　　　150 000
同时对未确认融资费用分摊：
　　借：管理费用　　　　　　　　　　　　　　　　　　　20 703.67
　　　　贷：未确认融资费用　　　　　　　　　　　　　　　　　　20 703.67
2016 年 12 月 31 日，支付第六期租金：
　　借：长期应付款——应付融资租赁款　　　　　　　　　150 000
　　　　贷：银行存款　　　　　　　　　　　　　　　　　　　　150 000
同时对未确认融资费用分摊：
　　借：管理费用　　　　　　　　　　　　　　　　　　　10 517.51
　　　　贷：未确认融资费用　　　　　　　　　　　　　　　　　　10 517.51

（五）或有租金

或有租金是指金额不固定、以时间长短以外的其他因素（如销售百分比、使用量、物价指数等）为依据计算的租金。这类租金由于事先估计其金额，因此，一般都待其实际发生时加以处理。新的租赁准则规定，或有租金应当在实际发生时确认为当期费用。

【例 5-8】承例 5-5，假设 2015 年和 2016 年新欣公司分别实现销售收入 100 000 元和

150 000元，根据租赁合同规定，这两年应支付给紫金设备租赁公司经营分享收入分别为5 000元和7 500元，相应的会计分录如下。

2015年12月31日：
借：管理费用　　　　　　　　　　　　　　　　　　　　　　　　　5 000
　　贷：其他应收款　　　　　　　　　　　　　　　　　　　　　　　　　5 000
2016年12月31日：
借：管理费用　　　　　　　　　　　　　　　　　　　　　　　　　7 500
　　贷：其他应收款　　　　　　　　　　　　　　　　　　　　　　　　　7 500

(六) 融资租赁的披露

新的《企业会计准则》规定，首先要求承租人在资产负债表中，将与融资租赁相关的长期应付款减去未确认融资费用的差额，分别在1年内到期的长期负债和长期负债进行列示。同时，在报表附注中应披露下列信息：

(1) 各类租入资产在资产负债表日的账面原值、累计折旧及账面净值。

(2) 资产负债表日后三个连续会计年度每年将支付的最低租赁付款额，以及以后年度将支付的最低租赁付款总额。

(3) 未确认融资费用的余额，以及分摊未确认融资费用所采用的方法。

二、出租人的会计处理

新的《企业会计准则》规定，对出租人会计处理的规定与国际会计准则也趋于一致。与承租人不同，我国许多租赁公司(出租人)已经采用了现值概念，并体现在其会计核算中。因此，租赁准则的规定对出租人而言并不十分陌生。

由于对初始直接费用认识的变化，新租赁准则对于出租人应收融资租赁款的计量有所变化。新的准则规定，在租赁期开始日，出租人应当将租赁开始日最低租赁收款额与初始直接费用之和作为应收融资租赁款的入账价值，并同时记录未担保余值；将最低租赁收款额、初始直接费用及未担保余值之和与其现值之和的差额记录为未实现融资收益。未实现融资收益应当在租赁期内各个期间进行分配，采用实际利率法确认为各期融资收入。

在出租人融资租赁的会计处理中，有以下几个方面需要注意。

(一) 租赁开始日租赁债权的确认

对出租人而言，由于出租资产而获得了一项对承租人的债权，因此，在租赁开始日对租赁债权的确认十分重要。与承租人相一致，此次的新准则提出的租赁期开始日的概念，明确了租赁债权的确认时点，强调以实际能够执行对租赁资产的权利为准。

出租人在租赁开始日的会计处理通常有两种类型：一种以美国为代表，采用的是总额法，会计处理时需设置"未实现融资收益"账户；另一种是以国际会计准则为代表，采用的是净额法，会计处理时不需要设置"未实现融资收益"科目。鉴于总额法相对净额法更能清晰地反映租赁双方的财务状况，相对而言能提供更多的信息，且符合我国广大会计人员的习惯，因此，我国采用了总额法来核算租赁债权。

我国《企业会计准则》规定，在租赁开始日，出租人应当将租赁开始日最低租赁付款额作为应收融资租赁款的入账价值，并同时记录未担保余值，将最低租赁收款额与未担保余值之和与其现值之和的差额记录为未实现融资收益。

【例 5-9】资料同例 5-5,说明出租人(紫金设备租赁公司)的会计处理。

▶ 1. 判断租赁类型

本例存在优惠购买选择权,优惠购买价为 100 元,远远小于行使选择权日租赁资产的公允价值 80 000 元(100÷80 000×100%),此金额小于租赁资产的公允价值 5%,因此在 2014 年 1 月 1 日就可合理确定新欣公司将会行使这种选择权。另外,最低租赁付款额的现值为 715 116.6 元(计算过程见后),大于租赁资产公允价值的 90%,即 630 000 元(700 000×90%),因此这项租赁应当被认定为融资租赁。

▶ 2. 计算租赁内含利率

根据《企业会计准则》的规定,租赁内含利率是在租赁开始日,使最低租赁收款额的现值与未担保余值之和等于租赁资产公允价值的折现率。其计算公式为

最低租赁收款额=租金×期数+行使优惠购买价格=150 000×6+100=900 100(元)
150 000×PA(6 期,r)+100×PV(6 期,r)=700 000(元)

根据这一等式,可在多次测试的基础上,用插值法计算融资费用分摊率。

当 $r=7\%$ 时:150 000×4.767+100×0.666=715 116.6(元)>700 000(元)。

当 $r=8\%$ 时:150 000×4.623+100×0.630=693 513(元)<700 000(元)。

因此,$7\%<r<8\%$,用插值法计算如下:

715 116.6−700 000÷715 116.6=7%−r÷7%−8%

得到 $r=7.7\%$,即融资费用分摊率为 7.7%。

▶ 3. 计算租赁开始日最低租赁收款额及其现值和未实现融资收益

本例中由于不存在担保余值和未担保余值,因此:

最低租赁收款额=最低租赁付款额=150 000×6+100=900 100(元)

最低租赁收款额的现值=租赁开始日租赁资产公允价值=700 000(元)

未实现融资收益=最低租赁收款额−最低租赁收款额的现值
=900 100−700 000=200 100(元)

▶ 4. 编制会计分录

2015 年 6 月 30 日:

借:长期应收款——应收融资租赁款	900 100
贷:融资租赁资产	700 000
贷:未确认融资费用	200 100

(二)初始直接费用

出租人在洽谈和安排租赁时,通常会发生佣金和律师费等初始直接费用。此次修正的准则改变了对初始直接费用的处理,但并没有采用与国际会计准则相同的做法。

国际会计准则规定,对融资租赁发生的初始直接费用是为形成财务收益而发生的。它既可在收益中直接确认为费用,也可以在租赁期内分摊。在其他国家及地区的准则规定中,对于出租人为融资租赁而发生的初始直接费用,也存在直接计入当期费用和在租赁期内进行分摊两种处理方法。由于新的租赁准则对承租人初始直接费用采用了资本化的处理,为了保持前后一致,对于出租人初始直接费用,则采用了记入"长期应收款——应收融资租赁款"科目、由承租人负担的处理方法。

(三) 未实现融资收益的分配

未实现融资收益的分配是出租人会计核算的核心内容。国际会计准则规定，财务收益的确认，应按反映出租人在融资租赁中的未收回投资净额能在每个期间获得固定的回报率的模式进行。出租人应按系统而合理的基础将财务收益分摊于租赁期。收益的分摊应按反映出租人在融资租赁中的未收回投资净额能在每个期间获得固定的回报率的模式进行。与会计期间相关但不包括履约成本的租赁付款额，应冲减融资租赁投资总额，减少本金及未实现财务收益。强调融资收益分摊的结果，应使租赁投资净额有一个固定的报酬率，这种方法称为实际利率法，其目的是使租赁各期能够获得稳定的投资报酬率。

支持使用实际利率法的理由主要是：融资租赁的实质是出租人向承租人提供贷款以赚取收益。因此，出租人应将应收租赁款视为对其投资以及服务的补偿和回报，作为本金回收和融资收入处理。在租赁期间内，任何时间的未收回贷款金额即为未收回租赁投资净额的金额。相应的，各期的融资收入应按照未收回租赁投资净额和租赁内含利率来确定。这种确认各期融资收入的方法考虑了折现的因素，即考虑了货币时间价值的因素，计算比较准确，分配结果较为合理。

我国的租赁准则也规定采用这一方法，未实现融资收益应当在租赁期内各个期间进行分配，出租人应当采用实际利率法计算当期应确认的融资收入。与原准则相比，我国新的《企业会计准则》不再允许出租人使用直线法、年数总和法等其他简便的方法。

【例 5-10】承例 5-5，说明出租人对未实现融资收益的会计处理。

▶ 1. 计算租赁期内各期应分配的未实现融资收益

租赁期内各期应分配的未实现融资收益如表 5-2 所示。

表 5-2 未实现融资收益分配表（实际利率法）

2014 年 1 月 1 日　　　　　　　　　　　　　　　　　　　　　　　　　　　　　　单位：元

日期 (1)	租金 (2)	确认融资收入 (3)=期初(5)×7.7%	租赁投资净额减少额 (4)=(2)-(3)	租赁投资净额余额 (5)=期初(5)-(4)
2014 年 1 月 1 日				700 000
2014 年 6 月 30 日	150 000	53 900	96 100	603 900
2014 年 12 月 31 日	150 000	46 500.30	103 499.70	500 400.30
2015 年 6 月 30 日	150 000	38 530.82	111 469.18	388 931.12
2015 年 12 月 31 日	150 000	29 947.70	120 052.30	268 878.82
2016 年 6 月 30 日	150 000	20 703.67	129 296.33	139 482.49
2016 年 12 月 31 日	150 000	10 517.51	139 482.49	139 482.49
2017 年 6 月 30 日	100		100	100
合计	900 100	200 100	700 000	

▶ 2. 编制会计分录

2014 年 6 月 30 日，收到第一期租金：

借：银行存款　　　　　　　　　　　　　　　　　　　　　　　　　　　150 000
　　贷：长期应收款——应收融资租赁款　　　　　　　　　　　　　　　　　　150 000

同时分摊未实现融资收益：
借：未确认融资费用 53 900
 贷：主营业务收入 53 900

2014年12月31日，收到第二期租金：
借：银行存款 150 000
 贷：长期应收款——应收融资租赁款 150 000

同时分摊未实现融资收益：
借：未确认融资费用 46 500.30
 贷：主营业务收入 46 500.30

2015年6月30日，收到第三期租金：
借：银行存款 150 000
 贷：长期应收款——应收融资租赁款 150 000

同时分摊未实现融资收益：
借：未确认融资费用 38 530.82
 贷：主营业务收入 38 530.82

2015年12月31日，收到第四期租金：
借：银行存款 150 000
 贷：长期应收款——应收融资租赁款 150 000

同时分摊未实现融资收益：
借：未确认融资费用 29 947.70
 贷：主营业务收入 29 947.70

2016年6月30日，收到第五期租金：
借：银行存款 150 000
 贷：长期应收款——应收融资租赁款 150 000

同时分摊未实现融资收益：
借：未确认融资费用 20 703.67
 贷：主营业务收入 20 703.67

2016年12月31日，收到第六期租金：
借：银行存款 150 000
 贷：长期应收款——应收融资租赁款 150 000

同时分摊未实现融资收益：
借：未确认融资费用 10 517.51
 贷：主营业务收入 10 517.51

（四）租金逾期未能收回情况下的会计处理

对于租金逾期未能收回情况下的处理，国际会计准则以及美国、英国、我国台湾和香港等地区的会计准则均没有做出相关规定。从我国实际情况看，承租人拖欠租金已成为制约租赁业发展的瓶颈之一，严重影响了出租人的资产质量。为了迎接我国加入世界贸易组织后的挑战，进一步改善我国出租人的资产质量，真实地反映其经营成果，有必要根据谨慎性原则，对此做出相应的规定。因此，我国的租赁准则规定，超过一个租金支付期未收到的租金，应当停止确认融资收入；其已确认的融资收入，应予以冲回，转作表外核算。在实际收到租金时，将租金中所含融资收入确认为当期收入。

(五) 应收融资租赁款坏账准备的计提

应收融资租赁款作为一项应收债权也应当计提坏账准备，而不是呆账准备。国际会计准则规定，出租人应披露不可能收回的应收最低租赁付款额的累计准备。

如前所述，在我国，目前承租人拖欠租金现象时有发生，因此，根据谨慎性原则的要求，出租人应对应收融资租赁款计提坏账准备。由于对于逾期租金所含融资收入部分已根据谨慎性原则停止确认，所以出租人只需对应收融资租赁款扣除未实现融资收益的差额部分(在金额上等于本金的部分)计提坏账准备。至于坏账准备的计提比例，应允许出租人根据承租人的有关财务及经营管理情况、租金的逾期期限等因素，分析应收融资租赁款的风险程度和回收的可能性加以合理确定。

我国的租赁准则规定，出租人应当根据承租人的财务及经营管理情况以及租金的逾期期限等因素，分析应收融资租赁款的风险程度和回收的可能性。对应收融资租赁款减去未实现融资收益的差额部分做合理的计提坏账准备，以保持与国际会计准则基本一致。

(六) 未担保余值发生减少的会计处理

由于环境的变化，未担保余值可能发生减少。未担保余值金额的确定对于租赁的分类、租赁内含利率的计算、未实现融资收益的分配都具有直接的、重要的影响。同时，未担保余值的减值与其他资产的减值相比稍有不同，它只是针对融资租赁资产的未担保余值部分发生的减少而不是整个融资租赁资产发生减值。

国际会计准则规定，对于用于计算出租人融资租赁投资总额的估计未担保余值，应定期查核。如果估计未担保余值已经减少，则应修正租赁期内收益的分摊，任何已计提金额的减少应立即确认。

我国租赁准则采用与国际会计准则相同的做法。我国租赁准则规定，出租人应当至少于每年年度终了，对未担保余值进行复核。未担保余值增加的，不做调整。如果有证据表明未担保余值已经减少，则应当重新计算租赁内含利率，并将由此而引起的租赁投资净额的减少确认为当期损失，以后各期根据修正后的租赁投资净额和重新计算的租赁内含利率确定应确认的融资收入。如果已确认损失的未担保余值得以恢复，则应当在原已确认的损失金额内转回，并重新计算租赁内含利率，以后各期根据修正后的租赁投资净额和重新计算的租赁内含利率确定应确认的融资收入。其中，租赁投资净额是指融资租赁中最低租赁收款额与未担保余值之和与未实现融资收益之间的差额。

(七) 或有租金

与承租人相对应，出租人同样存在对或有租金的处理问题。国际会计准则未明确规定出租人应如何对或有租金进行会计处理，但规定必须披露在收益中确认的或有租金。或有租金是否发生、金额为多大，都具有不确定性。针对这一特点，国际会计准则规定，在或有租金实际发生时将之确认为收益是比较合理的，这也与承租人在或有租金发生时确认为费用相呼应。

与国际会计准则相一致，我国租赁准则规定，或有租金应当在实际发生时计入当期损益。

(八)融资租赁的披露

《企业会计准则》规定,出租人在资产负债表中,将应收融资租赁款减去未实现融资收益的差额,作为长期债权列示。

《企业会计准则》还要求,出租人在报表附注中披露以下两个方面的信息:

(1) 资产负债表日后连续三个会计年度每年将收到的最低租赁收款额,以及以后年度将收到的最低租赁收款额总额。

(2) 未实现融资收益的余额,以及分摊未实现融资收益所采用的方法。

这些要求与相关国际会计准则相比,在内容和数量上都显得相对简略些。

第四节 售后租回的会计处理

一、售后租回交易的会计处理原则

售后租回交易是一种特殊的租赁交易,是指卖主(即承租人)将一项自制或外购资产出售后,又将该项资产从买主手中(即出租人)租回。在这种租赁方式下,卖主同时又是承租人,买主同时又是出租人。其动机源于承租人(也即资产出售者)对资金的需要:承租人通过售后租回交易,在不影响其对租赁物的占有、使用和收益的前提下,将固定资产转变为流动资产,增强了资金的流动性,大大提高了资金使用效率,有力地解决了企业流动资金不足这一难题。无论是在融资租赁,还是在经营租赁方式下,都有可能出现这种特殊形式的租赁业务。因此,售后租回交易的会计处理应根据其所涉及的租赁类型而定。

在售后租回交易中,资产的售价和租金是相互关联的,一般以"一揽子"方式进行谈判和计算。因此,资产的出售和租回实质上是同一项交易。在这种情况下,出售资产的损益应分期摊销,而不应确认为出售当期的损益。如果将售后租回损益一次确认为出售当期损益,可能会导致对各期利润的操纵。例如,如果故意大幅度抬高售价,产生巨额销售收入,同时又以高额租金租回。这种租赁安排对于买主(即出租人)来讲不存在不利影响,但是对于卖主(即承租人)来讲,在出售资产时虽然有巨额销售收入,达到了调高利润、粉饰业绩的目的,但这是以未来各期支付高额租金为代价的;反之,如果故意压低售价,则会产生巨额亏损,同时又以低价租金租回。这种租赁安排对于买主(即出租人)来讲也不存在不利影响,但是对于卖主(即承租人)来讲,在出售时将会产生巨额亏损,达到调低当期利润的目的,而以后各期再通过支付较低金额的租金,达到调高各期利润的目的。因此,为了防止承租人利用售后租回交易达到操纵利润的目的,避免承租人各期的损益出现忽高忽低,租赁准则规定,卖主(即承租人)不得将售后租回损益确认为当期损益,而应予以递延分摊计入各期损益。

二、售后租回交易的会计处理

对于售后租回交易而言,承租人和出租人都应当根据租赁准则第四条至第七条的规定,将售后租回交易认定为融资租赁或经营租赁,分别进行会计处理。对于出租人而言,售后租回交易无论是属于融资租赁还是属于经营租赁,其会计处理与其他的租赁交易没有什么区别；对于承租人而言，由于其既是资产的承租人，同时又是资产的出售者，因此，其会计处理与其他的租赁交易存在较大的差别。

（一）售后租回交易形成融资租赁的会计处理

如果售后租回交易形成融资租赁，这种交易实质上转移了出租人所保留的与该项资产的所有权有关的风险和报酬。基于此，售价与资产账面价值之间的差额在会计上均未实现。其实质是：售价高于资产账面价值，实际上是在出售时高估了资产价值；售价低于资产账面价值，实际上是在出售时低估了资产价值。所以，承租人应将售价与资产账面价值之间的差额予以递延，并按该项租赁资产的折旧程度进行分摊，作为折旧费用的调整。

具体账务处理如下：出售资产时，借记"固定资产清理""累计折旧"等科目，贷记"固定资产"科目。收到出售资产的价款时，借记"银行存款"科目，贷记"固定资产清理"科目，按照借贷双方之间的差额，借记或贷记"未实现融资收益"科目。

各期根据该项租赁资产的折旧程度分期摊销未实现售后租回损益时，借记或贷记"未实现融资收益"科目，借记或贷记"制造费用""管理费用""销售费用"等科目。

【例5-11】2016年1月1日，新欣公司将一条电冰箱生产线按1 600 000元的价格销售给紫金公司，同时签订了一份租赁合同，将该电冰箱生产线租回。租赁合同规定：租赁的标的物为一条电冰箱生产线，租赁开始日为2016年1月1日，租赁期为3年。新欣公司自2016年1月1日起每半年于月末支付租金300 000元；电冰箱生产线的保险费、维护费等费用都由新欣公司负担，估计每年约为20 000元；电冰箱生产线在2016年1月1日的账面原值为2 000 000元，累计折旧为600 000元；租赁合同规定的半年利率为7%；电冰箱生产线的估计使用年限为16年，已使用6年，估计期满时无残值。租赁期满时，新欣公司享有优惠购买该电冰箱生产线的选择权，购买价为200元，估计该日租赁资产的公允价值为160 000元。假设新欣公司电冰箱生产线占其资产总额的30%以上，并且不需要安装。假设新欣公司采用直线法计提融资租赁电冰箱生产线的折旧。

分析：本例中存在优惠购买选择权。优惠购买价200元，远远低于行使选择权日租赁资产的公允价值16 0000元（200÷160 000×100%），所以，就可以合理地判断2016年1月1日，新欣公司将会行使这项选择权。此外，最低租赁付款额的现值为1 430 233.20元，占租赁资产原账面价值的比例为102.16%（1 430 233.20÷1 400 000×100%），高于90%。基于以上分析，可以认定这项租赁为融资租赁。

(1) 2016年1月1日，新欣公司的会计处理为：

借：固定资产清理　　　　　　　　　　　　　　　　1 400 000
　　累计折旧　　　　　　　　　　　　　　　　　　　 600 000
　　　贷：固定资产　　　　　　　　　　　　　　　　　　　 2 000 000
借：银行存款　　　　　　　　　　　　　　　　　　1 600 000
　　　贷：固定资产清理　　　　　　　　　　　　　　　　　 1 400 000
　　　　　未实现融资收益　　　　　　　　　　　　　　　　　 200 000
借：固定资产——融资租入固定资产　　　　　　　　1 400 000
　　未确认融资费用　　　　　　　　　　　　　　　　 400 200
　　　贷：长期应付款　　　　　　　　　　　　　　　　　　 1 800 200

最低租赁付款额＝300 000×6＋200＝1 800 200（元）

最低租赁付款额的现值＝300 000×4.767＋200×0.666＝1 430 233.20(元)
未确认融资费用＝1 800 200－1 400 000＝400 200(元)

(2) 2006年12月31日，确认应分摊的未实现融资收益：

借：未实现融资收益　　　　　　　　　　　　　　　　　　　　　40 000
　　贷：制造费用　　　　　　　　　　　　　　　　　　　　　　　　40 000

（二）售后租回交易形成经营租赁的会计处理

如果售后租回交易属于经营租赁，这种交易实质上没有转移出租人所保留的与该项资产的所有权有关的风险和报酬。所以，为了使承租人的各期损益均衡，承租人应将售价与资产账面价值之间的差额予以递延，并在租赁期间按照租金支付比例进行分摊。如果有确凿证据表明，售后租回交易是按照公允价值达成的，售价与资产账面价值之间的差额应当计入当期损益。

具体账务处理如下：出售资产时，借记"固定资产清理""累计折旧"等科目，贷记"固定资产"科目。收到出售资产的价款时，借记"银行存款"科目，贷记"固定资产清理"科目，按照借贷双方之间的差额，借记或贷记"未实现融资收益"科目。

各期根据该项租赁资产的租金支付比例分期摊销未实现售后租回损益时，借记或贷记"未实现融资收益"科目，借记或贷记"制造费用""管理费用""销售费用"等科目。

【例 5-12】 2016年1月1日，新欣公司将一幢办公楼按162 100 000元的价格销售给紫金公司，同时签订了一份租赁合同，将该幢办公楼租回。租赁合同规定：租赁期为4年；办公楼在2016年1月1日的账面原值为200 000 000元，累计折旧为64 400 000元；预计使用年限为30年；租赁开始日新欣公司向紫金公司一次性预付租金3 100 000元；第一年年末，支付租金130 000元；第二年年末，支付租金160 000元；第三年年末，支付租金210 000元。租赁期满后预付租金不退回，紫金公司收回办公楼使用权。假设新欣公司和紫金公司均在年末确认租金费用和租金收入，而且不存在租金逾期支付的情况。

分析：新欣公司向紫金公司租入办公楼不符合融资租赁的任何一条标准，所以，应作为经营租赁处理。此外，确认租金费用时，不能依据各期实际支付现金的金额确定，应采用直线法平均分摊确认各期的租金费用。本例中，新欣公司向紫金公司支付的租金总额为3 600 000元，按直线法计算，每年应分摊的租金为1 200 000元。

(1) 2016年1月1日，新欣公司的会计处理为：

借：固定资产清理　　　　　　　　　　　　　　　　　　　　　135 600 000
　　累计折旧　　　　　　　　　　　　　　　　　　　　　　　　64 400 000
　　贷：固定资产　　　　　　　　　　　　　　　　　　　　　　　200 000 000
借：银行存款　　　　　　　　　　　　　　　　　　　　　　　162 100 000
　　贷：固定资产清理　　　　　　　　　　　　　　　　　　　　　135 600 000
　　　　未实现融资收益　　　　　　　　　　　　　　　　　　　　 26 500 000
借：其他应付款　　　　　　　　　　　　　　　　　　　　　　　3 100 000
　　贷：银行存款　　　　　　　　　　　　　　　　　　　　　　　 3 100 000

(2) 2016年12月31日，确认租金费用：

借：管理费用　　　　　　　　　　　　　　　　　　　　　　　　1 200 000
　　贷：银行存款　　　　　　　　　　　　　　　　　　　　　　　　130 000
　　　　其他应付款　　　　　　　　　　　　　　　　　　　　　　1 070 000

确认应分摊的未实现融资收益：
借：未实现融资收益　　　　　　　　　　　　　　　　　6 625 000
　　贷：管理费用　　　　　　　　　　　　　　　　　　　　　6 625 000

三、售后租回交易的披露

对于售后租回交易应披露的信息，国际会计准则规定，出租人和承租人的披露要求同样适用于售后租回交易。根据有关对重大租赁安排做出的说明规定，应当披露售后租回交易协议或条款内的特殊或非常规的规定。此外，售后租回交易也可能符合《国际会计准则第 8 号——会计政策、会计估计变更和重大差错》的单独披露标准。我国新的租赁准则规定，出租人和承租人应当披露售后租回交易以及售后租回合同中的重要条款。

本章小结

租赁是指在特定的期间内，出租人将资产的使用权让与承租人，以获取租金的协议。租赁按其性质和内容基本上可划分为融资租赁和经营租赁。经营租赁是指与租赁资产所有权相关的全部风险和报酬并不由出租人转移给承租人的租赁方式。相对于融资租赁，经营租赁的会计处理较为简单，而融资租赁会计处理则比较复杂。售后租回交易是一种特殊的租赁交易，售后租回交易的会计处理应根据其所涉及的租赁类型而定。

思 考 题

1. 什么是租赁？租赁分为哪几种？
2. 租赁应如何进行分类？
3. 什么是租赁期？什么是不可撤销租赁？什么是担保余值？
4. 租金由哪些项目构成？
5. 如何计算租金？
6. 什么是最低租赁付款额？
7. 租赁应如何在会计报表中披露？
8. 经营租赁中，出租人和承租人分别如何进行会计处理？
9. 融资租赁中，出租人与承租人分别如何进行会计处理？
10. 承租人对租赁业务如何进行报表披露？

同步测试题

一、单项选择题

1. 甲公司于2013年1月1日采用经营租赁方式从乙公司租入设备一台,租期为5年,设备价值为100万元,租赁合同规定,第一年至第四年的租金分别为10万元、15万元、20万元和25万元;租金于每年年初支付,第五年免租金。2013年甲公司应就此项租赁确认的租金费用为( )万元。
   A. 10   B. 14   C. 17.5   D. 20

2. A企业将一台专用设备以融资租赁方式租赁给B企业,双方签订合同,B企业租赁该设备48个月,每6个月月末支付租金35万元,B企业的子公司担保资产余值为25万元,另外担保公司担保资产余值为10万元,则B企业最低租赁付款额为( )万元。
   A. 280   B. 330   C. 360   D. 370

3. A企业将一台专用设备以融资租赁方式租赁给B企业,双方签订合同,B企业租赁该设备48个月,每6个月月末支付租金35万元,B企业的子公司担保资产余值为25万元,另外担保公司担保资产余值为10万元,则A企业最低租赁收款额为( )万元。
   A. 280   B. 330   C. 360   D. 370

4. A企业将一台大型专用设备以融资租赁方式租赁给B企业,最低租赁付款额为320万元,假定其现值为270万元,租赁资产原账面价值为250万元,则B企业应记入"未确认融资费用"科目的金额为( )万元。
   A. 20   B. 70   C. 50   D. 0

5. A企业将一台公允价值为190万元的机器设备以融资租赁方式租赁给B企业,B企业资产总额为500万元,双方签订合同。B企业租赁该设备48个月,每6个月月末支付租金30万元,B企业的子公司担保资产余值为25万元,另外担保公司担保资产余值为10万元,租赁开始日估计资产余值为40万元,租赁合同规定的半年利率为7%,则B企业该项资产的入账价值为( )万元(已知P/A(8,7%)=5.9713,P/F(8,7%)=0.5820)。
   A. 190   B. 193.69   C. 240   D. 265

6. 融资租入固定资产的入账价值是( )。
   A. 应付租赁款加差旅费
   B. 应付租赁款加租赁款占用的利息
   C. 评估确认价
   D. 租赁开始日租赁资产的原账面价值与最低租赁付款额的现值两者中较低者

7. A租赁公司将一台大型设备以融资租赁方式租赁给B公司,双方签订合同。该设备租赁期4年,租赁期届满B公司归还给A租赁公司设备。每6个月月末支付租金787.5万元,B公司担保的资产余值为450万元,B公司的母公司担保的资产余值为675万元,另外担保公司担保金额为675万元,未担保余值为225万元,则A企业最低租赁付款额为( )万元。
   A. 6300   B. 8325   C. 8100   D. 7425

8. 2016 年 12 月 31 日，甲公司将账面价值为 2 000 万元的一条生产线以 3 000 万元售给租赁公司，并立即以融资租赁方式向该租赁公司租入该生产线，租期 10 年，尚可使用年限 15 年，期满后归还该生产线。租回后固定资产入账价值为 2 500 万元，则 2016 年固定资产折旧费用为（　　）万元。

　　A. 100　　　　　　　　　　　　B. 150
　　C. 250　　　　　　　　　　　　D. 350

9. 最低租赁付款额不包括下列项目中的（　　）。

　　A. 承租人每期应支付的租金
　　B. 承租人或与其有关的第三方担保的资产余值
　　C. 或有租金和履约成本
　　D. 期满时支付的购买价

10. 若租赁资产和负债以租赁资产原账面价值为入账价值，且不存在承租人担保余值，但存在优惠购买选择权，则未确认融资费用的分摊率为（　　）。

　　A. 只能为出租人的租赁内含利率
　　B. 只能为租赁合同规定的利率
　　C. 出租人的租赁内含利率或租赁合同规定的利率
　　D. 重新计算融资费用的分摊率，该分摊率是使最低租赁付款额的现值与租赁资产公允价值相等的折现率

二、多项选择题

1. 最低租赁付款额包括（　　）。

　　A. 租金
　　B. 或有租金
　　C. 履约成本
　　D. 承租人或与其有关的第三方担保的资产余值
　　E. 承租人行使优惠购买选择权时支付的款项

2. 最低租赁收款额包括（　　）。

　　A. 租金和承租人行使优惠购买选择权时支付的款项
　　B. 或有租金
　　C. 承租人或与其有关的第三方担保的资产余值
　　D. 独立第三方担保的资产余值
　　E. 未担保的资产余值

3. 不需重新计算未确认融资费用分摊率的情况包括（　　）。

　　A. 租赁资产和负债以租赁资产的原账面价值为入账价值，且存在承租人担保余值
　　B. 租赁资产和负债以租赁资产的原账面价值为入账价值，且存在优惠购买选择权
　　C. 租赁资产和负债以租赁资产的原账面价值为入账价值，不存在承租人担保余值和优惠购买选择权
　　D. 租赁资产和负债以租赁资产的原账面价值为入账价值，以租赁合同规定的利率为折现率
　　E. 租赁资产和负债以租赁资产的原账面价值为入账价值，以出租人的租赁内含利率为折现率

4. 下列说法中错误的是（　　）。
  A. 最低租赁付款额不包括或有租金和履约成本
  B. 融资租赁是指资产所有权发生转移的租赁
  C. 经营租赁是指融资租赁以外的其他租赁
  D. 若对出租人来说是融资租赁行为，则对承租人来说也一定是融资租赁行为
  E. 由于担保余值的改变等导致会计估计的变更，则应当对租赁进行重新分类

5. 下列关于融资租入的固定资产计提折旧说法正确的是（　　）。
  A. 计提租赁资产折旧时，承租人应采取与自有应折旧资产相一致的折旧政策
  B. 如果承租人或与其有关的第三方对租赁资产余值提供担保，则应提的折旧总额为融资租入固定资产的入账价值减去担保余值加上预计清理费用
  C. 如果承租人或与其有关的第三方未对租赁资产余值提供担保，则应提的折旧总额为融资租入固定资产的入账价值减去担保余值加上预计清理费用
  D. 如果能够合理确定租赁期满时承租人将会取得租赁资产所有权，则应以租赁开始日租赁资产的尚可使用年限作为折旧年限
  E. 无法合理确定租赁期满时承租人将会取得租赁资产所有权，则应以租赁期与租赁资产的尚可使用年限两者中较短者作为折旧年限

6. 租赁业务中，下列应于实际发生时计入当期损益的是（　　）。
  A. 融资租赁中的未确认融资费用
  B. 融资租赁中的承租人发生的初始直接费用
  C. 经营租赁中的承租人发生的初始直接费用
  D. 融资租赁中的或有租金
  E. 经营租赁中的出租人发生的初始直接费用

7. 下列说法正确的有（　　）。
  A. 最低租赁付款额不包括或有租金和履约成本
  B. 一项租赁只有在实质上转移了与资产所有权有关的全部风险和报酬，才能认定为融资租赁
  C. 承租人应当在资产负债表中，将与融资租赁相关的长期应付款减去未确认融资费用的差额，扣除一年内到期的长期负债列示在"长期应付款"项目
  D. 若对于出租人来说是融资租赁行为，则对承租人来说也一定是融资租赁行为
  E. 售后回租交易认定为融资租赁的，售价与资产账面价值之间的差额应当予以递延，并按照该项租赁资产的折旧进度进行分摊，作为折旧费用的调整

8. 融资租赁中出租人的会计处理正确的有（　　）。
  A. 在租赁期开始日，出租人应当将租赁开始日最低租赁收款额与初始直接费用之和作为应收融资租赁款的入账价值，同时记录未担保余值；将最低租赁收款额与初始直接费用及未担保余值之和与其现值之和的差额确认为未实现融资收益
  B. 未实现融资收益应当在租赁期内各个期间进行分配
  C. 出租人应当采用实际利率法计算确定当期的融资收入
  D. 出租人至少应当于每年年度终了，对未担保余值进行复核
  E. 未担保余值增加时，不做调整，有证据表明未担保余值已经减少的，应当重新计

算租赁内含利率,将因此引起的租赁投资净额的减少计入当期损益;以后各期根据修正后的租赁投资净额和重新计算租赁内含利率确认融资收入

9. 履约成本是指在租赁期内为租赁资产支付的各种使用成本,包括( )。
A. 技术咨询和服务费　　　　　B. 人员培训费
C. 维修费、保险费　　　　　　D. 印花税
E. 谈判费

10. 在租赁开始日会计处理时融资租入固定资产的入账价值的错误的做法是( )。
A. 租赁资产的原账面价值与最低租赁付款额的现值两者中的较低者
B. 租赁资产的公允价值与最低租赁付款额的现值两者中的较低者
C. 租赁资产的公允价值与最低租赁付款额的现值两者中的较高者
D. 承租人发生的初始直接费用,应当计入管理费用
E. 承租人发生的初始直接费用,应当计入租入资产价值

三、判断题

1. 如一项租赁实质上转移了与资产所有权有关的全部风险和报酬,则无论采用何种形式都应将该项租赁认定为融资租赁。( )

2. 如承租人有权选择继续租赁一种资产,且在租赁开始日就可以合理确认承租人会行使这种选择权,则不论是否再支付租金,续租期应包括在租赁期内。( )

3. 对融资租入的固定资产,计提租赁资产折旧时,承租人应当采用与自有资产相一致的折旧政策,应当在租赁资产尚可使用年限内计提折旧。( )

4. 实行融资租赁时,由于出租方仍然持有租赁资产的所有权,因此要承担租赁资产的折旧、修理等费用。( )

5. 未担保余值表明未有人担保,而由出租人自身负担的那部分余值,在租赁开始日应作为应收融资租赁款的一部分。( )

6. 如果融资租入资产总额大于承租人资产总额的30%,承租人应按租赁开始日租赁资产的原账面价值与最低租赁付款额的现值两者中的较低者,借记"未确认融资费用"科目。( )

7. 一般情况下,如果租赁资产的效益大部分已在租赁期内为承租人所获得,租赁期满后,即使租赁资产归还给出租人,也应将该项租赁作为融资租赁。( )

8. 如果租赁合同规定有优惠购买选择权,则承租人在租赁期内应支付或可能被要求支付的最低租赁付款额包括整个租赁期内承租人每期支付的租金,租赁期届满时,由承租人或与其有关的第三方担保的资产余值和承租人行使优惠购买选择权而支付的各种款项。( )

9. 为了真实、客观地反映出租人在融资租赁中的债权,出租人应当定期根据承租人的财务和经营情况以及租金的逾期期限等因素,分析应收融资租赁款的风险程度和回收的可能性,对应收融资租赁款合理计提坏账准备。( )

10. 对于承租人而言,售后租回交易与其他租赁业务的会计处理没有区别;而对于出租人而言,售后租回交易与其他租赁业务的会计处理有所不同。( )

四、业务处理题

1. A企业与B公司签订了一份设备租赁合同。合同规定,自2016年12月31日,A

企业租赁 B 公司的某设备 4 年,每年年末支付租金 30 万元,该设备出租时的公允价值和账面价值均为 100 万元,预计租期届满时资产余值为 20 万元,由 A 企业的母公司担保 6 万元,由担保公司担保 10 万元,A 企业在租期届满时将返还该设备,设备用于生产部门。假定没有初始直接费用,合同约定的年利率为 10%,A 企业采用实际利率法分摊租金费用,采用直线法计提折旧,相关折现系数见下表:

P/A(4,10%)=3.169 9,P/F(4,10%)=0.683 0。
P/A(4,12%)=3.037 3,P/F(4,12%)=0.635 5。
P/A(4,14%)=3.917 3,P/F(4,14%)=0.592 1。

要求:根据上述资料,做出 A 企业和 B 公司相应的会计处理。

2. A 公司为建造一条生产线,于 2009 年 12 月 1 日专门从银行借入 1 000 万元,借款期限为 2 年,年利率为 5%,利息每年支付,假定利息资本化金额按年计算,每年按 360 天计算。2010 年 1 月 1 日购入设备,价款及税金共计 702 万元,以银行存款支付,同时支付运杂费 18 万元,设备已投入安装。3 月 1 日以银行存款支付设备安装工程款 120 万元。7 月 1 日,A 公司又从银行借入 400 万元,借款期限为 2 年,年利率为 8%,利息每年支付,当日又用银行存款支付安装公司工程款 320 万元。12 月 1 日,用银行存款支付工程款 340 万元。12 月 31 日,设备全部安装完工,并交付使用。2010 年闲置的专门借款利息收入为 11 万元。该生产线预计使用年限为 6 年,预计净残值为 55 万元,A 公司采用直线法计提折旧。

2012 年 12 月 31 日,A 公司将生产线以 1 400 万元(公允价值)的价格出售给乙公司,价款已收入银行存款账户,同时又签订了一份租赁合同将生产线租回。租赁合同规定起租日为 2012 年 12 月 31 日,租赁期自 2012 年 12 月 31 日—2015 年 12 月 31 日共 3 年,A 公司每年支付租金 500 万元,租赁合同规定的利率为 6%(年利率),生产线于租赁期满时交还乙公司。A 公司租入的生产线采用直线法计提折旧,并按实际利率法分摊未确认融资费用。要求:

(1) 计算确定与建造生产线应当予以资本化的利息金额。
(2) 编制 A 公司在 2010 年 12 月 31 日计提借款利息的有关会计分录。
(3) 计算 A 公司在 2012 年 12 月 31 日生产线的累计折旧和账面价值。
(4) 判断售后租赁类型,并说明理由。
(5) 计算 A 公司出售资产时应确认的未实现售后租回损益及租回时租赁资产的入账价值和未确认融资费用。
(6) 对 A 公司该项售后租回交易做出相关的会计分录(PA(3,6%)=2.673)。

第六章 外币会计

> **学习目标**
> 1. 了解外币业务的基本知识。
> 2. 掌握外币业务会计的基本方法与实务。
> 3. 掌握外币财务报表的折算方法。

第一节 与外币业务相关的概念

一、记账本位币、报告货币与外币

外币业务核算的特点是对以外币计价的经济业务进行会计处理。然而在一定情况下，企业往往可能涉及多种外币计价业务的会计处理。作为一个会计主体，在多种货币计价的经济环境中，它必然要选取一个统一的作为记账本位币会计计量基本尺度的记账货币，并以这种货币来表示和处理各项经济业务。所以说，记账本位币是指企业经营所处的主要经济环境中的货币。

企业一般应选择人民币作为记账本位币。业务收支以人民币以外的货币为主的企业，可以选定其中一种货币作为记账本位币，但是，编报的财务报表应当折算为人民币。报告货币是指企业列报财务报表时所采用的货币。关于记账本位币、报告货币概念的认识应注意以下两点。

▶ **1. 记账本位币的选择与企业报告货币的关系**

在一般情况下，这两种货币应尽可能保持一致，使会计汇总和编制工作更为简便和顺利，但在特殊情况下，这两种货币也可能不一致。因为，对于会计主体而言，记账本位币是可以选择的，而报告货币是不能选择的，不同的国家都有各自的规定。

▶ 2. 企业一定时期所采用的记账本位币可能是一种，也可能同时选用两种，或者选用两种以上的货币

如果将两种货币同时作为记账本位币，则取决于企业经营业务的特点。例如，企业经营的进出口业务大量采用美元结算，而在国内原材料采购和加工费的支付均采用人民币支付，这时，美元和人民币两种货币在企业经营业务中都发挥着重要的作用。为了企业核算的方便，或出于某种会计处理和经营管理的需要，企业可同时选用人民币和美元作为企业的记账本位币，这便出现了多种本位币记账的情况。外币的含义有狭义和广义之分。狭义的外币是指本国货币以外的其他国家或地区的货币，包括各种纸币和铸币等。广义的外币是指所有以外国货币表示的、能够用于国际结算的支付手段。除国外的纸币和铸币外，外币还包括企业所拥有的外国的有价证券，如以外币表示的政府公债、国库券、公司债券、股票和息票等；也包括外币支付凭证，如以外币表示的票据；还包括其他外币资金，如各种外币汇款、进出口贸易的外币性货款等。功能性货币是指企业经营所在地的主要经济环境中的货币。会计学上的外币，通常指记账本位币（或功能性货币）以外的货币。

二、外汇与外币

外汇是指以外币表示的用于国际结算的各种支付手段。国际货币基金组织把外汇解释为："外汇是货币行政当局以银行存款，国库券，长、短期政府债券等形式所有的在国际收支逆差时可以使用的债权。"我国的《外汇管理暂行条例》规定，外汇具体包括：

（1）外国货币包括钞票、铸币等。
（2）外国有价证券包括政府公债、国库券、公司债券、股票、息票等。
（3）外汇收支凭证包括票据、银行存款凭证、邮政储蓄凭证等。
（4）其他外汇资金。

概括地说，外汇是以外币表示的资产，它是可以兑换成其他支付手段的外币资产，或者说是在国外可以得到偿付的外币债权。

三、外汇交易与外币交易

（一）外汇交易

外汇交易是指以外汇为对象的买卖活动。外汇交易按以外汇买卖交割时间的长短划分可分为即期交易和远期交易两种。即期外汇交易是指外汇交易成交后一般在2个营业日内进行交割的外汇交易；远期外汇交易是指在外汇成交后，根据合同规定，在约定的到期日按约定的汇率办理交割的外汇交易。

（二）外币交易

外币交易又称外币业务，是指以记账本位币以外的货币进行款项收付、往来结算以及计价等业务及交易活动。诸如在外汇市场上买进或卖出外汇，取得外币借款，购销以外币结算的商品，提供或接受以外币结算的劳务，以外币结算清偿债权、债务以及以外币对外投资或吸收投资等。外汇交易包括在外币交易之中。

外币交易主要包括：
（1）买入或卖出以外币计价的商品或劳务。
（2）借入或借出外币资金。
（3）其他以外币计价或者结算的交易。

四、汇率及其标价法

汇率也称汇价、兑换率或外汇牌价等，其基本含义是指一个国家的货币兑换成另一个国家货币的比率，或者是指两种不同货币之间的比价。

(一) 直接标价法与间接标价法

汇率按其是以本国货币还是以外国货币作为折算基础来表示本国货币与外国货币的价格比值，可分为直接标价法和间接标价法两种。

▶ 1. 直接标价法

直接标价法也称直接汇率法，是以一定数量的外国货币来表示其可兑换多少本国货币的金额作为计价标准的汇率。例如，1 美元兑换 6.731 9 元人民币（US＄1＝RMB6.731 9）。在直接汇率的标价下，应假设外币的金额固定不变，所折合的本国货币数额是随着外国货币与本国货币之间的币值变动而变动的。当汇率上升时，表示要换得同样数额的外国货币，需要付出更多的本国货币，币值下降；反之，则表示换取同样数额的外国货币，可少付出本国货币，反映了本国货币币值的上升。因此，直接标价法也称应付标价法。目前，世界上大多数国家，包括我国在内采用的是直接标价法。

▶ 2. 间接标价法

间接标价法又称间接汇率法，是以一定数量的本国货币来表示其可兑换多少外国货币的金额作为计价标准的汇率。例如，1 元人民币可兑换 0.148 5 美元（RMB1＝US＄0.148 5）。在间接汇率的标价法下，应假设本国货币的金额固定不变，所折合的外国货币金额随着本国货币与外国货币之间的币值的变动而变动，即汇率的变化是由于外国货币价值变动引起的。当汇率上升时，表示相对同样数额的本国货币能兑换到更多的外国货币，反映本国货币币值上升；反之，则表示相对同样数额的本国货币，只能换到较少的外国货币，反映了本国货币币值的下降。因此，间接标价法也称应收标价法。长期以来，英国是唯一实行间接标价法的国家。1987 年 9 月起，美国为了与国际外汇市场上对美元的标价相一致，而改用了间接标价法。

一般而言，直接标价与间接标价之间成互为倒数的关系。一个国家在一定时期内，其外币的标价方法只能采用其中的一种。

(二) 买入汇率、卖出汇率和中间汇率

买入汇率是指银行向客户买入外币时所采用的折算汇率。

卖出汇率是指银行向客户出让外币时所采用的折算汇率。

中间汇率也称中间比率，是指银行买入汇率和卖出汇率之间的平均汇率，即将银行买入汇率加上卖出汇率之和，再除以 2 所得的平均数。

(三) 即期汇率和即期汇率的近似汇率

即期汇率通常是指中国人民银行公布的当日人民币外汇牌价的中间价。

即期汇率的近似汇率是指按照系统合理的方法确定的、与交易发生日即期汇率近似的汇率，通常采用当期平均汇率或加权平均汇率等。

企业通常采用即期汇率进行折算，汇率变动不大的，也可以采用即期汇率的近似汇率进行折算。

（四）记账汇率和账面汇率

记账汇率又称现行汇率，是指当企业发生涉及外币经济业务进行会计处理时会计记账当时所采用的汇率。这个汇率可以是记账当天的汇率，也可以是当月1日的汇率。

账面汇率又称历史汇率，是指企业以往外币业务发生时所采用的已经登记入账的汇率。

（五）固定汇率和浮动汇率

固定汇率是指某一国家的货币与别国货币的兑换比率是基本固定不变的，也指因某种限制而在一定幅度内进行波动的汇率。

浮动汇率是指某一国货币与别国货币的兑换比率是根据外币市场的供求情况决定汇率的涨落而不受限制的汇率。

第二节 外币业务的会计处理

一、外币业务核算中的两种观点

企业在生产经营活动中会发生各种各样的外币业务事项。在外币业务的核算中，从业务的发生日到货款的结算日一般需要一定的时间，部分货款的结算还可能跨年度。由于交易发生日、报表编制日和货款结算的各个时点上的外汇汇率都可能发生变动，而如何对汇率变动所产生的外币折算损益进行会计处理，就成为外币业务会计核算中亟待解决的问题。对此，国际上存在着两种不同的观点，即一笔业务观点和两笔业务观点，并由此产生了三种不同的会计处理方法。

（一）一笔业务观点

一笔业务观点是将外币业务的发生和以后外币账款的结算视为一笔业务的两个阶段，从交易发生日到账款结算日的期间内，由于有关汇率发生变动而引起的应收或应付外币账户折算金额的变动，可作为这笔业务发生时所取得的资产的成本或销货取得的收入的增减来处理，而不将折算金额的变动确认为汇兑损益。依照一笔业务观点的会计处理方法为：① 在业务发生日，按当日的即期汇率将发生的外币金额折合为记账本位币入账。② 若这项业务从发生日、结算日中跨越财务报表编制日，在编表日应按编表日的汇率对外币应收、应付账款进行调整，同时等额调整有关存货或收入账户。③ 在结算日按结算日的即期汇率折算，确定应收、应付的外币金额等值，抵销应收、应付外币账户的账面金额，其差额同样可用来调整相应存货或收入账户的金额。

【例6-1】新欣公司于2013年12月1日向美国某公司购进一批商品，价值200 000美元，双方约定2014年1月31日付款，该公司以人民币作为记账本位币，采用外币业务发生时的市场汇率核算。假设12月1日、12月31日和1月31日这三个时点上，人民币对美元的汇率分别为 US＄1＝RMB6.279、US＄1＝RMB6.310 和 US＄1＝RMB6.263 4。在一笔业务观点下，该公司应做如下会计处理。

（1）业务发生日：12月1日购进商品时，按当日汇率折合为记账本位币入账，购货成本和应付账款的人民币金额为 1 255 800 元(200 000×6.279)。其会计分录为：

借：库存商品　　　　　　　　　　　　　　　　　　　　1 255 800
　　贷：应付账款　　　　　　　　　　　　　　　　　　　　　　1 255 800

(2) 报表编制日：12 月 31 日由于业务发生日与报表编制日的汇率不同，所发生的折合人民币的差额为 6 200 元[200 000×(6.310－6.279)]，据以调整已入账的购货成本和应付账款。其会计分录为：

借：库存商品　　　　　　　　　　　　　　　　　　　　　　6 200
　　贷：应付账款　　　　　　　　　　　　　　　　　　　　　　　6 200

(3) 业务结算日：1 月 31 日由于报表编制日与业务结算日汇率不同，所发生的折合人民币的差额为－9 320 元[200 000×(6.263 4－6.310)]，应据以调整购货成本和应付账款。其会计分录为：

借：应付账款　　　　　　　　　　　　　　　　　　　　　　9 320
　　贷：库存商品　　　　　　　　　　　　　　　　　　　　　　　9 320

(4) 1 月 31 日，支付结算款 200 000 美元，并按当日汇率将结算款折合为人民币记账。其会计分录为：

借：应付账款　　　　　　　　　　　　　　　　　　　　　1 252 680
　　贷：银行存款　　　　　　　　　　　　　　(200 000×6.263 4)1 252 680

由此可见，在一笔业务观点下，只有以外币偿还货款后，以人民币表示的购货成本才能最终确定。

(二) 两笔业务观点

两笔业务观点把外币购销与外币账款结算视为两笔交易，认为从事进出口业务的外贸企业在进行外币业务活动中，必然存在着汇率风险；如何规避或降低这一风险，属于企业的财务决策，而不属于企业的购销业务决策。因此，所确认的购货成本或销货收入应决定于购销业务发生日的汇率。购销业务发生后，因汇率变动所产生的折算差额，不应涉及购入资产的采购成本或销货的收入，而应以"汇兑损益"科目来反映。按照两笔业务观点的会计处理方法为：① 在业务发生日按当日汇率折算确认入账，并以此将购货成本或销货收入的金额确定下来。② 若账款结算日不跨期、不跨年度而在编表日之前，在此期间内汇率发生变动，则确认为已实现的汇兑损益，计入当期损益。③ 若结算日在下一个会计期间，则在本期期末(编表日)按期末汇率把外币账款调整为记账本位币等值，并把这一调整额确认为未实现的汇兑损益。对于未实现的汇兑损益又有两种不同的会计处理方法：一种是作为已实现的损益，计入当期利润表；另一种是作为未实现的递延损益，计入当期资产负债表，待业务结算时再作为已实现的损益处理。

【例 6-2】承例 6-1，说明两笔业务观点的两种会计处理方法。

第一种方法：

(1) 业务发生日：12 月 1 日按当日汇率将购进商品成本和应付账款折合成人民币记账。其会计分录为：

借：库存商品　　　　　　　　　　　　　　　　　　　　　1 255 80
　　贷：应付账款　　　　　　　　　　　　　　　　　　　　　　1 255 80

(2) 报表编制日：12 月 31 日按当日汇率调整应付账款，并将外币折算差额 6 200 元

[200 000×(6.310－6.279)]，确认为当期汇兑损益。其会计分录为：

借：汇兑损益　　　　　　　　　　　　　　　　　　　　　　　　　6 200
　贷：应付账款　　　　　　　　　　　　　　　　　　　　　　　　　6 200

（3）业务结算日：1月31日按当日汇率调整应付账款，并将外币折算差额－9 320元[200 000×(6.263 4－6.310)]计入当期损益。其会计分录为：

借：应付账款　　　　　　　　　　　　　　　　　　　　　　　　　9 320
　贷：汇兑损益　　　　　　　　　　　　　　　　　　　　　　　　　9 320

（4）1月31日，以200 000美元偿付进口商品款，并按当日汇率将结算款折合为人民币记账。其会计分录为：

借：应付账款　　　　　　　　　　　　　　　　　　　　　　　　1 252 680
　贷：银行存款　　　　　　　　　　　　　　　　　　　　　　　　1 252 680

第二种方法：

（1）业务发生日：12月1日按当日汇率将所购商品成本和应付账款折合成人民币记账。其会计分录为：

借：库存商品　　　　　　　　　　　　　　　　　　　　　　　　1 255 800
　贷：应付账款　　　　　　　　　　　　　　　　　　　（200 000×6.279）1 255 800

（2）报表编制日：12月31日按当日汇率调整应付账款，并将外币折算差额6 200元[200 000×(6.310－6.279)]记入"递延收益"科目。其会计分录为：

借：递延收益　　　　　　　　　　　　　　　　　　　　　　　　　6 200
　贷：应付账款　　　　　　　　　　　　　　　　　　　　　　　　　6 200

（3）业务结算日：1月31日按当日汇率调整应付账款，并将外币折算差额－9320元[200 000×(6.2634－6.310)]记入"递延收益"科目。其会计分录为：

借：应付账款　　　　　　　　　　　　　　　　　　　　　　　　　9 320
　贷：递延收益　　　　　　　　　　　　　　　　　　　　　　　　　9 320

（4）1月31日以200 000美元偿付所购商品货款，并按当日汇率折合成人民币记账，同时将"递延收益"科目的递延收益额转入"汇兑损益"科目。其会计分录为：

借：应付账款　　　　　　　　　　　　　　　　　　　　　　　　1 252 680
　贷：银行存款　　　　　　　　　　　　　　　　　　　　　　　　1 252 680
借：递延收益　　　　　　　　　　　　　　　　　　　　　　　　　3 120
　贷：汇兑损益　　　　　　　　　　　　　　　　　　　　　　　　　3 120

一笔业务观点和两笔业务观点在债权、债务处理上有所不同，但对于不同货币直接兑换业务的处理则是相同的，都要单独计算汇兑损益，并计入当期报表。由于一笔业务观点在汇兑损益的披露上只反映货币直接兑换的报表，故称为部分披露法；而两笔业务观点则将各种类型业务发生的汇兑损益都予以反映，故称为全部披露法。

在外币业务的实际工作中，大多数企业之所以采用两笔业务观点来确认汇兑损益，是因为一笔业务观点有以下三个缺点：①在会计处理上，一笔业务观点需要追溯调整，手续比较麻烦，工作量大，特别当购销业务与其债权、债务的结算发生在不同的会计期间，或跨年度清算时，要对原有的购货成本或销售收入进行追溯调整将更为复杂。有时当购入的原材料已经耗用，企业收入已经结转时，还要追溯调整是十分困难的。②一笔业务观点对原有账户进行潜在调整,而不单独设账反映,使企业不能更加清晰地反映因许多变动而对企业带来一定时期损益的影响,不能集中反映外币业务中外币的风险程度和提供对企业更有用的决策信息。③一笔业务观点把不同货币之间兑换而产生的汇兑损益单独设账反映,而将购销业务的汇兑损益排斥在汇兑损益反映之外,这样,把同是汇率变动而产生的对企业损益的影响分割成两部分,既不利于汇兑损益的计算,使会计处理更加复杂化,也不利于会计信息的全面披露。

根据美国财务会计准则委员会公布的第52号准则和国际会计准则委员会公布的第21号准则有关采用两笔业务观点的建议,我国会计制度要求企业在处理外币业务所产生的汇兑损益时,应采用两笔业务观点。

(三) 外币业务的记账方法及账户设置

1. 外币业务的记账方法

外币业务的记账方法一般有外币统账法和外币分账法两种。

1) 外币统账法

外币统账法是指企业在发生外币业务时,必须及时折算为记账本位币,并以此编制会计报表的方法。我国的会计实务就是以人民币作为记账本位币来记录企业发生的外币业务的,即将发生的多种外币金额都折合为人民币加以反映,外币在账上作为辅助记录。所以,这种方法又称记账本位币法。这种方法主要适用于涉及外币种类少、且外币业务不多的企业。

2) 外币分账法

外币分账法也称原币记账法,是指在外币业务发生时,直接用原币记入账户,而不需要按一定汇率折算为记账本位币的方法。采用这种方法,要求对每种货币都单独设置账户,分别反映其增减变化情况。期末时,应将所有用外币记账的各账户的外币金额按期末市场汇率折算为记账本位币金额,并汇总计算汇兑损益。采用外币分账法,可以减少日常外币金额的折算工作,简化核算手续,并能准确、及时地反映外币资金的增减变化情况。因此,这种方法目前只有银行等少数金融企业采用。

2. 账户的设置

为核算外币业务,企业应当设置相应的外币账户,具体包括外币库存现金、外币银行存款和外币债权债务账户。外币债权、债务账户包括短期借款、长期借款、应付账款、应付票据、应付职工薪酬、预收账款等。当企业发生外币业务,在有关外币账户上登记时,还应将外币金额折合为记账本位币金额。其折算汇率可以按外币业务发生时的市场汇率,也可以按外币业务发生当月1日的市场汇率。在月末终了,企业应按期末市场汇率对各外币账户上的外币期末金额进行折算,折合为记账本位币金额,将折算后的记账本位币金额与折算前的记账本位币金额进行比较,两者之间的差额即属于不同时间汇率变化所产生的差额,应作为本期汇兑损益处理。

(四) 外币业务及其会计处理

1. 外币兑换业务的会计处理

外币兑换业务是指企业从银行及其他金融机构购入外汇或向银行及其他金融机构卖出外汇的业务。企业购入外汇也就是银行及其他金融机构卖出外汇。企业为购买外汇而付出的记账本位币的金额应按外汇卖出价计算。企业卖出外汇也就是银行及其他金融机构购入外汇。企业出售外汇而收入的记账本位币的金额应按外汇买入价计算。企业买入外汇时,一方面应按实际付出的人民币金额记账,另一方面按照买入的外币金额登记相应的外币账户;同时,按照当时的市场汇率将买入的外汇折算为记账本位币,并登记入账,实际付出的外汇记账本位币金额与购入的外币按照当日市场汇率,折合为记账本位币数额之间的差额,则作为当期汇兑损益,记入汇兑损益账户。

【例6-3】2015年12月5日,新欣公司因外汇支付的需要从银行购入30 000美元,假设当日银行美元卖出价为US＄1＝RMB6.37,当日的市场汇率为US＄1＝RMB6.27。对于这项业务,新欣公司在美元存款账户做增加;在记录的同时,按照当日的市场汇率将美元折算为人民币记账;对银行存款人民币账户则按美元的卖出价折合人民币金额做减少记录,两者之间的差额做当期汇兑损益处理。其会计分录为:

借:银行存款——美元户　　　　　　　　　　　　(30 000×6.27)188 100
　　汇兑损益　　　　　　　　　　　　　　　　　　　　　　　　3 000
　贷:银行存款——人民币户　　　　　　　　　　　　(30 000×6.37)191 100

汇兑损益3 000元是指银行卖出外汇与企业买入外汇时的汇率差额,－3 000元[(6.27－6.37)×30 000]是企业买入外汇所发生的兑换损失。

▶ **2. 外币筹资业务的会计处理**

由于经济全球化进程的加速,企业筹集资金的领域不断扩大,企业不仅可以在国内金融市场筹集资金,同时还可以在国际金融市场筹集资金。即企业可以在国外证券市场发行股票债券,或向国际金融机构借款。企业根据募集资金时所签订的合同、协议、招股说明书等文件的规定,要求进行相应的会计处理。

1)向国际金融机构借款

企业向国际金融机构借款,应签订借款合同。在借款合同中,具体列明借款金额、借款期限、借款利率利息支付方式、债务担保等条款。企业借入外币资金时,应按借入外币时的市场汇率折合记账本位币记账,按照借入的金额记入相应的外币账户。

【例6-4】2015年12月31日,新欣公司从国际货币基金组织取得贷款100万美元,3年期,年利率为10%,按复利计算,本利和到期一次支付。该笔贷款已通过中国银行转入新欣公司美元存款账户,假设当日市场汇率为US＄1＝RMB6.29。此时,新欣公司应按照外币借款当日的市场汇率将借入的美元折合成记账本位币,分别登记银行存款账户和长期借款账户。其会计分录为:

借:银行存款——美元户　　　　　　　　　　　　(1 000 000×6.29)6 290 000
　贷:长期借款——美元户　　　　　　　　　　　　　　　　　　6 290 000

3年后,新欣公司偿还向国际货币基金组织借入的长期借款100万美元,利息33.1万美元,本利和共计133.1万美元。假设当日的市场汇率为US＄1＝RMB6.40。其会计分录为:

借:长期借款——美元户　　　　　　　　　　　　　　　　　　8 518 400
　贷:银行存款——美元户　　　　　　　　　　　　　　　　　　8 518 400

2)发行债券

这种筹资方式一般是由我国政府有关部门担保,并委托国际金融机构代理发行。

【例6-5】南华集团承担了国家重点工程建设项目,由于资金不足,经批准决定在美国发行建设债券1亿美元,委托美国一家证券公司代理发行。建设债券为2年期,年利率为5%,单利计算,到期一次还本付息,按面值发行,代理发行费用按募集资金的5‰计算,直接从募集款中扣除。通过中国银行,企业已收到债券款9950万美元,支付代增发行费用50万美元。代理发行费用记入长期待摊费用账户,在债券存续期内分期推销。假设当日市场汇率为US＄1=RMB6.28。其会计分录为:

借:银行存款——美元户　　　　　　　　　(99 500 000×6.28)624 860 000
　　长期待摊费用　　　　　　　　　　　　　(500 000×6.28)3 140 000
　　贷:应付债券——美元户　　　　　　　(100 000 000×6.28)628 000 000

3) 接受外币资本投资

接受外币资本投资分两种情况:一种是接受直接投入货币资金、机器设备、专有技术等;另一种是间接投资,即通过证券市场发行股票而募集资金。对于发行股票所募集的资金,应按收到款项当日的市场汇率折合记账本位币记账。采取直接投资方式的外币资本投资,其实收资本的入账金额。

▶ 3. 外币购销业务

企业从国外或境外购进原材料、商品或引进设备,按照当日的即期汇率将支付的外币或应支付的外币折算为人民币记账,以确定购入原材料等货物及债务的入账价值,同时按照外币的金额登记有关外币账户。

【例6-6】新欣公司外币采用业务发生时的即期汇率折算。本期从境外购入不需要安装的设备1台,设备价款为250 000美元,假设购入该设备时即期汇率为US＄1=RMB6.35,款项尚未支付。新欣公司的会计处理为:

借:固定资产　　　　　　　　　　　　　　(250 000×6.35)1 587 500
　　贷:应付账款——美元户　　　　　　　　　　　　　　　　1 587 500

企业出口商品或产品时,按照当日的即期汇率将外币销售收入折算为人民币记账;对于出口销售取得的款项或发生的债权,按照折算为人民币的金额入账,同时按照外币的金额登记有关外币账户。

【例6-7】新欣公司属于增值税一般纳税人,其外币交易采用业务发生时的即期汇率折算。本期出口销售商品12 000件,销售合同规定的销售价格为每件250美元,假设当日的即期汇率为US＄1=RMB6.25。假设不考虑相关税费,新欣公司的会计处理为:

借:应收账款——美元户　　　　　　　　　　　　　　　　18 750 000
　　贷:主营业务收入　　　　　　　　　　(12 000×250×8.25)18 750 000

▶ 4. 期末汇兑损益的计算及会计处理

汇兑损益是指持有外币货币性资产和负债期间,由于外币汇率变动而引起的价值变动所产生的损益。根据我国现行会计制度的规定,企业在月份、季度、年度终了时,应计算汇兑损益。汇兑损益的计算,实际上就是将期末外币账户的外币金额按照期末市场汇率重新折算为记账本位币金额,然后与该账户原账面记账本位币金额进行比较,其差额则为本期发生的汇兑损益。

【例6-8】新欣公司采用当日市场汇率对外币业务进行折算,并按月计算汇兑损益。2015年11月30日,假设市场汇率为US＄1=RMB6.29,当日有关外币账户的外币金额和记账本位币金额如表6-1所示。

表 6-1　外币账户的外币金额和记账本位币金额　　　2015 年 11 月 30 日

项　目	外币金额（美元）	假 设 汇 率	记账本位币金额（元）
银行存款	40 000	6.29	2 516 00
应收账款	200 000	6.29	1 258 000
应付账款	10 000	6.29	62 900
短期借款	200 000	6.29	1 258 000

假设 2015 年 12 月 31 日的市场汇率为 US＄1＝RMB6.29，有关外币账户的外币金额和记账本位币金额如表 6-2 所示。

表 6-2　外币账户的外币金额和记账本位币金额　　　2015 年 12 月 31 日

项　目	外币金额（美元）	记账本位币金额（元）
银行存款	1 120 000	7 044 800
应收账款	200 000	1 258 000
应付账款	10 000	62 900
短期借款	200 000	1 258 000

新欣公司 2015 年 12 月汇兑损益的计算如下：
银行存款账户汇兑损益＝1 120 000×6.30－7 044 800＝11 200(元)
应收账款账户汇兑损益＝200 000×6.30－1 258 000＝2 000(元)
应付账款账户汇兑损益＝10 000×6.30－62 900＝100(元)
短期借款账户汇兑损益＝200 000×6.30－1 258 000＝2 000(元)
根据上述计算结果，新欣公司 12 月汇兑损益的会计处理为：
借：银行存款——美元户　　　　　　　　　　　　　　　　11 200
　　应收账款——美元户　　　　　　　　　　　　　　　　2 000
　　贷：应付账款——美元户　　　　　　　　　　　　　　100
　　　　短期借款——美元户　　　　　　　　　　　　　　2 000
　　　　汇兑损益　　　　　　　　　　　　　　　　　　　11 100

新欣公司 12 月 31 日计算调整汇兑损益后有关外币账户外币金额和记账本位币金额如表 6-3 所示。

表 6-3　外币账户外币金额和记账本位币金额　　　2015 年 12 月 31 日

项　目	外币金额（美元）	假 设 汇 率	记账本位币金额（元）
银行存款	1 120 000	6.30	7 056 000
应收账款	200 000	6.30	1 260 000
应付账款	10 000	6.30	63 000
短期借款	200 000	6.30	1 260 000

第三节 外币财务报表折算

一、外币财务报表折算的含义

外币财务报表折算是指为特定的目的，将以某种货币编报的报表折算成以另一种特定货币编报的财务报表的过程。

外币报表折算完全不同于外币兑换业务。外币兑换业务是以一种货币兑换成另一种货币，它要发生实际货币的等值交换；而外币财务报表折算并不涉及不同货币的实际交换，它仅仅是将报表各项目的表述语言从一种货币改变为另一种货币单位。因此，外币财务报表折算不应该影响资产和负债的计量基础或收入与费用的确认时间，也不改变计量项目的属性。

二、进行外币财务报表折算的原因

外币财务报表折算的原因是多方面的，具体表现在以下方面。

▶ 1. 编制合并会计报表的需要

为了全面、综合地反映跨国公司整体的财务状况、经营成果及其变动情况，每个会计期末都需将国外子公司的个别会计报表与母公司的会计报表进行合并，以编制整个跨国公司的合并会计报表。在一般情况下，国外子公司的会计报表采用其所在国的货币编报，其编报货币与母公司的编报货币不同，所以应在编制合并会计报表之前，先将以外币表述的子公司会计报表折算为母公司编报货币时所表述的报表，然后再进行合并，以满足跨国公司的投资者及其他会计信息使用者进行决策的需要。

▶ 2. 汇总报告国际分支机构业务的需要

除了跨国公司以外，其他国际分支机构也受总机构的控制，它的业务往往是总机构业务活动的组成部分。其有关经济和财务活动只有通过外币财务报表的折算，总机构才能进行控制，并在会计报表上予以汇总。

▶ 3. 进行国际融资的需要

随着国际投资业务的不断扩大，设在一个国家独立经营的公司，日益需要把会计信息传送到其他国家现在的和潜在的投资者和债权人手中。当某个公司想在国外发行股票、债券，即想在国际金融市场上筹资时，特别需要公布计量单位统一的会计报表，也需要进行外币财务报表的折算。

三、外币财务报表折算所带来的主要会计问题

外币财务报表折算所带来的主要会计问题如下。

▶ 1. 折算汇率的选择

由于汇率不断波动，在财务报表折算时，存在着历史汇率、现行汇率和平均汇率之别。会计报表中不同项目对汇率波动的反应不尽相同，其折算汇率选择不同，折算结果必然不同，因此，选择适当的折算汇率就成为外币财务报表折算的一个重要问题。

▶ 2. 折算损益的处理

由于汇率的波动，使得同样一笔外币资产或负债，在其发生日或国外子公司报表编制日所折合的本国货币等值与报表折算的本国货币等值是不一致的，且不同时期的资产负债表上所反映的资产和负债也存在一定的差额。例如，在外币贬值的情况下，外币资产会面临折算调整的损失；当外币升值时，则会产生折算利得，而负债的情况刚好相反。对这些利得或损失若不加以调整，必然出现折算后的不平衡，这在会计上是不允许的，因此必须进行调整。

四、外币财务报表的折算

（一）折算方法

在对外币财务报表进行折算前，应当调整境外经营的会计期间和会计政策，使之与企业会计期间和会计政策相一致，根据调整后会计期间和会计政策编制相应货币（记账本位币以外的货币）的财务报表，再按照以下方法对外币财务报表进行折算：

（1）资产负债表中的资产和负债项目，采用资产负债表日的即期汇率折算，所有者权益项目除"未分配利润"项目外，其他项目采用发生时的即期汇率折算。

（2）利润表中的收入和费用项目，采用交易发生日的即期汇率或即期汇率的近似汇率折算。

（3）产生的外币财务报表折算差额，在编制合并会计报表时，应在合并资产负债表中所有者权益项目下单独作为"外币报表折算差额"项目列示。

【例 6-9】 母公司 A 公司以人民币为记账本位币，该母公司在境外有一子公司 B 公司，其会计核算是以美元为记账本位币的。根据合同约定，A 公司拥有 B 公司 70% 的股权，并能够对 B 公司的财务和经营政策施加重大影响。A 公司采用当期平均汇率折算 B 公司利润表项目。

B 公司的有关资料如下：假设 2015 年 12 月 31 日的汇率为 US＄1＝RMB7.7，2015 年的平均汇率为 US＄1＝RMB7.6，实收资本、资本公积发生日的即期汇率为 US＄1＝RMB8。2014 年 12 月 31 日的股本为 500 万美元，折算为人民币为 4 000 万元；累计盈余公积为 50 万美元，折算为人民币为 405 万元，累计未分配利润为 120 万美元，折算为人民币为 972 万元，A 公司、B 公司均在年末提取盈余公积，B 公司当年提取的盈余公积为 70 万美元。

报表折算，如表 6-4、表 6-4 和表 6-6 所示。

表 6-4 利 润 表   2015 年

项目	期末数（万美元）	折算汇率	人民币金额（万元）
一、营业收入	2 000	7.6	15 200
减：营业成本	1 500	7.6	11 400
营业税金及附加	40	7.6	304
管理费用	100	7.6	760
财务费用	10	7.6	76
加：投资收益	30	7.6	228

续表

项目	期末数（万美元）	折算汇率	人民币金额（万元）
二、营业利润	380	—	2 888
加：营业外收入	40	7.6	304
减：营业外支出	20	7.6	152
三、利润总额	400	—	3 040
减：所得税费用	120		912
四、净利润	280	—	2 128
五、每股收益			

表 6-5　所有者权益变动表　　　　　　　　　　　　　　　　　　单位：元

项　目	实收资本			盈余公积			未分配利润		外币报表折算差额	股东权益合计
	美元	折算汇率	人民币	美元	折算汇率	人民币	美元	人民币	人民币	人民币
一、本年年初余额	500	8	4 000	50		405	120	972		5 377
二、本年增减变动金额										
（一）净利润							280	2 128		2 128
（二）直接计入所有者权益的利得和损失										−190
其中：外币报表折算差额									−190	−190
（三）利润分配										
提取盈余公积				70	7.6	532	−70	−532		0
三、本年年末余额	500	8	4000	120		937	330	2568	−190	7315

当期计提的盈余公积采用当期平均汇率折算，期初盈余公积为以前年度计提的盈余公积按相应年度平均汇率折算后金额的累计，期初未分配利润记账本位币金额为以前年度未分配利润记账本位币金额的累计。

表 6-6　资产负债表　　　　　　　　　　　　2015 年 12 月 31 日

资　产	期末数（万美元）	折算汇率	折算为人民币金额（万元）	负债和股东权益	期末数（万美元）	折算汇率	折算为人民币金额（万元）
流动资产：				流动负债：			
货币资金	190	7.7	1 463	短期借款	45	7.7	346.50
应收账款	190	7.7	1 463	应付账款	285	7.7	2 194.50
存货	240	7.7	1 848	其他流动负债	110	7.7	847
其他流动资产	200	7.7	1 540	流动负债合计	440	—	3 388
流动资产合计	820	—	6 314	非流动负债：			
非流动资产：				长期借款	140	7.7	1 078

续表

资产	期末数（万美元）	折算汇率	折算为人民币金额（万元）	负债和股东权益	期末数（万美元）	折算汇率	折算为人民币金额（万元）
长期应收款	120	7.7	924	应付债券	80	7.7	616
固定资产	550		4 235	其他非流动负债	90	7.7	693
在建工程	80		616	非流动负债合计	310	—	2 387
无形资产	100		770	负债合计	750		5 775
其他非流动资产	30		231	股东权益：			
非流动资产合计	880	—	6 776	股本	500	8	4 000
				盈余公积	120		937
				未分配利润	330		2 568
				外币报表折算差额			—190
				股东权益合计	950		7 315
资产总计	1 700		13 090	负债和股东权益总计	1 700		13 090

外币报表折算差额为以记账本位币反映的净资产减去以记账本位币反映的实收资本、累计盈余公积及累计未分配利润后的余额。

（二）恶性通货膨胀经济中的境外经营的财务报表折算

恶性通货膨胀经济，通常按照以下特征进行判断：

（1）3年累计通货膨胀率接近或超过100%。

（2）利率、工资和物价与物价指数挂钩。

（3）一般公众不是以当地货币而是以相对稳定的外币为单位作为衡量货币金额的基础。

（4）一般公众倾向于以非货币性资产或相对稳定的外币来保存自己的财富，持有的当地货币立即用于投资以保持购买力。

（5）即使信用期限很短，赊销、赊购交易仍按信用期预计购买力损失的价格成交。

企业在并入处于恶性通货膨胀经济中的境外经营的财务报表时，应当按照下列规定进行折算：

（1）对资产负债表项目运用一般物价指数予以重述，对利润表项目运用一般物价指数变动予以重述。

（2）按照最近资产负债表日的即期汇率进行折算。

（3）境外经营不再处于恶性通货膨胀经济中时，停止重述；按照停止之日的价格水平重述的财务报表进行折算。

企业在处置境外经营企业时，应当将已列入并入后的资产负债表中所有者权益项目下的、与该境外经营相关的外币财务报表折算差额，自所有者权益项目转入处置当期损益；部分处置境外经营企业的，应当按处置的比例计算处置部分的外币财务报表折算差额，转入处置当期损益。

本章小结

外币业务核算的特点是对以外币计价的经济业务进行会计处理。外币业务的记账方法一般有外币统账法和外币分账法两种。汇兑损益是指持有外币货币性资产和负债期间，由于外币汇率变动而引起的价值变动所产生的损益。外币财务报表折算是指为特定的目的，将以某种货币编报的报表折算成以另一种特定货币编报的财务报表的过程。外币报表折算完全不同于外币兑换业务。外币财务报表折算的主要方法有现行汇率法、区分流动与非流动项目法、区分货币与非货币项目法以及时态法四种。

思 考 题

1. 外币的含义是什么？它与外汇在概念上有什么区别？
2. 什么是记账本位币？它有什么作用？
3. 外币业务的主要内容有哪些？
4. 汇兑损益的含义是什么？它是如何产生的？
5. 什么是汇率？汇率有哪几种？汇率有哪几种标价方法？
6. 如何理解外币与外汇？两者有无区别？
7. 怎样选择一个跨国公司的记账本位币？
8. 简述外币交易的折算与兑换的区别与联系。
9. 按照期末汇率对外币账户进行调整计算时，对于已无外币余额的外币账户，是否需要计算其汇兑损益？为什么？
10. 企业外币账户期末时所调整计算的汇兑损益一定会对当期损益产生影响吗？

同步测试题

一、单项选择题

1. 某公司为一般纳税人，本期进口原材料价款共计 1 500 万美元，假设交易发生日的即期汇率为 1 美元＝6.30 元人民币，另用人民币支付进口关税 1 867.50 万元，支付进口增值税 243.41 万元，货款尚未支付，该项存货的入账价值为（   ）万元。
   A. 11 560.91   B. 9 450   C. 11 317.5   D. 2 019.15

2. 外商投资企业采用交易发生日的即期汇率折算外币业务，假设期初即期汇率为 1 美元

=6.23元人民币，本期收到外商作为投资而投入的设备一台，投资各方确认价值为45万美元，假设交易发生日的即期汇率为1美元＝6.25元人民币，另发生运杂费4.5万元人民币，进口关税11.25万元人民币，安装调试费6.75万元人民币，该设备的入账价值为（　　）万元。

A. 392.85　　　　B. 303.45　　　　C. 391　　　　D. 303.75

3. 某企业采用交易发生日的即期汇率折算外币业务，某日将15 000美元售给中国银行，假设当日银行买入价为1美元＝6.20元人民币，假设当日银行卖出价为1美元＝6.22元人民币，交易发生日的即期汇率为1美元＝6.24元人民币，企业出售时应确认的汇兑收益为（　　）元。

A. －150　　　　B. 600　　　　C. －600　　　　D. 300

4. 某企业采用交易发生日的即期汇率折算外币业务，因进口业务向银行购买外汇2 250万美元，假设当日银行买入价为1美元＝6.28元人民币，当日银行卖出价为1美元＝6.22元人民币，交易发生日的即期汇率为1美元＝6.27元人民币，该项外币兑换业务导致企业汇兑损失为（　　）元。

A. 112.5　　　　B. －112.5　　　　C. 22.5　　　　D. －22.5

5. 甲公司为境内上市公司，其记账本位币为人民币。下列境外经营经济业务说法正确的是（　　）。

A. 通过收购，持有香港乙上市公司发行在外有表决权股份的55%，从而拥有该公司的绝对控制权，乙上市公司的记账本位币为港币。因此，乙上市公司是甲公司的境外经营。

B. 甲公司与境外某公司合资在南京兴建A公司，A公司的记账本位币为美元，甲公司参与A公司的财务和经营政策的决策，境外投资公司控制这些政策的制订。因此，A公司不是甲公司的境外经营。

C. 应近期欧洲市场销量增加的需要，甲公司在德国设立一个分支机构乙公司，乙公司所需资金由甲公司提供，其任务是负责从甲公司进货并在欧洲市场销售，然后将销售款直接汇回甲公司。因此，乙公司是甲公司的境外经营。

D. 甲公司与境外丙公司合资在丙公司所在地合建一个工程项目，甲公司提供技术资料，丙公司提供场地、设备及材料，该项目竣工后予以出售，甲公司与丙公司按7∶3分配税后利润，双方合作结束，丙公司的记账本位币为美元，除上述项目外，甲公司与丙公司无任何关系，因此，丙公司是甲公司的境外经营。

6. 我国外币报表折算中产生的外币财务报表折算差额，应反映在（　　）。

A. 资产负债表　　B. 现金流量表　　C. 利润表　　D. 会计报表附注

7. 某中外合资企业注册资本为400万美元，合同约定分两次投入。中外投资者分别于2016年1月1日和3月1日投入300万美元和100万美元。假设2016年1月1日、3月1日、3月31日和12月31日，美元对人民币的汇率分别为1∶6.20、1∶6.25、1∶6.24和1∶6.30。假定企业采用人民币作为记账本位币，外币业务采用业务发生日的汇率折算。企业2016年年末资产负债表中"实收资本"项目的金额为（　　）万元人民币。

A. 328　　　　B. 150　　　　C. 811　　　　D. 332

8. 某公司一境外子公司编报货币为美元，假设期初美元对人民币的汇率为1∶6.40，该企业利润和利润分配表采用平均汇率折算。资产负债表中"盈余公积"项目期初数为50

万美元,折合人民币 320 万元,本期提取盈余公积 70 万美元,则本期该企业资产负债表"盈余公积"的期末数额应该是（　　）万元人民币。

  A. 531   B. 108   C. 99   D. 768

  9. 某股份有限公司对外币业务采用业务发生日的汇率折算,按月计算汇兑损益。2016 年 6 月 20 日从境外购买零配件一批,价款总额 500 万美元,货款尚未支付,假设当日的市场美元对人民币的汇率为 1：6.21,6 月 30 日美元对人民币的汇率为 1：6.22,7 月 31 日美元对人民币的汇率为 1：6.23。该外币债务 7 月发生的汇兑损失为（　　）万元人民币。

  A. −1   B. −0.5   C. 0.5   D. 1

  10. 某外商投资企业收到外商作为实收资本投入的一台固定资产,协议作价 20 万美元,假设当日的市场美元对人民币的汇率为 1：6.25,另发生运杂费 2 万元人民币,进口关税 5 万元人民币,安装调试费 3 万元人民币,该设备的入账价值为（　　）万元人民币。

  A. 124   B. 175   C. 174   D. 135

二、多项选择题

  1. 按照外币折算准则的规定,外币会计报表项目中允许采用系统合理的方法确定的、与交易发生日即期汇率近似的汇率折算的有（　　）。

  A. 主营业务收入   B. 长期待摊费用

  C. 资本公积   D. 所得税费用

  E. 应付税费

  2. 下列正确的表述是（　　）。

  A. 外币货币性资产在汇率上升时产生汇兑收益

  B. 外币货币性资产在汇率上升时产生汇兑损失

  C. 外币货币性负债在汇率下降时产生汇兑收益

  D. 外币货币性负债在汇率下降时产生汇兑损失

  3. 企业发生各类外币业务形成的折算差额,根据不同业务可能记入的科目有（　　）。

  A. 公允价值变动损益   B. 财务费用

  C. 在建工程   D. 资本公积   E. 制造费用

  4. 当期末市场汇率上升时,以下外币账户会产生汇兑收益的是（　　）。

  A. 应付账款   B. 应收账款

  C. 短期借款   D. 银行存款   E. 实收资本

  5. 下列项目中,不应计入当期损益的有（　　）。

  A. 符合资本化条件的外币一般借款汇兑差额

  B. 外币兑换业务的折算差额

  C. 外币会计报表折算差额

  D. 符合资本化条件的外币专门借款汇兑差额

  E. 应付账款期末折算差额

  6. 企业发生外币业务形成的折算差额,可能记入的科目有（　　）。

  A. 资本公积   B. 长期待摊费用

  C. 财务费用   D. 盈余公积   E. 在建工程

7. 下列业务中，可以采用业务发生当期期初的市场汇价作为折合汇率的有（　　）。
   A. 买卖外汇　　　　B. 收回应收账款
   C. 支付应付账款　　D. 取得借款　　　　E. 接受外币资本投入
8. 下列项目中，可以作为汇兑损益计入当期损益的有（　　）。
   A. 外币资本折算差额　　　　　B. 买卖外汇时发生的折算差额
   C. 外币会计报表折算差额　　　D. 期末应收账款科目的折算差额
   E. 期末应付账款科目的折算差额
9. 下列属于非货币性项目的是（　　）。
   A. 交易性金融资产　　　　　　B. 存货
   C. 长期股权投资　　D. 固定资产　　E. 无形资产
10. 我国外币会计报表中，可以采用合并报表决算日的市场汇价折算的项目有（　　）。
   A. 固定资产　　　　　　　　　B. 短期借款
   C. 实收资本　　　　D. 主营业务收入　　E. 管理费用

三、判断题

1. 凡是采用外币计价和结算的经济业务，均为外币业务。（　　）
2. 即使在本期未发生外币业务，仍可能存在外币汇兑损益的核算。（　　）
3. 对于生产经营期间发生的汇兑损益，应作为待摊费用，分期摊销计入各期损益。（　　）
4. 日常外币业务中，无论是借贷业务、购销业务还是外币兑换业务都可能产生汇兑损益。（　　）
5. 外币货币性负债在汇率下降时，会产生汇兑收益。（　　）
6. 在中华人民共和国境外发生的业务都是非外币业务。（　　）
7. 现行汇率与历史汇率是相对的，今天的现行汇率对于未来的资产负债表日就是历史汇率。（　　）
8. 在本期未发生外币交易的情况下，不会产生汇兑损益。（　　）
9. 对于某一企业来说，不论其当期是否发生外币业务，只要当期市场不发生变动，则不会产生汇兑收益。（　　）
10. 对于外币会计报表的折算差额，我国《企业会计准则》规定必须将其全部计入当期损益。（　　）

四、业务处理题

1. 某工业企业采用当日汇率对外币业务进行折算，并按月计算汇兑损益。2015年12月31日，有关外币账户期末余额（假设期末汇率为1美元＝6.4元人民币）：应收账款100万美元、应付账款50万美元、银行存款200万美元。

该企业2016年1月发生如下外币业务：

（1）1月5日，对外销售一批产品，销售收入为100万美元。假设当日的汇率为1美元＝6.3元人民币，款项尚未收回。

（2）1月10日，从银行借入短期外币借款20万美元，假设当日的汇率为1美元＝6.3元人民币。

(3) 1月12日，从国外进口一批原材料，共计50万美元，假设当日的汇率为1美元＝6.3元人民币。

(4) 1月20日，收到1月5日赊销款100万美元，假设当日的汇率为1美元＝6.35元人民币。

(5) 1月31日，偿还1月10日借入的外币借款20万美元，假设当日的汇率为1美元＝6.35元人民币。

要求：

(1) 编制该企业1月外币业务的会计分录。

(2) 计算1月的汇兑损益并做出相应的会计分录。

2. 金欣股份有限公司外币业务采用每月月初市场汇率进行折算，按季核算汇兑损益。2015年3月31日，有关外币账户余额如表6-7所示。

表6-7 有关外币账户余额

项　　目	外币金额（万美元）	折算汇率（假设）	折算人民币金额（万元）
银行存款（借）	300	6.26	2 478
应收账款（借）	250	6.26	2 065
长期借款（贷）	1 000	6.26	8 260
应付利息（贷）	30	6.26	247.8

长期借款1000万美元，系2005年10月借入的专门用于生产线建造的外币借款，借款期限为24个月，年利率为12%，按季计提利息，每年1月和7月支付半年的利息，至2015年3月31日该生产线正处于生产建设过程中，已使用外币借款650万元，预计将于2015年12月完工。

假设2015年第二季度各月月初、月末市场汇率如表6-8所示。

表6-8 假设市场汇率表

日期	市场汇率（假设）
4月1日	1美元＝6.26元人民币
4月30日	1美元＝6.24元人民币
5月1日	1美元＝6.24元人民币
5月31日	1美元＝6.26元人民币
6月1日	1美元＝6.26元人民币
6月30日	1美元＝6.27元人民币

2015年4—6月甲公司发生如下外币业务，假定不考虑增值税等相关税费：

(1) 4月1日，为建造该生产线进口一套设备，并以外币银行存款70万美元支付设备购置价款，设备于当月投入安装。

(2) 4月20日，将80万美元兑换成人民币，假设当日银行美元买入价为市场1美元＝8.20元人民币，卖出价为1美元＝6.30元人民币，兑换所得的人民币已存入银行。

(3) 5月1日，以外币银行存款向外国公司支付生产线安装费用120万美元。

（4）5月15日，收到第一季度发生的应收账款200万美元。

（5）6月30日，计提外币专门借款利息，假定外币专门借款通过"应计利息"科目核算。

要求：

（1）编制2015年第二季度外币业务的会计分录。

（2）计算2015年第二季度计入在建工程和当期损益的汇兑净损益。

（3）编制2015年与期末汇兑损益相关的会计分录。

3. 2015年12月1日，南都公司以赊销方式向美国S公司销售商品一批，商品价款为400 000美元。假设当日汇率为 US＄1＝RMB6.239 1，12月31日汇率为 US＄1＝RMB6.320 1。货款结算日为2016年1月31日，假设结算日汇率为 US＄1＝RMB6.298 0。双方约定货款以美元结算。该公司选择人民币作为记账本位币。

要求：

（1）用一笔业务观点做出有关的会计处理。

（2）用两笔业务观点做出有关的会计处理。

4. 金欣股份有限公司对外币业务采用发生时的汇率折算，按月计算汇兑损益。2015年6月30日，假设市场汇价为1美元＝6.25元人民币，2015年6月30日，有关外币账户余额如表6-9所示。

表6-9　外币账户的期末余额

项　　目	外币金额（美元）	折算汇率（假设）	折合人民币金额（元）
银行存款	100 000	6.25	825 000
应收账款	500 000	6.25	4 125 000
应付账款	200 000	6.25	1 650 000

金欣股份有限公司2015年7月发生以下外币业务：

（1）7月15日，收到某外商投入的外币资本50万美元，假设当日的市场汇价为1美元＝6.24人民币，款项已由银行收存。

（2）7月18日，进口一台机器设备，设备价款40万美元尚未支付，假设当日的汇率为1美元＝6.23人民币。该机器设备正处于安装调试过程中，预计将于2015年11月完工交付使用。

（3）7月20日，对外销售产品一批，价款共计20万美元，假设当日的市场汇价为1美元＝6.22元人民币，款项尚未收到。

（4）7月28日，以外币存款偿还6月发生的应付账款20万美元，假设当日的汇率为1美元＝6.21元人民币。

（5）7月29日，收到6月发生的应收账款30万美元，假设当日的汇率为1美元＝6.20元人民币。

要求：

（1）编制该企业7月外币业务的会计分录。

（2）计算7月的汇兑损益并做出相应的会计分录。

第七章 衍生金融工具会计
Chapter 7

> **学习目标**
> 1. 了解衍生金融工具的概念、分类、风险及特点。
> 2. 理解衍生金融工具对传统财务会计所产生的影响。
> 3. 掌握三种套期保值的会计处理方法。

第一节 金融工具概述

一、金融工具的定义

金融工具是指形成一个企业的金融资产,并形成其他单位的金融负债或权益工具的合同。金融工具包括金融资产、金融负债和权益工具。其中,金融资产通常指企业的现金、银行存款、应收账款、应收票据、贷款、股权投资、债权投资等资产;金融负债通常指企业的应付账款、应付票据、应付债券等负债;从发行方看,权益工具通常指企业发行的普通股、在资本公积项下核算的认股权等。

金融工具可以分为基础金融工具和衍生工具。

(一)基础金融工具

基础金融工具包括企业持有的现金、存放于金融机构的款项、普通股,以及代表在未来期间收取或支付金融资产的合同权利或义务等,如应收账款、应付账款、其他应收款、其他应付款、存出保证金、存入保证金、客户贷款、客户存款、债券投资、应付债券等。

(二)衍生工具

衍生工具是指金融工具确认和计量准则涉及的、具有下列特征的金融工具或其他合同。

(1)其价值随着特定利率、金融价格、商品价格、汇率、价格指数、费率指数、信用等级、信用指数或其他类似变量的变动而变动，变量为非金融变量的，该变量与合同的任一方不存在特定关系。衍生工具的价值变动取决于标的变量的变化。例如，人民币债券远期合同的价值变化主要取决于人民币基准利率的变化。衍生工具的结算金额，也往往通过标的变量作用于衍生工具的名义金额来确定。其中，衍生工具的名义金额既指一定数量的货币金额，也可能指一定数量的股份，还可能指衍生工具合同所约定的一定数量的其他项目。衍生工具的结算金额也可能不需要通过名义金额确定，而是通过合同中明确的结算条款确定。例如，某衍生工具要求合同的一方在6个月期的LIBOR（即伦敦银行同业贷款利率）上涨幅度超过100点时支付另一方1 000万元，就属于此种情形。

(2) 不要求初始净投资，或与对市场情况变动有类似反应的其他类型合同相比，要求很少的初始净投资。

企业从事衍生工具交易不要求初始净投资，通常指签订某项衍生工具合同时不需要支付现金或现金等价物。例如，某企业与其他企业签订一项将来买入债券的远期合同，就不需要在签订合同时支付将来购买债券所需的现金。但是，不要求初始净投资，并不排除企业按照约定的交易惯例或规则相应缴纳一笔保证金，比如企业进行期货交易时要求缴纳一定的保证金。缴纳保证金不构成一项企业解除负债的现时支付，因为保证金仅具有"保证"性质。

在某些情况下，企业在从事衍生工具交易时也会遇到要求进行现金支付的情况，但该现金支付只是相对很少的初始净投资。例如，从市场上购入备兑认股权证，就需要先支付一笔款项。但相对于行权时购入相应股份所需支付的款项，此项支付往往是很小的。又如，企业进行货币互换时，通常需要在合同签订时支付某种货币表示的一笔款项，但同时也会收到以另一种货币表示的"等值"的一笔款项。无论是从该企业的角度，还是从其对手（合同的另一方）看，初始净投资均为零。

(3) 在未来某一日期结算。衍生工具在未来某一日期结算，表明衍生工具结算需要经历一段特定期间。但是，"在某一日期结算"不能理解为只在未来某一日期进行一次结算。例如，利率互换可能涉及合同到期前多个结算日期。另外，有些期权可能由于是价外期权而到期不行权，也是在未来日期结算的一种方式。需要指出的是，如买卖非金融项目的合同，根据企业预期购买、出售或使用要求，以获取或交付非金融项目为目的而签订，那么此类合同不符合衍生工具的定义。但是，当此类合同可以通过现金或其他金融工具净额结算或通过交换金融工具结算，或者合同中的非金融项目可以方便地转换为现金时，这些合同应当比照衍生工具进行会计处理。例如，可以采用现金净额方式进行结算的商品期货合约。

衍生工具包括远期合同、期货合同、互换和期权，以及具有远期合同、期货合同、互换和期权中一种或一种以上特征的工具。

二、金融资产和金融负债的分类

金融资产和金融负债的计量与其分类密切相关。企业应当结合自身业务特点和风险管理要求，将取得的金融资产或承担的金融负债在初始确认时分为以下几类：

(1) 以公允价值计量且其变动计入当期损益的金融资产或金融负债。

(2) 持有至到期投资。

(3) 贷款和应收款项。

(4) 可供出售的金融资产。

(5) 其他金融负债。

上述分类一经确定，不得随意变更。

(一) 以公允价值计量且其变动计入当期损益的金融资产或金融负债

以公允价值计量且其变动计入当期损益的金融资产或金融负债，可以进一步分为交易性金融资产或金融负债和直接指定为以公允价值计量且其变动计入当期损益的金融资产或金融负债。

▶ 1. 交易性金融资产或金融负债

满足以下条件之一的金融资产或金融负债，应当划分为交易性金融资产或金融负债：

(1) 取得该金融资产或承担该金融负债的目的，主要是为了近期内出售、回购或赎回。例如，企业以赚取差价为目的从二级市场购入的股票、债券和基金等。

(2) 属于进行集中管理的可辨认金融工具组合的一部分，且有客观证据表明企业近期采用短期获利方式对该组合进行管理。在这种情况下，即使组合中有某个组成项目持有的期限稍长也不受影响。其中，金融工具组合指金融资产组合或金融负债组合。

(3) 属于衍生工具。但是，被指定为有效套期工具的衍生工具、属于财务担保合同的衍生工具、与在活跃市场中没有报价且其公允价值不能可靠计量的权益工具投资挂钩并须通过交付该权益工具结算的衍生工具除外。其中，财务担保合同是指保证人和债权人约定，当债务人不履行债务时，保证人按照约定履行债务或者承担责任的合同。

▶ 2. 直接指定为以公允价值计量且其变动计入当期损益的金融资产或金融负债

企业不能随意将某项金融资产或金融负债直接指定为以公允价值计量且其变动计入当期损益的金融资产或金融负债。只有在满足金融工具确认和计量准则规定条件的情况下，企业才能将某项金融工具直接指定为以公允价值计量且其变动计入当期损益的金融资产或金融负债。

对于包括一项或多项嵌入衍生工具的混合工具而言，如果不是以下两种情况，那么企业可以将其直接指定为以公允价值计量且其变动计入当期损益的金融资产或金融负债：①嵌入衍生工具对混合工具的现金流量没有重大改变；②类似混合工具所嵌入的衍生工具，明显不应当从相关混合工具中分拆，例如嵌在客户贷款中的、允许借款人以大致等于贷款摊余成本的金额提前还款的权利。

此外，按金融工具确认和计量准则规定应将某嵌入衍生工具从混合工具中分拆，但分拆时或后续的资产负债表日无法对其进行单独计量的，应将整个混合工具直接指定为以公允价值计量且其变动计入当期损益的金融资产或金融负债。对于以上混合工具以外的情形，只有能够产生更相关的会计信息时才能将某项金融资产或金融负债直接指定为以公允价值计量且其变动计入当期损益的金融资产或金融负债。符合以下条件之一，就说明直接指定能够产生更相关的会计信息：

(1) 该指定可以消除或明显减少由于该金融资产或金融负债的计量基础不同而导致的相关利得或损失在确认和计量方面不一致的情况。

设立这项条件，目的在于通过直接指定为以公允价值计量，并将其变动计入当期损益，以消除会计上可能存在的不配比现象。例如，按照金融工具确认和计量准则规定，有些金融资产可以被指定或划分为可供出售类,从而其公允价值变动计入所有者权益,但与之直接相关的金融负债却划分为以摊余成本进行后续计量的金融负债,从而导致"会计不配比"现象。但是,如果将以上金融资产和金融负债均直接指定为以公允价值计量且其变动计入当期损益类,那么这种会计不配比就能够消除。又如,企业运用某项衍生工具对采用摊余成本进行后续计量的金融资产进行套期保值,但由于套期有效性未能达到《企业会计准则第24号——套期保值》规定的要求而无法采用套期会计方法。在这种情况下,如果将被套期项目直接指定为以公允价值计量且其变动计入当期损益类,便可以达到运用套期会计方法相同的效果,更好地反映套期业务的会计信息。

(2) 企业的风险管理或投资策略的正式书面文件已载明,该金融资产组合、该金融负债组合或该金融资产和金融负债组合,以公允价值为基础进行管理、评价并向关键管理人员报告。

此项条件着重企业日常管理和评价业绩的方式,而不是关注金融工具组合中各组成部分的性质。例如,风险投资机构、证券投资基金或类似会计主体,其经营活动的主要目的在于从投资工具的公允价值变动中获取回报,它们在风险管理或投资策略的正式书面文件中对此也有清楚的说明。

(二) 持有至到期投资

持有至到期投资是指到期日固定、回收金额固定或可确定,且企业有明确意图和能力持有至到期的非衍生金融资产。企业不能将下列非衍生金融资产划分为持有至到期投资:①在初始确认时即被指定为以公允价值计量且其变动计入当期损益的非衍生金融资产;②在初始确认时被指定为可供出售的非衍生金融资产;③符合贷款和应收款项的定义的非衍生金融资产。

▶ **1. 到期日固定、回收金额固定或可确定**

到期日固定、回收金额固定或可确定是指相关合同明确了投资者在确定的期间内获得或应收取现金流量(如投资利息和本金等)的金额和时间。因此,从投资者角度看,首先,如果不考虑其他条件,在将某项投资划分为持有至到期投资时可以不考虑可能存在的发行方重大支付风险。其次,由于要求到期日固定,从而权益工具投资不能划分为持有至到期投资。最后,如果符合其他条件,不能由于某债务工具投资是浮动利率投资而不将其划分为持有至到期投资。

▶ **2. 有明确意图持有至到期**

有明确意图持有至到期是指投资者在取得投资时意图就是明确的,除非遇到一些企业所不能控制、预期不会重复发生且难以合理预计的独立事件,否则将持有至到期。

存在下列情况之一的,表明企业没有明确意图将金融资产投资持有至到期:

(1) 持有该金融资产的期限不确定。

(2) 发生市场利率变化、流动性需要变化、替代投资机会及其投资收益率变化、融资来源和条件变化、外汇风险变化等情况时,将出售该金融资产。但是,无法控制、预期不会重复发生且难以合理预计的独立事项引起的金融资产出售除外。

(3) 该金融资产的发行方可以按照明显低于其摊余成本的金额清偿。

(4) 其他表明企业没有明确意图将该金融资产持有至到期的情况。

据此,对于发行方可以赎回的债务工具,如发行方行使赎回权,投资者仍可收回其几乎所有初始净投资(含支付的溢价和交易费用),那么投资者可以将此类投资划分为持有至到期投资。但是,对于投资者有权要求发行方赎回的债务工具投资,投资者不能将其划分为持有至到期投资。

3. 有能力持有至到期

有能力持有至到期是指企业有足够的财力资源,并不受外部因素影响将投资持有至到期。存在下列情况之一的,表明企业没有能力将具有固定期限的金融资产投资持有至到期:

(1) 没有可利用的财务资源持续地为该金融资产投资提供资金支持,以使该金融资产投资持有至到期。

(2) 受法律、行政法规的限制,使企业难以将该金融资产投资持有至到期。

(3) 其他表明企业没有能力将具有固定期限的金融资产投资持有至到期的情况。

企业应当于每个资产负债表日对持有至到期投资的意图和能力进行评价。如发生变化的,应当将其重分类为可供出售金融资产进行处理。

4. 持有至到期投资在到期前处置或重分类的影响

企业将持有至到期投资在到期前处置或重分类,通常表明其违背了将投资持有至到期的最初意图。如果处置或重分类为其他类金融资产的金额相对于该类投资(即企业全部持有至到期投资)在出售或重分类前的总额较大,则企业在处置或重分类后应立即将其剩余的持有至到期投资(即全部持有至到期投资扣除已处置或重分类的部分)重分类为可供出售金融资产。但是,遇到下列情况可以除外:

(1) 出售日或重分类日距离该项投资到期日或赎回日较近(如到期前3个月内),且市场利率变化对该项投资的公允价值没有显著影响。

(2) 根据合同约定的偿付方式,企业已收回几乎所有初始本金。

(3) 出售或重分类是由于企业无法控制、预期不会重复发生且难以合理预计的独立事件所引起。此种情况主要包括:

① 因被投资单位信用状况严重恶化,将持有至到期投资予以出售。

② 因相关税收法规取消了持有至到期投资的利息税前可抵扣政策或显著减少了税前可抵扣金额,将持有至到期投资予以出售。

③ 因发生重大企业合并或重大处置,为保持现行利率风险头寸或维持现行信用风险政策,将持有至到期投资予以出售。

④ 因法律、行政法规对允许投资的范围或特定投资品种的投资限额做出重大调整,将持有至到期投资予以出售。

⑤ 因监管部门要求大幅度提高资产流动性或大幅度提高持有至到期投资在计算资本充足率时的风险权重,将持有至到期投资予以出售。

【例7-1】2015年7月,某银行支付1 990万美元从市场上以折价方式购入一批美国甲汽车金融公司发行的3年期固定利率债券,票面利率4.5%,债券面值为2 000万美元。该银行将其划分为持有至到期投资。2016年年初,美国汽车行业受燃油价格上涨、劳资纠纷、成本攀升等诸多因素影响,盈利能力明显减弱,甲汽车金融公司所发行债券的二级市场价格严重下滑。为此,国际公认的评级公司将甲汽车金融公司的长期信贷等级从BAA2下调至BAA3,认为甲汽车金融公司的清偿能力较弱,风险相对越来越大,对经营环境和其他内外部条件变化较为敏感，容易受到冲击，具有较大的不确定性。综合考虑上述因素，该银行认为，尽管所持有的甲汽车金融公司债券剩余期限较短，但由于其未来业绩表现存有相当大的不确定性，继续持有这些债券会有较大的信用风险。为此，该银行于2016年8月将该持有至到期债券按低于面值的价格出售。

本例中，该银行出售所持有的甲汽车金融公司债券主要是由于其本身无法控制、预期不会重复发生且难以合理预计的独立事件所引起，因而不会影响到对其他持有至到期投资的分类。

【例7-2】甲银行和乙银行是非同一控制下的两家银行。2015年11月，甲银行采用控股合并方式合并了乙银行，甲银行的管理层也因此做了调整。甲银行的新管理层认为，乙银行的某些持有至到期债券时间趋长，合并完成后再将其划分为持有至到期投资不合理。为此，在购买日编制的合并资产负债表内，甲银行决定将这部分持有至到期债券重分类为可供出售金融资产。根据金融工具确认和计量准则，甲银行在合并日资产负债表内进行这种重分类没有违背划分为持有至到期投资所要求的"有明确意图和能力"。

值得说明的是，甲银行如果因为要合并乙银行而将其自身的持有至到期投资的较大部分予以出售，则违背了划分为持有至到期投资所要求的"有明确意图和能力"。

(三) 贷款和应收款项

贷款和应收款项，是指在活跃市场中没有报价、回收金额固定或可确定的非衍生金融资产。企业不应当将下列非衍生金融资产划分为贷款和应收款项：①准备立即出售或在近期出售的非衍生金融资产，这类非衍生金融资产应划分为交易性金融资产；②初始确认时被指定为以公允价值计量且其变动计入当期损益的非衍生金融资产；③初始确认时被指定为可供出售的非衍生金融资产；④因债务人信用恶化以外的原因，使持有方可能难以收回几乎所有初始投资的非衍生金融资产。例如，企业所持有的证券投资基金或类似的基金等。

贷款和应收款项泛指一类金融资产，主要是金融企业发放的贷款和其他债权，但不限于金融企业发放的贷款和其他债权。非金融企业持有的现金和银行存款、销售商品或提供劳务形成的应收款项、企业持有的其他企业的债权(不包括在活跃市场上有报价的债务工具)等，只要符合贷款和应收款项的定义，可以划分为这一类。划分为贷款和应收款项类的金融资产，与划分为持有至到期投资的金融资产，其主要差别在于前者不是在活跃市场上有报价的金融资产，并且不像持有至到期投资那样在出售或重分类方面受到较多限制。如果某债务工具投资在活跃市场上没有报价，则企业不能将其划分为持有至到期投资。

(四) 可供出售金融资产

对于公允价值能够可靠计量的金融资产，企业可以将其直接指定为可供出售金融资产，如在活跃市场上有报价的股票投资、债券投资等。如企业没有将其划分为其他三类金融资产，则应将其作为可供出售金融资产处理。

(五) 其他金融负债

其他金融负债是指没有划分为以公允价值计量且其变动计入当期损益的金融负债。通常，企业购买商品形成的应付账款、长期借款、商业银行吸收的客户存款等，应划分为此类。

企业在金融资产和金融负债初始确认时对其进行分类后，不得随意变更，具体应按如下规定处理：

（1）企业在初始确认时将某金融资产或某金融负债划分为以公允价值计量且其变动计入当期损益的金融资产或金融负债后，不能重分类为其他类金融资产或金融负债；其他类金融资产或金融负债也不能重分类为以公允价值计量且其变动计入当期损益的金融资产或金融负债。

（2）企业因持有意图或能力的改变，使某项投资不再适合划分为持有至到期投资的，应当将其重分类为可供出售金融资产。

企业将持有至到期投资部分出售或重分类的金额较大且出售或重分类不属于企业无法控制、预期不会重复发生且难以合理预计的独立事件所引起，也应当将该类投资的剩余部分重分类为可供出售的金融资产。

如出售或重分类金融资产的金额较大而受到的"两个完整会计年度"内不能将金融资产划分为持有至到期的限制已解除（即已过了两个完整的会计年度），企业可以再将符合规定条件的金融资产划分为持有至到期投资。

第二节 金融工具的确认与计量

一、金融工具的确认

（一）金融工具的初始确认

企业成为金融工具合同的一方时，应当确认一项金融资产或金融负债。根据此确认条件，企业应将金融工具确认和计量准则范围内的衍生工具合同形成的权利或义务，确认为金融资产或金融负债。但是，如果衍生工具涉及金融资产转移，且导致该金融资产转移不符合终止确认条件，则不应将其确认，否则会导致衍生工具形成的义务被重复确认。

企业在成为远期合约的一方时应确认为金融资产或金融负债，并不说明所有的执行中合约均应在签订日确认。在会计实务中，由于购销商品或劳务的确定承诺而将购入的资产或承担的负债，要到协议的一方已履约以至于该履约方有权收到一项资产或有义务支付一项资产时才能予以确认。可见，对一般的商品或劳务合约，仍维持着通常的惯例。然而，金融工具作为一种合约之所以能够被表内确认，关键在于其本身就是一种现实的或潜在的债权与债务关系。一般的合约，以购销合约为例，当合同签订生效时，签约双方必须承担合同所规定的权利和义务，但是在合同履行之前，并不构成双方的债权、债务关系。金融工具合约则不然。金融工具合约一旦生效，在双方当事人之间就自然形成现实的或潜在的债权、债务关系。也正是这个原因，在一般国际会计惯例中也同样将商品期货合约作为表内确认。

对金融工具确认的情形有：

（1）成为合同的一方，并因而拥有了收取现金的法定权利或承担了支付现金的法定义务时，应将无条件的应收款项或应付款项确认为金融资产或金融负债。

（2）由于商品或劳务的确定承诺而将获得的资产或承担的负债，通常要到至少合同一方履约时才予以确认。例如，收到确定订单的企业通常不在承诺时就确认一项资产（发出订单的企业通常不在承诺时就确认一项负债),而是直到所订购的商品或劳务已装运、交付或提供时才予以确认。

(3)远期合同应在承诺日而不是结算日确认为一项资产或一项负债。当企业成为远期合同的一方时,权利和义务的公允价值通常相等,这样该远期合同的公允价值净额为零。如果权利和义务的公允价值净额不是零,则该合同应被确认为一项资产或负债。

(4)期权合同应在持有人或签出人成为该期权合同的一方时确认为一项资产或一项负债。

(5)计划的未来交易,不管其发生的可能性有多大,都不是企业的资产或负债,因为企业尚未成为合同的一方。

(二)金融工具的终止确认

终止确认是指金融资产和金融负债从企业的账户和资产负债表内予以转销。

▶ 1. 金融资产的终止确认

金融资产满足下列条件之一的,应该终止确认:

(1)收取该金融资产现金流量的合同权利终止。

(2)该金融资产已转移,且符合《企业会计准则第 23 号——金融资产转移》规定的终止确认条件。

▶ 2. 金融负债的终止确认

金融负债终止确认是指将金融负债从企业的账户和资产负债表内予以转销。金融工具确认和计量准则规定,金融负债的现时义务全部或部分已经解除的,才能终止确认该金融负债或其一部分。例如,某企业因购买商品于 2015 年 3 月 1 日确认了一项应付账款 1 000 万元。按合同约定,该企业于 2015 年 4 月 1 日支付银行存款 1 000 万元,解除了相关现时义务。为此,该企业应将应付账款 1 000 万元从账上转销。如果按合同约定,货款应于 2015 年 4 月 1 日、4 月 30 日分两次等额清偿。那么,该企业应在 4 月 1 日支付银行存款 500 万元时,终止确认应付账款 500 万元(终止确认该金融负债 50%);在 4 月 30 日支付剩余的货款 500 万元时,终止确认应付账款 500 万元。

金融负债现时义务的解除可能还会涉及其他复杂情形,企业应当注重分析交易的法律形式和经济实质。

(1)企业将用于偿付金融负债的资产转入某个机构或设立信托,偿付债务的义务仍存在的,不应当终止确认该金融负债,也不能终止确认转出的资产。也就是说,虽然企业已为金融负债设立了"偿债基金",但金融负债对应的债权人拥有全额追索的权利时,不能认为企业的相关现时义务已解除,从而不能终止确认金融负债。

(2)企业(债务人)与债权人之间签订协议,以承担新金融负债方式替换现存金融负债,且新金融负债与现存金融负债的合同条款实质上是不同的,应当终止确认现存金融负债,并同时确认新金融负债。其中,实质上不同是指按照新的合同条款,金融负债未来现金流量现值与原金融负债的剩余期间现金流量现值之间的差异至少相差 10%。有关现值的计算均采用原金融负债的实际利率。

(3)企业回购金融负债一部分的,应当在回购日按照继续确认部分和终止确认部分的相对公允价值,将该金融负债整体的账面价值进行分配。分配给终止确认部分的账面价值与支付的对价(包括转出的非现金资产或承担的新金融负债)之间的差额,计入当期损益。

二、金融工具的计量

(一) 金融工具的初始计量

企业初始确认金融资产或金融负债时，应当按照公允价值计量。对于以公允价值计量且其变动计入当期损益的金融资产或金融负债，相关交易费用应当直接计入当期损益；对于其他类别的金融资产或金融负债，相关交易费用应当计入初始确认金额。其中，金融资产或金融负债的公允价值，通常应当以市场交易价格为基础确定。

交易费用是指可直接归属于购买、发行或处置金融工具新增的外部费用。新增的外部费用是指企业不购买、发行或处置金融工具就不会发生的费用。它包括支付给代理机构、咨询公司、券商等的手续费和佣金及其他必要支出，不包括债券溢价、折价、融资费用、内部管理成本及其他与交易不直接相关的费用。交易费用构成实际利息的组成部分。

企业取得金融资产所支付的价款中包含的已宣告但尚未发放的债券利息或现金股利，应当单独确认为应收项目进行处理。

(二) 金融工具的后续计量

▶ 1. 金融工具后续计量原则

金融资产的后续计量与金融资产的分类密切相关。企业应当按照以下原则对金融资产进行后续计量：

（1）以公允价值计量且其变动计入当期损益的金融资产，应当按照公允价值计量，且不扣除将来处置该金融资产时可能发生的交易费用。

（2）持有至到期投资，应当采用实际利率法，按摊余成本计量。

（3）贷款和应收款项，应当采用实际利率法，按摊余成本计量。

（4）可供出售金融资产，应当按公允价值计量，且不扣除将来处置该金融资产时可能发生的交易费用。

▶ 2. 实际利率法及摊余成本

1) 实际利率法

实际利率法是指按照金融资产或金融负债(含一组金融资产或金融负债)的实际利率计算其摊余成本及各期利息收入或利息费用的方法。

实际利率是指将金融资产或金融负债在预期存续期间或适用的更短期间内的未来现金流量，折现为该金融资产或金融负债当前账面价值所使用的利率。

企业在初始确认以摊余成本计量的金融资产或金融负债时，就应当计算确定实际利率，并在相关金融资产或金融负债预期存续期间或适用的更短期间内保持不变。

在确定实际利率时，应当在考虑金融资产或金融负债所有合同条款(包括提前还款权、看涨期权或类似期权等)的基础上预计未来现金流量，但不应考虑未来信用损失。

金融资产或金融负债合同各方之间支付或收取的、属于实际利率组成部分的各项收费、交易费用及溢价或折价等，应当在确定实际利率时予以考虑。金融资产或金融负债的未来现金流量或存续期间无法可靠预计时，应当采用该金融资产或金融负债在整个合同期内的合同现金流量。

2) 摊余成本

金融资产或金融负债的摊余成本，是指该金融资产或金融负债的初始确认金额经下列调整后的结果：

（1）扣除已偿还的本金。

（2）加上或减去采用实际利率法将该初始确认金额与到期日金额之间的差额进行摊销形成的累计摊销额。

（3）扣除已发生的减值损失（仅适用于金融资产）。

需要说明的是，对于要求采用实际利率法摊余成本进行后续计量的金融资产或金融负债，如果有客观证据表明按该金融资产或金融负债的实际利率与名义利率分别计算的各期利息收入或利息费用相差很小，也可以采用名义利率摊余成本进行后续计量。

（三）金融资产相关利得或损失的处理

对于按照公允价值进行后续计量的金融资产，其公允价值变动形成利得或损失，除与套期保值有关外，应当按照下列规定处理：

（1）以公允价值计量且其变动计入当期损益的金融资产公允价值变动形成的利得或损失，应当计入当期损益。

（2）可供出售金融资产公允价值变动形成的利得或损失，除减值损失和外币货币性金融资产形成的汇兑差额外，应当直接计入所有者权益，在该金融资产终止确认时转出，计入当期损益。

（3）可供出售外币货币性金融资产形成的汇兑差额，应当计入当期损益。采用实际利率法计算的可供出售金融资产的利息，应当计入当期损益；可供出售权益工具投资的现金股利，应当在被投资单位宣告发放股利时计入当期损益。

以摊余成本计量的金融资产，在发生减值、摊销或终止确认时产生的利得或损失，应当计入当期损益。但是，该金融资产被指定为被套期项目的，相关的利得或损失的处理适用《企业会计准则第 24 号——套期保值》。

三、金融资产或金融负债的重分类及重分类日的会计处理

（一）持有至到期投资重分类为可供出售金融资产

（1）企业因持有意图或能力发生改变，使某项投资不再适合划分为持有至到期投资的，应当将其重分类为可供出售金融资产，并以公允价值进行后续计量。重分类日，该投资的账面价值与其公允价值之间的差额计入所有者权益，在该可供出售金融资产发生减值或终止确认时转出，计入当期损益。

（2）持有至到期投资部分出售或重分类的金额较大，且不属于例外情况，使该投资的剩余部分不再适合划分为持有至到期投资的，企业应当将该投资的剩余部分重分类为可供出售金融资产，并以公允价值进行后续计量。重分类日，该投资剩余部分的账面价值与其公允价值之间的差额计入所有者权益，在该可供出售金融资产发生减值或终止确认时转出，计入当期损益。

（3）按照金融工具确认和计量准则规定应当以公允价值计量，但以前公允价值不能可靠计量的金融资产，企业应当在其公允价值能够可靠计量时改按公允价值计量，并视该金融资产是否属于以公允价值计量且其变动计入当期损益的金融资产或者可供出售金融资产，将相关账面价值与公允价值之间的差额计入当期损益或者所有者权益，对于可供出售金融资产，应当在其发生减值或终止确认时将上述差额转出，计入当期损益。

（4）因持有意图或能力发生改变，或可供出售金融资产的公允价值不再能够可靠计量（极少出现），或可供出售金融资产持有期限已超过金融工具确认和计量准则所指"两个完整的会计年度"，使金融资产不再适合按照公允价值计量时，企业可以将该金融资产改按成本或摊余成本计量，该成本或摊余成本为重分类日该金融资产的公允价值或账面价值。与该金融资产相关、原直接计入所有者权益的利得或损失，应当按照下列规定处理：

① 该金融资产有固定到期日的，应当在该金融资产的剩余期限内，采用实际利率法摊销，计入当期损益。该金融资产的摊余成本与到期日金额之间的差额，也应当在该金融资产的剩余期限内，采用实际利率法摊销，计入当期损益。该金融资产在随后的会计期间发生减值的，原直接计入所有者权益的相关利得或损失，应当转出计入当期损益。

② 该金融资产没有固定到期日的，仍应保留在所有者权益中，在该金融资产被处置时转出，计入当期损益。该金融资产在随后的会计期间发生减值的，原直接计入所有者权益的相关利得或损失，应当转出计入当期损益。

四、金融资产减值

（一）金融资产减值损失的确认

企业应当在资产负债表日对以公允价值计量且其变动计入当期损益的金融资产以外的金融资产（含单项金融资产或一组金融资产，下同）的账面价值进行检查，有客观证据表明该金融资产发生减值的，应当认减值损失，计提减值准备。

表明金融资产发生减值的客观证据是指金融资产初始确认后实际发生的、对该金融资产的预计未来现金流量有影响，且企业能够对该影响进行可靠计量的事项。金融资产发生减值的客观证据，包括下列各项：

（1）发行方或债务人发生严重财务困难。
（2）债务人违反了合同条款，如偿付利息或本金发生违约或逾期等。
（3）债权人出于经济或法律等方面因素的考虑，对发生财务困难的债务人做出让步。
（4）债务人很可能倒闭或进行其他财务重组。
（5）因发行方发生重大财务困难，该金融资产无法在活跃市场继续交易。
（6）无法辨认一组金融资产中的某项资产的现金流量是否已经减少，但根据公开的数据对其进行总体评价后发现，该组金融资产自初始确认以来的预计未来现金流量确已减少且可计量，如该组金融资产的债务人支付能力逐步恶化，或债务人所在国家或地区失业率提高、担保物在其所在地区的价格明显下降、所处行业不景气等。
（7）债务人经营所处的技术、市场、经济或法律环境等发生重大不利变化，使权益工具投资人可能无法收回投资成本。
（8）权益工具投资的公允价值发生严重或非暂时性下跌。
（9）其他表明金融资产发生减值的客观证据。

企业在根据以上客观证据判断金融资产是否发生减值损失时，应注意以下几点：

（1）这些客观证据相关的事项（也称损失事项）必须影响金融资产的预计未来现金流量，并且能够可靠地计量。对于预期未来事项可能导致的损失，无论其发生的可能性有多大，均不能作为减值损失予以确认。
（2）企业通常难以找到某项单独的证据来认定金融资产是否已发生减值，因而应综合考虑相关证据的总体影响进行判断。

（3）债务方或金融资产发行方信用等级下降本身不足以说明企业所持的金融资产发生了减值。但是，如果企业将债务人或金融资产发行方的信用等级下降因素，与可获得的其他客观的减值依据联系起来，往往能够对金融资产是否已发生减值做出判断。

（4）对于可供出售权益工具投资，其公允价值低于其成本本身不足以说明可供出售权益工具投资已发生减值，而应当综合相关因素判断该投资公允价值下降是否是严重或非暂时性下跌的。同时，企业应当从持有可供出售权益工具投资的整个期间来判断。

如果权益工具投资在活跃市场上没有报价，从而不能根据其公允价值下降的严重程度或持续时间来进行减值判断时，应当综合考虑其他因素（例如，被投资单位经营所处的技术、市场、经济或法律环境等）是否发生重大不利变化。

对于以外币计价的权益工具投资，企业在判断其是否发生减值时，应当将该投资在初始确认时以记账本位币反映的成本与资产负债表日以记账本位币反映的公允价值进行比较，同时考虑其他相关因素。

（二）持有至到期投资、贷款和应收款项减值损失的计量

（1）持有至到期投资、贷款和应收款项以摊余成本后续计量，其发生减值时，应当将该金融资产的账面价值与预计未来现金流量现值之间的差额，确认为减值损失，计入当期损益。

以摊余成本计量的金融资产的预计未来现金流量现值，应当按照该金融资产的原实际利率折现确定，并考虑相关担保物的价值（取得和出售该担保物发生的费用应当予以扣除）。原实际利率是初始确认该金融资产时计算确定的实际利率。对于浮动利率贷款、应收款项或持有至到期投资，在计算未来现金流量现值时可采用合同规定的现行实际利率作为折现率。即使合同条款因债务方或金融资产发行方发生财务困难而重新商定或修改，在确认减值损失时，仍用条款修改前所计算的该金融资产的原实际利率计算。

短期应收款项的预计未来现金流量与其现值相差很小的，在确定相关减值损失时，可不对其预计未来现金流量进行折现。

（2）对于存在大量性质类似且以摊余成本后续计量金融资产的企业，在考虑金融资产减值测试时，应当先将单项金额重大的金融资产区分开来，单独进行减值测试。如有客观证据表明其已发生减值，应当确认减值损失，计入当期损益。对单项金额不重大的金融资产，可以单独进行减值测试，或包括在具有类似信用风险特征的金融资产组合中进行减值测试。实务中，企业可以根据具体情况确定单项金额重大的标准。该项标准一经确定，应当一致运用，不得随意变更。

单独测试未发现减值的金融资产（包括单项金额重大和不重大的金融资产），应当包括在具有类似信用风险特征的金融资产组合中再进行减值测试。已单项确认减值损失的金融资产，不应包括在具有类似信用风险特征的金融资产组合中进行减值测试。

企业对金融资产采用组合方式进行减值测试时，应当注意以下方面：①应当将具有类似信用风险特征的金融资产组合在一起，例如可按资产类型、行业分布、区域分布、担保物类型、逾期状态等进行组合。②对于已包括在某金融资产组合中的某项特定资产，一旦有客观证据表明其发生了减值，则应当将其从该组合中分出来，单独确认减值损失。③在对某金融资产组合的未来现金流量进行预计时，应当以与其具有类似风险特征组合的历史

损失率为基础。如企业缺乏这方面的数据或经验不足,则应当尽量采用具有可比性的其他资产组合的经验数据,并做必要调整。企业应当对预计资产组合未来现金流量的方法和假设进行定期检查,以最大限度地消除损失预计数和实际发生数之间的差异。

(3) 在利率风险公允价值套期中被套期项目(如固定利率债券)的账面价值,可能因为利率变化引起的公允价值变动而发生调整。在对此类金融资产进行减值测试时,应当以调整后的账面价值为基础。如发生了减值,那么在计量减值损失时,应当以调整后的账面价值为基础得出的实际利率来计算确定预计未来现金流量现值。

(4) 对以摊余成本计量的金融资产确认减值损失后,如有客观证据表明该金融资产价值已恢复,且客观上与确认该损失后发生的事项有关(如债务人的信用评级已提高等),原确认的减值损失应当予以转回,计入当期损益。但是,该转回后的账面价值不应当超过假定不计提减值准备情况下该金融资产在转回日的摊余成本。

(5) 外币金融资产发生减值的,预计未来现金流量现值应先按外币确定,在计量减值时再按资产负债表日即期汇率折合为记账本位币反映的金额。该项金额小于相关外币金融资产以记账本位币反映的账面价值的部分,确认为减值损失,计入当期损益。

第三节 金融资产转移

一、金融资产转移概述

金融资产是企业所拥有的比较重要的一类资产。企业在经营管理过程中,有时会为满足资产流动性或风险管理等需要,将所持有的金融资产转移给该资产发行方以外的其他方。《企业会计准则第23号——金融资产转移》(以下简称金融资产转移准则)规范了金融资产转移的确认和计量,有助于更准确地反映因金融资产转移业务对企业带来的财务影响。

金融资产转移是指企业(转出方)将金融资产让与或交付给该金融资产发行方以外的另一方(转入方)。这里所指的金融资产,既包括单项金融资产,也包括一组类似的金融资产;既包括单项金融资产(或一组类似金融资产)的一部分,也包括单项金融资产(或一组类似金融资产)整体。

(一) 金融资产转移的情形

根据金融资产转移准则规定,企业金融资产转移,包括下列两种情形:

▶ 1. 将收取金融资产现金流量的权利转移给另一方

企业将收取金融资产现金流量的权利转移给另一方,意味着该项金融资产发生了全部或部分转移。例如,企业将收取贷款本金和利息的权利整体或部分地转让给另一方,或将收取应收款项的权利转让给另一方等,均属于金融资产转移的情形。

▶ 2. 将金融资产转移给另一方,但保留收取金融资产现金流量的权利,并承担将收取的现金流量支付给最终收款方的义务

同时满足下列条件:

(1) 从该金融资产收到对等的现金流量时,才有义务将其支付给最终收款方。收到对

等的现金流量指企业收到转移的金融资产所产生的现金流量,其金额往往与所转移的金融资产的现金流量相同。在某些情况下,金融资产转移过程中会存在一些机构(如服务机构等)代收现金流量的情况,这些代理机构不属于最终收款方。例如,商业银行将附追索权或不附追索权的信贷资产出售给买方,同时受买方委托代收所售信贷资产本金和利息,并将收到的本金和利息及时交付买方。这里的商业银行不属于最终收款方。

企业发生的短期垫付款项,比如垫付期限不超过 3 个月,如果有权全额收回该垫付款并按照市场上同期银行贷款利率计收利息的,视同满足上述条件。

(2) 根据合同约定,不能出售该金融资产或作为担保物,但可以将其作为对最终收款方支付现金流量的保证,也就是说,企业不能出售该项金融资产,也不能以该项金融资产作为质押品对外进行担保,但是,由于企业负有向最终收款方支付该项金融资产所产生的现金流量的义务,该项金融资产可以作为企业如期支付现金流量的保证。

(3) 有义务将收取的现金流量及时支付给最终收款方。此时,由企业收取所转移金融资产产生的现金流量,并且及时地将其支付给最终收款方。

企业在将收取的现金流量支付给最终收款方之前,无权将该现金流量进行再投资。但是,如果企业是按合同约定分期支付款项,并且合同约定可以在相邻两次支付间隔期内将所收到的现金流量进行投资的,企业可以将收取的现金流量进行再投资。但投资方式仅限于现金或现金等价物投资,不能进行实物资产等投资。同时,企业按照合同约定进行再投资的,应当将投资收益按照合同约定支付给最终收款方。例如,A 银行经批准进行信贷资产证券化,按规定将信贷资产交付 B 信托投资公司(受托人)设立特定目的信托。根据约定,A 银行保留了收取信贷资产本金和利息的权利,同时承担义务,将所收取的信贷资产本金和利息及时支付给特定目的信托,由特定目的信托支付给受益人。

金融资产转移包括金融资产整体转移和部分转移。金融资产部分转移,包括下列三种情形:①将金融资产所产生的现金流量中特定、可辨认部分转移,如企业将一组类似贷款的应收利息转移等。②将金融资产所产生的全部现金流量的一定比例转移,如企业将一组类似贷款的本金和应收利息合计的一定比例转移等。③将金融资产所产生的现金流量中特定、可辨认部分的一定比例转移,如企业将一组类似贷款的应收利息的一定比例转移等。其他金融资产转移的情形适用于金融资产整体转移。

二、金融资产转移的确认

(一) 终止确认

终止确认是指将金融资产或金融负债从企业的账户和资产负债表内予以转销。

▶1. 企业在判断是否已将金融资产所有权上几乎所有的风险和报酬转移给了转入方时,应当比较转移前后该金融资产未来现金流量净现值及时间分布的波动使其面临的风险。

企业面临的风险因金融资产转移发生实质性改变,致使该风险与所转移金融资产未来现金流量净现值的总体变化相比显得不重大的,表明该企业已将金融资产所有权上几乎所有的风险和报酬转移给了转入方。

以下情形表明企业已将金融资产所有权上几乎所有的风险和报酬转移给了转入方:

(1) 不附任何追索权方式出售金融资产。企业出售金融资产时,如果根据与购买方之间的协议约定,在所出售金融资产的现金流量无法收回时,购买方不能够向企业进行追偿，企业也不承担任何未来损失。此时，企业可以认定几乎所有的风险和报酬已经转移，应当终止确认该金融资产。

（2）附回购协议的金融资产出售，回购价为回购时该金融资产的公允价值。通过企业与购买方之间签订的协议，企业按一定价格出售了一项金融资产，同时约定到期日企业再将该金融资产购回，回购价为到期日该金融资产的公允价值。此时，该项金融资产如果发生减值，其减值损失由购买方承担，因此可以认定企业已经转移了该项金融资产所有权上几乎所有的风险和报酬，因此，应当终止确认该金融资产。

（3）附优先回购权的金融资产出售，回购价为回购时该金融资产的公允价值。企业将金融资产出售，同时按照与购买方之间的协议，在购买方随后出售该金融资产时，企业有以公允价值优先回购该金融资产的权利，此时可以认定企业已经转移了该项金融资产所有权上几乎所有的风险和报酬，因此，应当终止确认该金融资产。

（4）附重大价外看跌期权的金融资产出售，持有该看跌期权的买方在期权到期时或到期前行权的可能性极小。企业将金融资产出售，同时按照与购买方之间签订的看跌期权合约，购买方有权将该金融资产返售给该企业，但从合约条款判断，由于该期权为重大价外看跌期权，致使购买方到期时或到期前行权的可能性极小，此时可以认定企业已经转移了该项金融资产所有权上几乎所有的风险和报酬，因此，应当终止确认该金融资产。

（5）附重大价外看涨期权的金融资产出售，持有该看涨期权的卖方在期权到期时或到期前行权的可能性极小。

▶ 2. 企业既没有转移也没有保留金融资产所有权上几乎所有的风险和报酬，但放弃了对该金融资产控制的，应当终止确认该金融资产

既没有转移也没有保留金融资产所有权上几乎所有的风险和报酬时，企业应当判断是否放弃了对该金融资产的控制。如果放弃了对该金融资产控制的，应当终止确认该金融资产。

以下情形通常表明企业放弃了对金融资产的控制：

（1）该金融资产与企业实现了破产隔离，即使企业破产或发生类似情况，企业及其债权人也不能对该金融资产进行追偿。

（2）受让方能够单独将该金融资产整体出售给与其不存在关联方关系的第三方，且没有额外条件对该项出售施以限制。

（3）企业将金融资产出售，同时按照与购买方签订的回购协议，在到期时企业能按到期日的公允价值对该资产进行回购。

企业对金融资产进行终止确认时，如果该金融资产转移使企业新获得了某项权利或承担了某项义务，或保留了某项权利，则企业应当将这些权利或义务分别确认为资产或负债。

（二）未终止确认

与终止确认相对应，未终止确认时，企业不得将金融资产或金融负债从企业的账户和资产负债表内予以转销。

与上述终止确认条件相同，企业在判断是否已将金融资产所有权上几乎所有的风险和报酬转移给了转入方时，应当比较转移前后该金融资产未来现金流量净现值及时间分布的波动使其面临的风险。企业面临的风险没有因金融资产转移发生实质性改变的，表明该企业仍保留了金融资产所有权上几乎所有的风险和报酬。

以下情形通常表明企业保留了金融资产所有权上几乎所有的风险和报酬：

1. 采用附追索权方式出售金融资产

企业出售金融资产时,如果根据与购买方之间的协议约定,在所出售金融资产的现金流量无法收回时,购买方能够向企业进行追偿,企业也应承担任何未来损失,此时,可以认定企业保留了该金融资产所有权上几乎所有的风险和报酬,不应当终止确认该金融资产。

2. 附回购协议的金融资产出售,回购价固定或是原售价加合理回报

在附回购协议的金融资产出售中,转出方将予回购的资产与售出的金融资产相同或实质上相同、回购价格固定或是原售价加上合理回报的,表明企业保留了该金融资产所有权上几乎所有的风险和报酬,因此不应当终止确认所出售的金融资产。例如,采用买断式回购、质押式回购交易卖出债券等。

3. 附总回报互换的金融资产出售,该互换使市场风险又转回给了金融资产出售方

在附总回报互换的金融资产出售中,企业出售了一项金融资产,并与转入方达成一项总回报互换协议,如将该资产产生的利息现金流量支付给企业以换取固定付款额或变动利率付款额,该项资产公允价值的所有增减变动由企业承担,从而使市场风险等又转回企业。在这种情况下,企业保留了该金融资产所有权上几乎所有的风险和报酬,因此不应当终止确认所出售的金融资产。

4. 将信贷资产或应收款项整体出售,同时保证对金融资产购买方可能发生的信用损失等进行全额补偿

企业将信贷资产或应收款项整体出售,符合金融资产转移的条件,但由于企业出售金融资产时做出承诺,当已转移的金融资产将来发生信用损失时,由企业(出售方)进行全额补偿。在这种情况下,企业实质上保留了该金融资产所有权上几乎所有的风险和报酬,因此不应当终止确认所出售的金融资产。

5. 附重大价内看跌期权的金融资产出售,持有该看跌期权的金融资产买方很可能在期权到期时或到期前行权

企业将金融资产出售,同时按照与购买方之间签订的看跌期权合约,购买方有权将该金融资产返售给该企业,但从合约条款判断,由于该看跌期权为重大价内期权,致使购买方到期时或到期前很可能会行权,此时可以认定企业保留了该项金融资产所有权上几乎所有的风险和报酬,因此,不应当终止确认该金融资产。

6. 附重大价内看涨期权的金融资产出售,持有该看涨期权的金融资产卖方很可能在期权到期时或到期前行权

在实务中,企业判断金融资产转移时应注意以下事项:

(1)企业是否转移或保留了金融资产所有权上几乎所有的风险和报酬,通常情况下是比较明显的,不需要进行任何计算。但在某些情况下,企业需要通过计算未来现金流量净现值的变动来判断是否已将金融资产所有权上几乎所有的风险和报酬转移给了转入方。企业在计算金融资产未来现金流量净现值时,应当考虑所有合理、可能的现金流量波动,并采用适当的现行市场利率作为折现率。

(2)企业在判断是否已放弃对所转移金融资产的控制时,应当注重转入方出售该金融资产的实际能力。如果转入方能够单独将转入的金融资产整体出售给与其不存在关联方关系的第三方,且没有额外条件对此项出售加以限制的,表明企业已放弃对该金融资产的控制,而转入方具有出售该金融资产的实际能力。因此,企业应当终止确认该项金融资产。

① 当企业所转移的金融资产具有活跃市场时,表明转入方具有出售该金融资产的实际能力,此时企业如果保留了回购该资产的选择权,转入方易于从活跃市场上购回。如果所转移金融资产不存在活跃市场,即使合同约定转入方有权处置被转移资产,也不表明企业具有出售该金融资产的实际能力。

② 转入方是否能够自由地处置所转移资产,也是判断转入方是否具有出售金融资产的实际能力的一个方面。"能够自由地处置",表明转入方能够单方面行使这种权利,即能够单独出售所转入金融资产且没有额外条件对此销售加以限制,使其独立于其他人的行为;并且,不存在与出售密切相关的约束性条款。如果转入方不能自由地处置所转移资产,则转入方不具有出售该金融资产的实际能力。例如,转入方出售转入的金融资产时附有一项看涨期权,且该看涨期权又是重大价内期权,以至于可以认定转入方将来很可能会行权。在这种情况下,不表明转入方有出售所转入金融资产的实际能力。

③ 企业在判断金融资产转移是否满足金融资产终止确认条件时,应当注重金融资产转移的实质。例如,在采用保留次级权益或提供信用担保等进行信用增级的金融资产转移中,如果转出方保留了所转移金融资产所有权上几乎所有的风险和报酬的,不应当终止确认所转移的金融资产;如果转出方只保留了所转移金融资产所有权上的部分(非几乎所有)风险和报酬且能控制所转移金融资产的,应当按照其继续涉入所转移金融资产的程度确认相关资产和负债。

④ 企业对金融资产转入方具有控制权的,除在该企业财务报表基础上按照金融资产转移准则进行确认和计量外,还应当按照《企业会计准则第33号——合并财务报表》的规定,将转入方纳入合并财务报表范围。

三、金融资产转移的计量

(一) 整体转移满足终止确认条件时的计量

金融资产整体转移满足终止确认条件的,应当将下列两项金额的差额计入当期损益:

(1) 所转移金融资产的账面价值。

(2) 因转移而收到的对价,与原直接计入所有者权益的公允价值变动累计额之和。

具体计算公式如下:

金融资产整体转移形成的损益=因转移收到的对价-所转移金融资产账面价值+(或-)原直接计入所有者权益的公允价值变动累计利得(或损失)

其中:

因转移收到的对价=因转移交易实际收到的价款+新获得金融资产的公允价值+因转移获得服务资产的公允价值-新获得金融负债的公允价值-因转移承担服务负债的公允价值

企业在运用上述金融资产整体转移形成的损益的计算公式时,应当注意以下问题:

(1) 因金融资产转移获得了新金融资产或承担了新金融负债的,应当在转移日按照公允价值确认该金融资产或金融负债,并将该金融资产扣除金融负债后的净额作为上述对价的组成部分。新获得的金融资产或新承担的金融负债,包括看涨期权、看跌期权、担保负债、远期合同、互换等。

(2) 原直接计入所有者权益的公允价值变动累计利得或损失,涉及转移的金融资产为可供出售金融资产的情形,是指所转移金融资产转移前公允价值变动直接计入所有者权益的累计额。

金融资产划分为可供出售金融资产的，按照规定应当按照公允价值进行计量，并且公允价值的变动计入所有者权益。因此，对于可供出售的金融资产整体转移满足终止确认条件的，在计量该项转移形成的损益时，应当将原直接计入所有者权益的公允价值变动累计利得或损失予以转出。

（二）部分转移满足终止确认条件时的计量

▶ 1. 部分转移满足终止确认条件时损益的确定

金融资产部分转移满足终止确认条件的，应当将所转移金融资产整体的账面价值，在终止确认部分和未终止确认部分之间，按照各自的相对公允价值进行分摊，并将下列两项金额的差额计入当期损益：

（1）终止确认部分的账面价值。

（2）终止确认部分的对价，与原直接计入所有者权益的公允价值变动累计额中对应终止确认部分的金额之和。

也就是说，当金融资产部分转移满足终止确认条件时，应当将满足终止确认的部分从企业的账户及资产负债表上予以转销，并确认此项转移损益。为确定应从企业的账户及资产负债表上转销部分的金额，企业应将所转移金融资产整体的账面价值在终止确认部分和未终止确认部分之间按各自相对公允价值进行分摊。在这种情况下，如果企业存在一项因提供服务而确认的服务资产的，应将所保留的服务资产视同未终止确认金融资产的一部分。同时，原直接计入所有者权益的公允价值变动累计额中对应终止确认部分的金额，也是指涉及转移的金融资产为可供出售金融资产的情形，此时，应当按照金融资产终止确认部分和未终止确认部分的相对公允价值，对该累计额进行分摊后确定。

▶ 2. 部分转移时未终止确认部分公允价值的确定

企业在终止确认部分和未终止确认部分之间分配所转移金融资产整体的账面价值时，需要确定未终止确认部分的公允价值，将所转移金融资产整体的账面价值按相对公允价值在终止确认部分和未终止确认部分之间进行分摊。具体而言，未终止确认部分的公允价值应当按照下列规定确定：

（1）企业出售过与未终止确认部分类似的金融资产，或发生过与未终止确认部分有关的其他市场交易的，应当按照最近实际交易价格确定。

（2）未终止确认部分在活跃市场上没有报价，且最近市场上也没有与其有关的实际交易价格的，应当按照所转移金融资产整体的公允价值扣除终止确认部分的对价后的余额确定。该金融资产整体的公允价值确实难以合理确定的，按照金融资产整体的账面价值扣除终止确认部分的对价后的余额确定。

（三）继续涉入条件下金融资产转移的计量

企业既没有转移也没有保留金融资产所有权上几乎所有的风险和报酬，且未放弃对该金融资产控制的，应当根据其继续涉入所转移金融资产的程度确认有关金融资产和金融负债。企业所确认的金融资产和金融负债，应当充分反映企业所保留的权利和承担的义务。

企业通过对所转移金融资产提供财务担保方式继续涉入的，应当在转移日按照金融资产的账面价值和财务担保金额两者之中的较低者，确认继续涉入形成的资产，同时按照财务担保金额和财务担保合同的公允价值之和确认继续涉入形成的负债。这里的财务担保金额,是指企业所收到的对价中,将被要求偿还的最高金额。财务担保合同的公允价值,通常是指提供担保而收取的费用,如果财务担保合同的公允价值不能合理确定,则应当视同其等于零。

在随后的会计期间,财务担保合同的初始确认金额应当在该财务担保合同期间内按照时间比例摊销,并按照《企业会计准则第 14 号——收入》的相关规定,确认为各期收入。因担保形成的资产的账面价值,应当在资产负债表日进行减值测试,当可收回金额低于其账面价值时,应当按其差额计提减值准备。

第四节 套期保值会计

一、套期保值概述

(一)套期保值的概念

套期保值(以下简称套期)是指企业为规避外汇风险、利率风险、商品价格风险、股票价格风险、信用风险等,指定一项或一项以上套期工具,使套期工具的公允价值或现金流量变动,预期抵销被套期项目全部或部分公允价值或现金流量变动。

(二)套期保值的基本特征

套期保值的基本做法是,在现货市场和期货市场对同一种类的商品同时进行数量相等但方向相反的买卖活动,即在买进或卖出实货的同时,在期货市场上卖出或买进同等数量的期货,经过一段时间,当价格变动使现货买卖上出现盈亏时,可由期货交易上的亏盈得到抵销或弥补,从而在"现"与"期"之间、近期和远期之间建立一种对冲机制,以使价格风险降低到最低限度。

(三)套期保值的逻辑原理

套期之所以能够保值,是因为同一种特定商品的期货和现货的主要差异在于交货日前后不一,而它们的价格,则受相同的经济因素和非经济因素影响和制约,而且,期货合约到期必须进行实货交割的规定性,使现货价格与期货价格还具有趋合性,即当期货合约临近到期日时,两者价格的差异接近于零,否则就有套利的机会,因而,在到期日前,期货和现货价格具有高度的相关性。在相关的两个市场中,反向操作,必然有相互冲销的效果。

套期保值就是对现货保值,简单地说,就是在现货市场买进(或卖出)商品的同时,在期货市场卖出(或买进)相同数量的同种商品,这样当市场价格出现波动时,一个市场上的亏损可以通过另一个市场上的盈利来补偿。

【例 7-3】金林粮油公司于 2015 年 1 月在现货市场上预销 10 000 吨大豆,2015 年 5 月交货,预销价是 2 800 元/吨。该公司担心交货时大豆价格会上涨而不能保证实际利润甚至亏损,于是就在期货市场上买进 10 000 吨大豆期货合约,价格是 2 850 元/吨。到 5 月交货时,大豆价格果然上涨到 3 200 元/吨,每吨比预销价高 400 元,势必引起亏损。由于现货和期货受同一经济因素的影响,两者价格具有趋同性,这时期货价格也上涨到 3 250 元/吨,该公司以3 250元/吨的价格卖出原来买进的全部合约，经过对冲，期货每吨盈利400元，这样现货与期货的盈亏抵销，这就保障了边际利润的实现，避免了价格波动带来的风险。

套期保值是期货市场产生的原动力。无论是农产品期货市场，还是金属、能源期货市场，其产生都是源于生产经营过程中面临现货价格剧烈波动而带来风险时自发形成的买卖远期合同的交易行为。这种远期合约买卖的交易机制经过不断完善，如将合约标准化、引入对冲机制、建立保证金制度等，从而形成现代意义的期货交易。企业通过期货市场为生产经营买了保险，保证了生产经营活动的可持续发展。可以说，没有套期保值，期货市场也就不是期货市场了。

（四）套期保值的要素

套期保值的要素是指定一项或多项套期工具，以其公允价值或现金流量变动预期抵销被套期项目全部或部分的公允价值或现金流量变动。套期保值主要涉及套期工具、被套期项目和套期关系三个要素。

1. 套期工具

套期工具通常是企业指定的衍生工具，其公允价值或现金流量的预期可以抵销被套期项目的公允价值和现金流量的变动。衍生工具通常被认为是为交易而持有或为套期而持有的金融工具，包括期权、期货、远期合约、互换等比较常用的品种。非衍生金融资产或金融负债，只有用于对外汇风险进行套期时，才能被指定为套期工具。

期权是指在未来一定时期可以买卖的权利，是买方向卖方支付一定数量的金额（指权利金）后拥有的在未来一段时间内（指美式期权）或未来某一特定日期（指欧式期权）以事先规定好的价格（指履约价格）向卖方购买（指看涨期权）或出售（指看跌期权）一定数量的特定标的物的权利，但没有必须买进或卖出的义务。期权交易事实上就是这种权利的交易。买方有执行的权利也有不执行的权利，完全可以灵活选择。

2. 被套期项目

被套期项目是指使企业面临风险损失，即使企业面临公允价值或未来现金流量变动风险、被指定为被套期的单项或一组具有类似风险特征的资产、负债、确定承诺、很可能发生的预期交易，或在境外经营的净投资。

3. 套期关系

套期关系是指套期工具和被套期项目之间的关系。按照套期关系可以将企业为规避资产、负债、确定承诺、很可能发生的预期交易，或在境外经营的净投资有关的外汇风险、利率风险、股票价格风险、信用风险等而开展的套期保值业务。

二、套期保值的分类

套期保值可分为公允价值套期、现金流量套期和境外经营净投资套期三类。

（一）公允价值套期

公允价值套期指对已确认资产或负债、尚未确认的确定承诺（或该资产、负债或确定承诺中可辨认的一部分）的公允价值变动风险进行的套期，该类价值变动源于某特定风险，且将影响企业的损益。

以下是公允价值套期的例子：
（1）企业对承担的固定利率负债的公允价值变动风险进行的套期。

(2) 航空公司签订了一项 3 个月后以固定外币金额购买飞机的合同(未确认的确定承诺),为规避外汇风险,对该确定承诺的价格变动风险进行套期。

(3) 电力公司签订了一项 6 个月后以固定外币金额购买煤炭的合同(未确认的确定承诺),为规避价格变动风险,对该确定承诺的价格变动风险进行套期。

(二)现金流量套期

现金流量套期是指对现金流量变动风险进行的套期,该类现金流量变动源于与已确认资产或负债(如浮动利率债务的全部或部分未来利息支付)、很可能发生的预期交易(如预期的购买或出售)有关的特定风险,且将影响企业的损益。

(三)境外经营净投资套期

境外经营净投资套期是指对境外经营净投资外汇风险的套期。境外经营净投资指报告企业在境外经营净资产中的权益份额。

三、套期工具

套期工具是指企业为进行套期而指定的、其公允价值或现金流量变动预期可抵销被套期项目的公允价值或现金流量变动的衍生工具。对外汇风险进行套期还可以将非衍生金融资产或非衍生金融负债作为套期工具。

(一)可以作为套期工具的金融工具

(1) 衍生工具通常可以作为套期工具。衍生工具包括远期合同、期货合同、互换和期权,以及具有远期合同、期货合同、互换和期权中一种或一种以上特征的工具。例如,某企业为规避库存铜价格下跌的风险,可以卖出一定数量铜期货合同,其中,铜期货合同即是套期工具。

(2) 非衍生金融资产或非衍生金融负债通常不能作为套期工具,但被套期风险为外汇风险时,某些非衍生金融资产或非衍生金融负债可以作为被套期工具。例如,某种外币借款可以作为对同种外币结算的销售承诺的套期工具。又如,持有至到期投资可以作为规避外汇风险的套期工具。

(3) 无论是衍生工具还是非衍生金融资产或非衍生金融负债,其作为套期工具的基本条件就是其公允价值应当能够可靠地计量。

(4) 在运用套期会计方法时,只有涉及报告主体以外的主体的工具(含符合条件的衍生工具或非衍生金融资产或非衍生金融负债)才能作为套期工具。

(二)对套期工具的指定

(1) 企业在确立套期关系时,应当对套期工具整体或其一定比例(不含套期工具剩余期限内的某一时段)进行指定,但下列情况除外:①对于期权,企业可以将期权的内在价值和时间价值分开,只就内在价值变动将期权指定为套期工具。②对于远期合同,企业可以将远期合同的利息和即期价格分开,只就即期价格变动将远期合同指定为套期工具。这样规定是因为,期权的内在价值和远期合同的贴水通常可以单独计量。既考虑期权合同的内在价值,又考虑时间价值的动态套期策略,符合套期会计的条件。

(2) 企业通常可将单项衍生工具指定为对一种风险进行套期,但同时满足下列条件的,可以指定单项衍生工具对一种以上的风险进行套期:①各项被套期风险可以清晰辨认。②套期有效性可以证明。③可以确保该衍生工具与不同风险头寸之间存在具体指定关系。套期有效性是指套期工具的公允价值或现金流量变动能够抵销被套期风险引起的被套期项目公允价值或现金流量变动的程度。

（3）对于外汇风险套期，企业可以将两项或两项以上非衍生工具的组合或该组合的一定比例，或将衍生工具和非衍生工具的组合或该组合的一定比例指定为套期工具。

对于利率上下限期权或由一项发行的期权和一项购入的期权组成的期权，其实质相当于企业发行的一项期权的（即企业收取了净期权费），不能将其指定为套期工具。

根据《企业会计准则》的规定，企业在确立套期工具时，应当注意以下几方面：

（1）一般而言，企业应当对套期工具整体或其一定比例进行指定。但是对于期权，企业可以将期权的内在价值和时间价值分开，只就内在价值变动将期权指定为套期工具；对于远期合同，企业可以将远期合同的利息和即期价格分开，只就即期价格变动将远期合同指定为套期工具。

（2）企业通常可将单项衍生工具指定为对一种风险进行套期，但同时满足下列条件的，可以指定单项衍生工具对一种以上的风险进行套期。
- 各项被套期风险可以清晰辨认。
- 套期有效性可以证明。
- 可以确保该衍生工具与不同风险头寸之间存在具体指定关系。

四、被套期项目

被套期项目是指使企业面临公允价值或现金流量变动风险，且被指定为被套期对象的下列项目：①单项已确认资产、负债、确定承诺、很可能发生的预期交易，或境外经营净投资。②一组具有类似信用风险特征的已确认资产、负债、确定承诺、很可能发生的预期交易，或境外经营净投资的组合。③分担同一被套期利率风险的金融资产或金融负债组合的一部分（仅适用于利率风险公允价值组合套期）。

确定承诺是指在未来某特定日期或期间，以约定价格交换特定数量资源、具有法律约束力的协议。预期交易是指尚未承诺但预期会发生的交易。

（一）可以作为被套期项目的项目

某一项目能够作为被套期项目，应当使企业面临公允价值或现金流量变动风险（即被套期风险），在本期或未来期间会影响企业的损益。与之相关的被套期风险，通常包括外汇风险、利率风险、商品价格风险、股票价格风险、信用风险等。

（1）企业的一般经营风险（如固定资产毁损风险等）不能作为被套期风险，因为这些风险不能具体辨认和单独计量。同样在企业合并交易中，购买另一个企业的与确定承诺相关的风险（不包括外汇风险）也不能作为被套期风险。

（2）通常情况下，被套期项目可以是单项已确认资产、负债、确定承诺、很可能发生的预期交易或境外经营净投资，以及一组具有类似信用风险特征的已确认资产、负债、确定承诺、很可能发生的预期交易，或境外经营净投资的组合。此外，与利率风险组合套期相适应，分担同一被套期利率风险的金融资产或金融负债组合的一部分，也可以作为被套期项目。

（3）在企业合并中获得的该企业的确定承诺，除非是针对汇兑风险的，否则不能成为被套期项目，因为被套期的其他风险无法单独辨认和计量。这些其他的风险属于一般的商业风险。

（4）采用权益法核算的投资不能成为公允价值套期中的被套期项目，因为权益法计入当期损益的是投资人在关联方损益中的份额，而不是这项投资公允价值的变动。出于类似的原因，在公允价值套期中，对合并的子公司的投资不能成为被套期项目，因为合并中计入当期损益的是子公司的损益，而不是这项投资公允价值的变动。对国外业务净投资的套期则不同，因为这种套期是对外汇敞口的套期，而不是对该投资价值变动的公允价值套期。

（5）如果将金融资产或金融负债现金流的一部分指定为被套期项目，被指定部分必须小于该资产或负债所产生的总的现金流。

（6）如果固定利率的金融工具在其产生一段时间后才被套期，而利率在该时间内已经发生变动，企业能够指定的部分等于比支付该项目的合同利率更高的基准利率。如果实际利率的计算是建立在假定企业从最先指定被套期项目的那一天起购入该工具计算的利率，倘若基准利率低于实际利率，那么企业也能如此指定。

（7）对于信用风险或外汇风险，企业可以将持有至到期投资作为被套期项目，而对于利率风险或提前还款风险，则不可以作为被套期项目。

（8）在套期会计中，只有涉及企业以外的某一方的资产、负债、确定承诺或极可能发生的预期交易才可能被指定为被套期项目。因此，只有在同一集团内各企业或分部的单独或独立的财务报告中，而不是整个集团的合并财务报告中，套期会计才适用于同一集团内企业或分部之间的交易。例外的是，如果集团内货币性项目的外汇风险（例如，两个子公司之间的应付款项或应收款项）造成了汇率利得或损失的风险敞口，且该风险敞口在合并时不能被完全抵销，则集团内货币性项目的外汇风险在合并财务报表中可能不符合被套期项目的要求。

（二）对被套期项目的指定

▶ 1. 将金融项目指定为被套期项目

被套期风险是信用风险或外汇风险，则持有至到期投资可以指定为被套期项目。被套期风险是利率风险或提前还款风险，持有至到期投资不能指定为被套期项目。由企业集团内部交易形成的货币性项目的汇兑收益或损失，不能在合并财务报表中全额抵销的，该货币性项目的外汇风险可以在合并财务报表中指定为被套期项目。企业集团内部很可能发生的预期交易，按照进行此项交易的主体的记账本位币以外的货币标价（即按外币标价），且相关的外汇风险将影响合并利润或损失的，该外汇风险可以在合并财务报表中指定为被套期项目。对于与金融资产或金融负债现金流量或公允价值的一部分相关的风险，其套期有效性可以计量的，企业可以就该风险将金融资产或金融负债指定为被套期项目。在金融资产或金融负债组合的利率风险公允价值套期中，可以将某货币金额（如人民币、美元或欧元）的资产或负债指定为被套期项目。企业可以将金融资产或金融负债现金流量的全部指定为被套期项目。

但金融资产或金融负债现金流量的一部分被指定为被套期项目的，被指定部分的现金流量应当少于该金融资产或金融负债现金流量总额。

（1）如果被套期项目是金融资产或金融负债，则在套期有效性可以计量的情况下，可以只是作为与其现金流量风险或公允价值（如一项或多项指定的合同现金流量或其中的一部分、公允价值的某一百分比）风险有关的被套期项目。例如，一项带息资产或带息负债的利率风险的某一部分，如果可以单独区分和计量则可被指定为被套期风险（如被套期金融工具的利率风险中与无风险利率或基准利率相关的部分）。

(2) 在金融资产或金融负债组合的利率风险敞口的公允价值套期中(仅在这种套期情况下),被套期部分可以为货币的金额(如美元、欧元、英镑),而不是单个资产(或负债)。出于风险管理的目的,虽然该组合可能包括资产或负债,但被指定的是资产的数额或者负债的数额。指定资产或负债的净额为被套期部分是不允许的。企业可能对与被指定数额相关的利率风险的一部分进行套期。例如,在对包含提前支付资产的组合套期情况下,企业可能在预期的基础上,而不是合同约定的重新定价日,对被套期利率变动引起的公允价值变动进行套期。

在判定被套期项目公允价值变动时,如果被套期部分是基于预期的重新定价日,应将被套期利率变动对预期重新定价日的影响包括在内。相应的,如果用非提前支付的衍生工具对包含提前支付项目组合进行套期,被套期组合项目预期提前支付的日期被修改,或者实际提前支付的日期与预期的提前支付的日期不同,将会导致套期无效性。

2. 将非金融项目指定为被套期项目

根据《企业会计准则》的规定,非金融资产或非金融负债指定为被套期项目的,被套期风险应当是该非金融资产或非金融负债相关的全部风险或外汇风险。

非金融资产或非金融负债中某一要素或部分的价格变动通常不会对这个项目的价格产生可预测、能单独计量的影响,而这种影响类似于市场利率变动对债券价格的影响。因此,非金融资产或非金融负债只有在作为一个整体或针对汇兑风险时才能作为被套期项目。如果套期工具和被套期项目的条款之间存在差异(如用按类似条款购买哥伦比亚咖啡的远期合同作为预期购买巴西咖啡的套期),只要规定的所有条件得以满足,包括套期预期是高度有效的,则这种实际的对冲关系仍然符合成为套期关系的条件。为此,如果这样一来提高了套期关系的有效性,则套期工具的金额可能大于或小于被套期项目的金额。例如,可以用回归分析在被套期项目(如巴西咖啡的交易)和套期工具(如哥伦比亚咖啡的交易)之间建立起统计关系。如果在这两个变量(即巴西咖啡和哥伦比亚咖啡的单位价格)之间存在有效的统计关系,则回归直线的斜率可以用来确定使预期的套期有效性最大化的套期比例。例如,如果回归直线的斜率是1.02,则数量为0.98的被套期项目与数量为1.00的套期工具所形成的套期比率,可以使预期的套期有效性最大化。但是,套期关系也可能无效,这种无效性要计入套期关系的期间损益。

3. 将若干项目的组合指定为被套期项目

根据《企业会计准则》的规定,对具有类似风险特征的资产或负债组合进行套期时,该组合中的各单项资产或单项负债应当同时承担被套期风险,且该组合内各单项资产或单项负债由被套期风险引起的公允价值变动,应当预期与该组合由被套期风险引起的公允价值整体变动基本成比例。具体来说,只有当组合中的单项资产或负债存在共同的风险敞口,且该风险敞口被指定为被套期风险时,这些类似资产或类似负债才应合并在一起,作为一个资产组或负债组进行套期,并且,可归属于该组合内各项目的被套期风险敞口的公允价值变动,预期大致会与可归属于该组合的被套期风险的公允价值总额的变动同步。

由于套期的有效性必须通过比较套期工具(或类似套期工具的组合)和被套期项目(或类似被套期项目的组合)的公允价值或现金流量的变动来评价,因此,将某项套期工具和净头寸总额进行比较,并不符合套期会计的要求。

五、运用套期保值会计的条件

套期关系只有符合以下全部条件时,企业才能运用套期保值准则规定的套期会计方法进行处理:

(1) 在套期开始时,企业对套期关系有明确指定,且具有关于套期关系、风险管理目标和套期策略的正式书面文件,至少应载明套期工具、被套期项目或交易、被套期风险的性质,以及套期有效性评价方法等内容。一般而言,套期保值政策应该由企业董事会或类似权力机构批准。

被套期风险应当具体和可辨认,并将最终影响企业的损益。套期有效性,指套期工具的公允价值或现金流量变动,能够抵销被套期风险引起的被套期项目公允价值或现金流量变动的程度。

(2) 该套期高度有效,且与企业最初为相关套期关系所确定的风险管理策略相吻合。套期关系符合以下全部条件时,表明该套期关系高度有效:

① 在套期开始及随后套期关系存续期内,该套期预期会很有效地抵销被套期风险引起的公允价值或现金流量变动。

② 实际抵销结果在80%~125%的范围内。例如,某企业套期的实际结果是,套期工具的公允价值变动形成的损失为120万元,而被套期项目的公允价值变动形成的利得为100万元,两者相互抵销的程度可以计算得120/100,即120%;或者100/120,即83.33%。

(3) 对于预期交易的现金流量套期,该预期交易将很可能发生,且其现金流量变动将最终影响企业的损益。

(4) 套期有效性可以可靠地计量,即与被套期风险有关的被套期项目公允价值或现金流量和套期工具的公允价值,均能可靠地计量。

(5) 企业将持续地对套期有效性进行评价,确保在套期关系存续期内该套期关系高度有效。

六、套期有效性评价

上述运用套期会计方法的条件实际上隐含了两项套期有效性评价要求:①预期性评价,即评价套期在未来期间是否高度有效;②回顾性评价,即评价套期在以往的会计期间实际上是否高度有效。

常见的套期有效性评价方法有三种:主要条款比较法、比率分析法和回归分析法。

(一) 主要条款比较法

主要条款比较法是通过比较套期工具和被套期项目的主要条款,以确定套期是否有效的方法。如果套期工具和被套期项目的所有主要条款均能准确地匹配,可认定因被套期风险引起的套期工具和被套期项目公允价值或现金流量变动可以相互抵销。套期工具和被套期项目的主要条款包括名义金额或本金、到期期限、内含变量、定价日期、商品数量、货币单位等。

(二) 比率分析法

比率分析法也称金额对冲法,是通过比较被套期风险引起的套期工具和被套期项目公允价值或现金流量变动比率,以确定套期是否有效的方法。运用比率分析法时,企业可以根据自身风险管理政策的特点进行选择,以累积变动数(即自套期开始以来的累积变动数)为基础比较,或以单个期间变动数为基础比较,如果上述比率没有超过80%～125%,可以认定套期是高度有效的。

(三) 回归分析法

回归分析法是指一种统计学方法,是指在掌握一定量观察数据的基础上,利用数理统计方法建立自变量和因变量之间回归关系函数的方法。将此方法运用到套期有效性评价中需要研究、分析套期工具和被套期项目价值变动之间是否具有高度相关性,进而判断确定套期是否有效。运用回归分析法,自变量反映被套期项目公允价值变动或预计未来现金流量现值变动,而因变量反映套期工具公允价值变动。相关回归模型如下:

$$Y = Kx + b + \varepsilon$$

式中:Y 表示因变量,即套期工具公允价值变动;K 表示回归直线的斜率,反映套期工具价值变动/被套期项目价值变动的比率;b 表示 y 轴上的截距;x 表示自变量,即被套期风险引起的被套期项目价值变动;ε 表示均值为零的随机变量,服从正态分布。

企业运用回归分析法确定套期有效性时,套期只有满足以下全部条件才能认为是高度有效的:①回归直线的斜率必须为负数,且数值应在 $-1.25\sim-0.8$ 之间;②相关系数应大于或等于 0.96,该系数表明套期工具价值变动由被套期项目价值变动影响的程度。

整个回归模型的统计有效性必须是显著的。

七、套期保值的确认和计量

(一) 公允价值套期会计

▶ 1. 公允价值套期会计处理原则

公允价值套期满足运用套期会计方法条件的,应当按照下列规定处理:

(1) 套期工具为衍生工具的,公允价值变动形成的利得或损失应当计入当期损益;套期工具为非衍生工具的,账面价值因汇率变动形成的利得或损失应当计入当期损益。

(2) 被套期项目因被套期风险形成的利得或损失应当计入当期损益,同时调整被套期项目的账面价值。被套期项目为按成本与可变现净值孰低进行后续计量的存货、按摊余成本进行后续计量的金融资产或可供出售金融资产的,也应当按此规定处理。

▶ 2. 被套期项目的利得或损失的具体处理要求

(1) 对于金融资产或金融负债组合一部分的利率风险公允价值套期,企业对被套期项目的利得或损失可按下列方法处理:①被套期项目在重新定价期间内是资产的,在资产负债表中资产项下单列项目反映,待终止确认时转销;②被套期项目在重新定价期间内是负债的,在资产负债表中负债项下单列项目反映,待终止确认时转销。

(2) 被套期项目是以摊余成本计量的金融工具的,对被套期项目的账面价值所做的调整,应当按照调整日重新计算的实际利率在调整日至到期日的期间内进行摊销,计入当期损益。

对利率风险组合的公允价值套期,在资产负债表中负债项下单列的相关项目,也应当按照调整日重新计算的实际利率在调整日至相关的重新定价期间结束日的期间内摊销。采用实际利率法进行摊销不切实可行的,可以采用直线法进行摊销。此调整金额应当于金融工具到期日前摊销完毕;对于利率风险组合的公允价值套期,应当于重新定价期间结束日前摊销完毕。

(3) 被套期项目为尚未确认的确定承诺的,该确定承诺因套期风险引起的公允价值变动累计额应当确认为一项资产或负债,相关的利得或损失应当计入当期损益。

(4) 在购买资产或承担负债的确定承诺的公允价值套期中,该确定承诺因被套期风险引起的公允价值变动累计额(已确认为资产或负债),应当调整履行该确定承诺所取得的资产或承担的负债的初始确认金额。

▶ 3. 终止使用公允价值套期会计方法的条件

发生以下情况之一时,企业不应再按照《企业会计准则》第十条的规定对公允价值套期进行处理,且不追溯调整:

(1) 套期工具已到期、被出售、合同中止或者被行使。套期工具展期或被另一项套期工具替换时,如展期或替换是企业正式书面文件所载明套期策略的组成部分,不作为已到期或合同中止处理。

(2) 该套期不再符合运用套期会计方法的条件。

(3) 企业撤销了套期关系的指定。

对于停止套期会计方法的采用,如果原属于公允价值套期保值的,改按金融工具计量与确认准则处理。

原属于现金流量套期保值,此种情况下,在套期有效期间直接计入所有者权益中的套期工具利得或损失不应转出,直至预期交易实际发生时,再按照现金流量套期保值相关处理。对于预期交易套期,在套期有效期间直接计入所有者权益中的套期工具利得或损失不应转出,直至预期交易实际发生或预计不会发生。如预期交易实际发生了,按照现金流量套期保值相关规定处理;如预期交易预计不会发生,原直接计入所有者权益中的套期工具利得或损失应当转出,计入当期损益。

▶ 4. 涉及的主要会计科目及说明

1)"套期工具"科目

"套期工具"科目用于核算开展套期保值业务(包括公允价值套期、现金流量套期和境外经营净投资套期)套期工具公允价值变动形成的资产或负债。本科目可按套期工具类别进行明细核算。

套期工具的主要账务处理如下:

(1) 当企业将已确认的衍生金融工具等金融资产或金融负债指定为套期工具时,应按其账面价值,借记或贷记"套期工具"科目,贷记或借记"衍生金融工具"等科目。

(2) 资产负债表日,对于有效套期,应按套期工具产生的利得,借记"套期工具"科目,贷记"公允价值变动损益""资本公积——其他资本公积"等科目;套期工具产生损失时,做相反的会计分录。

(3) 金融资产或金融负债不再作为套期工具的,应按套期工具形成的资产或负债,借记或贷记有关科目,贷记或借记"套期工具"科目。

"套期工具"科目期末借方余额反映企业套期工具形成的资产的公允价值,贷方余额反映企业套期工具形成的负债的公允价值。

2)"被套期项目"科目

企业开展套期保值业务的,被套期项目公允价值变动形成的资产或负债应通过"被套期项目"科目核算。本科目可按被套期项目类别进行明细核算。

套期工具的主要账务处理如下：

(1) 当企业将已确认的资产或金融负债指定为被套期工具时，应按其账面价值，借记或贷记"被套期项目"科目，贷记或借记"库存商品""长期投资""持有至到期投资"等科目。已计提跌价准备或减值准备的，还应同时结转跌价准备或减值准备。

(2) 资产负债表日，对于有效套期，应按被套期项目产生的利得，借记"被套期项目"科目，贷记"公允价值变动损益""资本公积——其他资本公积"等科目；被套期项目产生损失时，做相反的会计分录。

(3) 资产或负债不再作为被套期项目的，应按被套期项目形成的资产或负债，借记或贷记有关科目，贷记或借记"被套期项目"科目。

"被套期项目"科目期末借方余额反映企业被套期项目形成资产的公允价值，贷方余额反映企业被套期项目形成负债的公允价值。

3) "公允价值变动损益"科目

本科目核算企业交易性金融资产、交易性金融负债，以及采用公允价值模式计量的投资性房地产、衍生工具、套期保值业务等公允价值变动形成的应计入当期损益的利得或损失。企业开展套期保值业务的，有效套期关系中套期工具或被套期项目的公允价值变动，也可以单独设置"套期损益"。本科目可按交易性金融资产、交易性金融负债、投资性房地产等进行明细核算。

公允价值变动损益的主要账务处理如下：

(1) 资产负债表日，企业应按交易性金融资产的公允价值高于其账面余额的差额，借记"交易性金融资产——公允价值变动"科目，贷记本科目；公允价值低于其账面余额的差额，做相反的会计分录。

出售交易性金融资产时，应按实际收到的金额，借记"银行存款"等科目，按该金融资产的账面余额，贷记"交易性金融资产"科目，按其差额，借记或贷记"投资收益"科目，同时将原计入该金融资产的公允价值变动转出，借记或贷记本科目，贷记或借记"投资收益"科目。

(2) 资产负债表日，企业应按交易性金融负债的公允价值高于其账面余额的差额，借记本科目，贷记"交易性金融负债——公允价值变动"科目；公允价值低于其账面余额的差额，做相反的会计分录。

处置交易性金融负债时，应按该负债的账面余额，借记"交易性金融负债"科目，按实际支付的金额，贷记"银行存款"等科目，按其差额，借记或贷记"投资收益"科目，同时将原计入该金融负债的公允价值变动转出，借记或贷记本科目，贷记或借记"投资收益"科目。

采用公允价值模式计量的投资性房地产、衍生工具、套期工具、被套期项目等形成的公允价值变动，按照"投资性房地产""衍生工具""套期工具""被套期项目"等科目的相关规定进行处理。期末，应将本科目余额转入"本年利润"科目，结转后本科目无余额。

(二) 公允价值套期保值会计处理举例

【例7-4】2015年1月1日，A公司为规避存货甲公允价值变动风险，与某金融机构签订了一项衍生工具合同（即乙衍生工具），并将其指定为2016年上半年存货甲价格变化引起的公允价值变动风险的套期。乙衍生工具的标的资产与被套期项目在数量、质次、价格变动和产地方面相同。

2015年1月1日，乙衍生工具的公允价值为零，被套期项目（存货甲）的账面价值和成本均为1 000 000元,公允价值为1 100 000元。2015年6月30日,乙衍生工具的公允价值上涨了25 000元,存货甲的公允价值下降了25 000元,当日,A公司将存货甲出售,并将乙衍生工具结算。

　　A公司采用比率分析法评价套期有效性,即通过比较乙衍生工具和存货甲的公允价值变动评价套期有效性,A公司预期该套期完全有效。

　　假定不考虑衍生工具的时间价值、商品销售相关的增值税及其他因素,A公司的账务处理如下:

(1) 2015年1月1日:

　　借:被套期项目——存货甲　　　　　　　　　　　　　　　　　1 000 000
　　　　贷:库存商品——存货甲　　　　　　　　　　　　　　　　　1 000 000

(2) 2015年6月30日:

　　借:套期工具——乙衍生工具　　　　　　　　　　　　　　　　　25 000
　　　　贷:套期损益　　　　　　　　　　　　　　　　　　　　　　25 000
　　借:套期损益　　　　　　　　　　　　　　　　　　　　　　　　25 000
　　　　贷:被套期项目——存货甲　　　　　　　　　　　　　　　　25 000
　　借:应收账款或银行存款　　　　　　　　　　　　　　　　　　　1 075 000
　　　　贷:主营业务收入　　　　　　　　　　　　　　　　　　　　1 075 000
　　借:主营业务成本　　　　　　　　　　　　　　　　　　　　　　975 000
　　　　贷:被套期项目——存货甲　　　　　　　　　　　　　　　　975 000
　　借:银行存款　　　　　　　　　　　　　　　　　　　　　　　　25 000
　　　　贷:套期工具——乙衍生工具　　　　　　　　　　　　　　　25 000

　　由于A公司采用了套期策略,规避了存货甲的公允价值变动风险,因此其存货公允价值下降没有对预期毛利额100 000元(1 100 000—1 000 000)产生不利影响。

　　假定2015年6月30日,乙衍生工具的公允价值上涨了22 500元,存货甲的公允价值下降了25 000元,其他资料不变,则A公司的账务处理如下:

(1) 2015年1月1日:

　　借:被套期项目——存货甲　　　　　　　　　　　　　　　　　1 000 000
　　　　贷:库存商品——存货甲　　　　　　　　　　　　　　　　　1 000 000

(2) 2015年6月30日:

　　借:套期工具——乙衍生工具　　　　　　　　　　　　　　　　　22 500
　　　　贷:套期损益　　　　　　　　　　　　　　　　　　　　　　22 500
　　借:套期损益　　　　　　　　　　　　　　　　　　　　　　　　25 000
　　　　贷:被套期项目——存货甲　　　　　　　　　　　　　　　　25 000
　　借:应收账款或银行存款　　　　　　　　　　　　　　　　　　　1 075 000
　　　　贷:主营业务收入　　　　　　　　　　　　　　　　　　　　1 075 000
　　借:主营业务成本　　　　　　　　　　　　　　　　　　　　　　975 000
　　　　贷:被套期项目——存货甲　　　　　　　　　　　　　　　　975 000
　　借:银行存款　　　　　　　　　　　　　　　　　　　　　　　　22 500
　　　　贷:套期工具——乙衍生工具　　　　　　　　　　　　　　　22 500

两种情况的差异在于前者不存在"无效套期损益",后者存在"无效套期损益"2 500元,从而对 A 公司当期利润总额的影响相差 2 500 元。

(三) 现金流量套期会计

▶ 1. 现金流量套期会计处理原则

现金流量套期满足运用套期会计方法条件的,应当按照下列规定处理:

(1) 套期工具利得或损失中属于有效套期的部分,应当直接确认为所有者权益,并单列项目反映,该有效套期的部分的金额,按照下列两项的绝对额中较低者确定:

① 套期工具自套期开始的累计利得或损失。

② 被套期项目自套期开始的预计未来现金流量现值的累计变动额。

(2) 套期工具利得或损失中属于无效套期的部分(即扣除直接确认为所有者权益后的其他利得或损失),应当计入当期损益。

(3) 在风险管理策略的正式书面文件中,载明了在评价套期有效性时将排除套期工具的某部分利得或损失或相关现金流量的影响,被排除的该部分利得或损失的处理适用《企业会计准则第 22 号——金融工具确认和计量》。

▶ 2. 套期工具利得或损失的后续处理要求

(1) 被套期项目为预期交易,且该预期交易使企业随后确认一项金融资产或一项金融负债的,原直接确认为所有者权益后的其他利得或损失,应当在该金融资产或金融负债影响企业损益的相同期间转出,计入当期损益。但是,企业预期原直接在所有者权益中确认的净损失全部或部分在未来会计期间不能弥补时,应当将不能弥补的部分转出,计入当期损益。

(2) 被套期项目为预期交易,且该预期交易使企业随后确认一项非金融资产或一项非金融负债的,企业可以选择下列方法处理:

① 原直接在所有者权益中确认的相关利得或损失,应当在该非金融资产或非金融负债影响企业损益的相同期间转出,计入当期损益。但是,企业预期原直接在所有者权益中确认的净损失全部或部分在未来会计期间不能弥补时,应当将不能弥补的部分转出,计入当期损益。

② 将原直接在所有者权益中确认的相关利得或损失转出,计入该非金融资产或非金融负债的初始确认金额。

非金融资产或非金融负债的预期交易形成了一项确定承诺时,该确定承诺满足运用套期保值准则规定的套期会计方法条件的,也应当选择上述两种方法之一处理。

企业选择了上述两种方法之一作为会计政策后,应当一致地运用于相关的所有预期交易套期,不得随意变更。

(3) 不属于以上(1)(2)所指情况的,原直接计入所有者权益中的套期工具利得或损失,应当在被套期预期交易影响损益的相同期间转出,计入当期损益。

▶ 3. 终止使用现金流量套期会计方法的条件

(1) 套期工具已到期、被出售、合同中止或者被行使。套期工具展期或被另一项套期工具替换时,如展期或替换是企业正式书面文件所载明套期策略的组成部分,不作为已到期或合同中止处理。

(2) 该套期不再符合运用套期会计方法的条件。

(3) 对预期交易的现金流量套期，预期交易预计不会发生。
(4) 企业撤销了套期关系的指定。

(四) 现金流量套期会计处理举例

【例 7-5】 2015 年 1 月 1 日，A 公司预期在 2015 年 6 月 30 日将销售一批商品甲，数量为 100 000 吨。为规避该预期销售有关的现金流量变动风险，于 2015 年 1 月 1 日与某金融机构签订了一项衍生工具合同（即乙衍生工具），并将其指定为该预期商品销售的套期工具。乙衍生工具的标的资产与被套期项目在数量、质次、价格变动和产地方面相同。而且乙衍生工具的结算日和预期商品销售日均为 2015 年 6 月 30 日。

2015 年 1 月 1 日，乙衍生工具的公允价值为零，商品的预期销售价格为 1 100 000 元，2015 年 6 月 30 日，乙衍生工具的公允价值上涨了 25 000 元，预期销售价格下降了 25 000 元，当日，A 公司将商品甲出售，并将乙衍生工具结算。

A 公司采用比率分析法评价套期有效性，即通过比较乙衍生工具和商品甲的公允价值变动评价套期有效性，A 公司预期该套期完全有效。

假定不考虑衍生工具的时间价值、商品销售相关的增值税及其他因素，则 A 公司的账务处理如下：

(1) 2015 年 1 月 1 日，A 公司不做账务处理。
(2) 2015 年 6 月 30 日：

借：套期工具——乙衍生工具　　　　　　　　　　　　　　　　25 000
　　贷：资本公积——其他资本公积（确认衍生工具价值变动）　　25 000
借：应收账款或银行存款　　　　　　　　　　　　　　　　　　1 075 000
　　贷：主营业务收入（确认商品甲的销售）　　　　　　　　　　1 075 000
借：银行存款　　　　　　　　　　　　　　　　　　　　　　　25 000
　　贷：套期工具——乙衍生工具（确认衍生工具乙的结算）　　　25 000
借：资本公积——其他资本公积（套期工具价值变动）　　　　　25 000
　　贷：主营业务收入（确认原计入资本公积的套期工具价值变动转出，调整销售收入）
　　　　　　　　　　　　　　　　　　　　　　　　　　　　　25 000

(五) 境外经营净投资套期会计

▶ 1. 境外经营净投资套期会计处理原则

对境外经营净投资的套期，企业应按类似于现金流量套期会计的规定处理：

(1) 套期工具利得或损失中属于有效套期的部分，应当直接确认为所有者权益，并单列项目反映。处置境外经营时，上述在所有者权益中单列项目反映的套期利得或损失应当转出，计入当期损益。

(2) 套期工具利得或损失中属于无效套期的部分，应当计入当期损益。

▶ 2. 境外经营净投资套期会计处理举例

【例 7-6】 2015 年 10 月 1 日，A 公司（记账本位币为人民币）在其境外子公司 B 公司有一项境外净投资外币 5 000 万元（即 FC5 000 万元）。为规避境外经营净投资外汇风险，A 公司与某境外金融机构签订了一项外汇远期合同，约定于 2016 年 4 月 1 日卖出 FC5 000 万元。A 公司每季度对境外净投资余额进行检查，且依据检查结果调整对净投资价值的套期。其他有关资料如表 7-1 所示。

表 7-1　境外经营净投资套期

日　　期	即期汇率（FC/人民币）	远期汇率（FC/人民币）	远期合同的公允价值（元）
2015 年 10 月 1 日	1.71	1.70	0
2015 年 12 月 31 日	1.64	1.63	3 430 000
2016 年 12 月 31 日	1.60	不适用	5 000 000

A 公司在评价套期有效性时，将远期合同的时间价值排除在外。假定 A 公司的上述套期满足运用套期会计方法的所有条件。A 公司的账务处理如下：

（1）2015 年 10 月 1 日：

借：被套期项目——境外经营净投资　　　　　　　　　　　　　85 500 000
　　贷：长期股权投资　　　　　　　　　　　　　　　　　　　　85 500 000

外汇远期合同的公允价值为零，不做账务处理。

（2）2015 年 12 月 31 日：

借：套期工具——外汇远期合同　　　　　　　　　　　　　　　3 430 000
　　汇兑损益　　　　　　　　　　　　　　　　　　　　　　　　70 000
　　贷：资本公积——其他资本公积（确认远期合同的公允价值变动）　3 500 000

借：外币报表折算差额　　　　　　　　　　　　　　　　　　　3 500 000
　　贷：被套期项目——境外经营净投资（确认对子公司净投资的汇兑损益）　3 500 000

（3）2016 年 3 月 31 日：

借：套期工具——外汇远期合同　　　　　　　　　　　　　　　1 570 000
　　汇兑损益　　　　　　　　　　　　　　　　　　　　　　　　430 000
　　贷：资本公积——其他资本公积（确认远期合同的公允价值变动）　2 000 000

借：外币报表折算差额　　　　　　　　　　　　　　　　　　　2 000 000
　　贷：被套期项目——境外经营净投资（确认对子公司净投资的汇兑损益）　2 000 000

借：银行存款　　　　　　　　　　　　　　　　　　　　　　　5 000 000
　　贷：套期工具——外汇远期合同（确认外汇远期合同的结算）　5 000 000

境外经营净投资套期产生的利得在所有者权益中列示，直至子公司被处置。

第五节　金融工具的披露

一、金融资产和金融负债的相互抵销

（一）金融资产和金融负债相互抵销的条件

金融资产和金融负债应当在资产负债表内分别列示，不得相互抵销。但是，同时满足下列条件的，应当以相互抵销后的净额在资产负债表内列示：

（1）企业具有抵销已确认金额的法定权利，且该种法定权利现在是可执行的。

（2）企业计划以净额结算，或同时变现该金融资产和清偿该金融负债。

不满足终止确认条件的金融资产转移，转出方不得将已转移的金融资产和相关负债进

行抵销。例如，甲公司与乙公司有长期合作关系，为简化结算，甲公司和乙公司合同中明确约定，双方往来款项定期以净额结算。这种情况满足金融资产和金融负债相互抵销的条件，应当在资产负债表中以净额列示相关的应收款项或应付款项。

（二）金融资产和金融负债不能相互抵销的情形

（1）将几项金融工具组合在一起模仿成某项金融资产或金融负债，例如将浮动利率长期债券与收取浮动利息、支付固定利息的互换组合在一起，模仿或"合成"为一项固定利率长期债券。这种组合内的各单项金融工具形成的金融资产或金融负债不能相互抵销。

（2）作为某金融负债担保物的金融资产，不能与被担保的金融负债抵销。

（3）企业与外部交易对手进行多项金融工具交易，同时签订"总抵销协议"。根据该协议，一旦某单项金融工具交易发生违约或解约，企业可以将所有金融工具交易以单一净额进行结算，以减少交易对手可能无法履约造成损失的风险。如果只是存在这种总抵销协议，而交易对手尚没有违约或解约，则不能说明企业已满足金融资产和金融负债相互抵销的条件。

（4）保险公司在保险合同下的应收分保保险责任准备金，不能与相关保险责任准备金抵销。

二、金融工具一般信息披露要求

▶ 1. 企业应当披露编制财务报表时对金融工具所采用的重要会计政策、计量基础等信息

主要包括以下内容：

对于指定为以公允价值计量且其变动计入当期损益的金融资产或金融负债，应当披露下列信息：

（1）指定的依据。

（2）指定的金融资产或金融负债的性质。

（3）指定后如何消除或明显减少由于该金融资产或金融负债的计量基础不同所导致的相关利得或损失在确认或计量方面不一致的情况，以及是否符合企业正式书面文件载明的风险管理或投资策略的说明。

（4）指定金融资产为可供出售金融资产的条件。

（5）确定金融资产已发生减值的客观依据以及计算确定金融资产减值损失所使用的具体方法。

（6）金融资产和金融负债的利得和损失的计量基础。

（7）金融资产和金融负债终止确认条件。

（8）其他与金融工具相关的会计政策。

▶ 2. 企业应当披露下列金融资产或金融负债的账面价值

（1）以公允价值计量且其变动计入当期损益的金融资产。

（2）持有至到期投资。

（3）贷款和应收款项。

（4）可供出售金融资产。

（5）以公允价值计量且其变动计入当期损益的金融负债。

（6）其他金融负债。

▶3. 企业将单项或一组贷款或应收款项指定为以公允价值计量且其变动计入当期损益的金融资产的，应当披露的信息

（1）资产负债表日该贷款或应收款项使企业面临的最大信用风险敞口金额，以及相关信用衍生工具或类似工具分散该信用风险的金额。其中，信用风险是指金融工具的一方不能履行义务，造成另一方发生财务损失的风险。

（2）该贷款或应收款项本期因信用风险变化引起的公允价值变动额和累计变动额，相关信用衍生工具或类似工具本期公允价值变动额以及自该贷款或应收款项指定以来的累计变动额。

▶4. 企业将某项金融负债指定为以公允价值计量且其变动计入当期损益的金融负债的，应当披露的信息

（1）该金融负债本期因相关信用风险变化引起的公允价值变动额和累计变动额。

（2）该金融负债的账面价值与到期日按合同约定应支付金额之间的差额。

▶5. 企业将金融资产进行重分类，使该金融资产后续计量基础由成本或摊余成本改为公允价值，或由公允价值改为成本或摊余成本的，应当披露该金融资产重分类前后的公允价值或账面价值和重分类的原因

略。

▶6. 对于不满足《企业会计准则第23号——金融资产转移》规定的金融资产终止确认条件的金融资产转移，企业应当披露的信息

（1）所转移金融资产的性质。

（2）仍保留的与所有权有关的风险和报酬的性质。

（3）继续确认所转移金融资产整体的，披露所转移金融资产的账面价值和相关负债的账面价值。

（4）继续涉入所转移金融资产的，披露所转移金融资产整体的账面价值、继续确认资产的账面价值以及相关负债的账面价值。

▶7. 企业应当披露与作为担保物的金融资产有关的信息

（1）本期作为负债或者或有负债的担保物的金融资产的账面价值。

（2）与担保物有关的期限和条件。

▶8. 企业收到的担保物（金融资产或非金融资产）在担保物所有人没有违约时就可以出售或再作为担保物的，应当披露的信息

（1）所持有担保物的公允价值。

（2）已将收到的担保物出售或再作为担保物的，披露该担保物的公允价值，以及企业是否承担了将担保物退回的义务。

（3）与担保物使用相关的期限和条件。

▶9. 企业应当披露每类金融资产减值损失的详细信息，包括前后两期可比的金融资产减值准备期初余额、本期计提数、本期转回数、期末余额之间的调节信息等

略。

▶10. 企业应当披露与违约借款有关的信息

（1）违约（本期没有按合同如期还款的借款本金、利息等）性质及原因。

（2）资产负债表日违约借款的账面价值。

(3) 在财务报告批准对外报出前，就违约事项已采取的补救措施、与债权人协商将借款展期等情况。

▶ 11. 企业应当披露与每类套期保值有关的信息
(1) 套期关系的描述。
(2) 套期工具的描述及其在资产负债表日的公允价值。
(3) 被套期风险的性质。

▶ 12. 企业应当披露与现金流量套期有关的信息
(1) 现金流量预期发生及其影响损益的期间。
(2) 以前运用套期会计方法处理但预期不会发生的预期交易的描述。
(3) 本期在所有者权益中确认的金额。
(4) 本期从所有者权益中转出、直接计入当期损益的金额。
(5) 本期从所有者权益中转出、直接计入预期交易形成的非金融资产或非金融负债初始确认的金额。
(6) 本期无效套期形成的利得或损失。

▶ 13. 对于公允价值套期，企业应当披露本期套期工具形成的利得或损失，以及被套期项目因被套期风险形成的利得或损失

略。

▶ 14. 对于境外经营净投资套期，企业应当披露本期无效套期形成的利得或损失

略。

▶ 15. 企业在披露金融资产或金融负债的公允价值信息时，除非这些金融资产或金融负债是账面价值与公允价值相差很小的短期金融资产或金融负债，或者是在活跃市场中没有报价的权益工具投资，以及与该权益工具挂钩并须通过交付该权益工具结算的衍生工具，否则应当按照每类金融资产和金融负债披露公允价值信息

(1) 确定公允价值所采用的方法，包括全部或部分直接参考活跃市场中的报价或采用估值技术等。采用估值技术的，按照各类金融资产或金融负债分别披露相关估值假设，包括提前还款率、预计信用损失率、利率或折现率等。

(2) 公允价值是否全部或部分采用估值技术确定，而该估值技术没有以相同金融工具的当前公开交易价格和易于获得的市场数据作为估值假设。这种估值技术对估值假设具有重大敏感性的，披露这一事实及改变估值假设可能产生的影响，同时披露采用这种估值技术确定的公允价值的本期变动额计入当期损益的数额。

企业在判断估值技术对估值假设是否具有重大敏感性时，应当综合考虑净利润、资产总额、负债总额、所有者权益总额（适用于公允价值变动计入所有者权益的情形）等因素。

金融资产和金融负债的公允价值应当以总额为基础披露（在资产负债表中金融资产和金融负债按净额列示的除外），且披露方式应当有利于财务报告使用者比较金融资产和金融负债的公允价值和账面价值。

企业在做上述披露时，对于不存在活跃市场的金融资产或金融负债，其计量不是以实际交易价格为基础，而是采用更公允的相同金融工具的公开交易价格或估值结果计量的，应当按照金融资产或金融负债的类别披露下列信息：①在损益中确认原实际交易价格与公允价值之间形成的差异所采用的会计政策。②该项差异的期初和期末余额。

本章小结

本章以财政部颁布的四项与金融工具有关的会计准则,即《金融工具的确认和计量》《金融资产转移》《套期保值》和《金融工具的列报》为依据,在介绍金融工具的定义和分类等基本概念的基础上,详细地阐述了金融工具的确认和计量、金融资产转移的确认和计量、套期保值的基本概念以及对公允价值套期、现金流量套期和境外经营净投资套期等三种套期活动的原理及其会计处理,并对金融工具的披露进行了介绍。

思考题

1. 简述金融工具的含义、特点及其分类。
2. 简述金融工具的创新对传统财务会计模式的影响。
3. 如何进行套期保值的确认与计量?
4. 什么是金融资产、金融负债和权益工具?如何区分金融负债和权益工具?
5. 如何进行金融工具的初始计量和后续计量?
6. 衍生金融工具有什么主要作用?
7. 简述远期外汇交易?我国已开展的远期外汇交易品种是什么?
8. 简述套期保值的基本原理。
9. 为什么要采用套期会计方法?应如何判断套期有效性?
10. 应怎样区分公允价值套期和现金流量套期?两者的会计处理有何不同?

同步测试题

一、单项选择题

1. 对于与金融资产或金融负债现金流量或公允价值的一部分相关的风险,其(   )可以计量的,企业可以就该风险将金融资产或金融负债指定为被套期项目。
   A. 预期价值   B. 风险报酬率
   C. 套期有效性   D. 现金流量

2. 在金融资产或金融负债组合的利率风险(   )中,可以将某货币金额(如人民币、美元或欧元金额)的资产或负债指定为被套期项目。
   A. 公允价值套期   B. 现金流量套期
   C. 境外经营净投资套期   D. A、B、C 三者均可

3. 非金融资产或非金融负债指定为被套期项目的，被套期风险应当是该非金融资产或非金融负债相关的（ ）。
  A. 利率风险和信用风险   B. 利率风险和外汇风险
  C. 全部风险   D. 全部风险或外汇风险

4. 企业至少应当在编制（ ）时对套期有效性进行评价。
  A. 月财务报告   B. 季度财务报告
  C. 中期或年度财务报告   D. 合并财务报表

5. 企业可以将金融资产或金融负债现金流量的全部指定为被套期项目。但金融资产或金融负债现金流量的一部分被指定为被套期项目的，被指定部分的现金流量应当（ ）该金融资产或金融负债现金流量总额。
  A. 多于   B. 等于   C. 少于   D. 均可

6. 被套期项目因被套期风险形成的利得或损失应当计入当期损益，同时（ ）。
  A. 调整被套期项目的账面价值   B. 确定被套期项目的公允价值
  C. 计量被套期项目的市场价值   D. 确定被套期项目的重置成本

7. 当套期同时满足：①在套期开始及以后期间，该套期预期会高度有效地抵销套期指定期间被套期风险引起的公允价值或现金流量变动；②该套期的实际抵销结果在（ ）的范围内。企业应当认定其为高度有效。
  A. 50%～100%   B. 80%～100%   C. 50%～125%   D. 80%～125%

8. 对利率风险组合的公允价值套期，在资产负债表中单列的相关项目，也应当按照调整日重新计算的实际利率在调整日至相关的重新定价期间结束日的期间内摊销。采用实际利率法进行摊销不切实可行的，可以采用（ ）进行摊销。
  A. 直线法   B. 双倍余额递减法
  C. 年数总和法   D. 工作量法

9. 2015年12月1日，甲上市公司从美国进口某种商品，货款总计为80 000美元，合同约定于2016年1月30日以美元结算。为规避美元远期汇率升值的风险，在进口交易当天，甲上市公司与银行签订了买入金额为80 000美元、期限为60天的远期合同。通过签订远期合同，甲上市公司可以有效地规避预期美元（ ）的风险，使公司规避了（ ）可能带来的损失。
  A. 升水、汇率下降   B. 贴水、汇率上升
  C. 贴水、汇率上升   D. 升水、汇率上升

二、多项选择题

1. 套期保值主要涉及（ ）几个要素。
  A. 套期工具   B. 被套期项目   C. 套期关系   D. 套期有效性

2. 企业在确立套期关系时，应当将套期工具整体或其一定比例(不含套期工具剩余期限内的某一时段)进行指定，但下列（ ）情况除外。
  A. 对于期权，企业可以将期权的内在价值和时间价值分开
  B. 对于期货，企业可以将期货的内在价值和时间价值分开
  C. 对于远期合同，企业可以将远期合同的利息和即期价格分开
  D. 对于远期合同，企业可以将远期合同的利息和远期价格分开

3. 企业通常可将单项衍生工具指定为对一种风险进行套期，但同时满足下列条件（   ）的，可以指定单项衍生工具对一种以上的风险进行套期。

A. 预期收益可以计量

B. 各项被套期风险可以清晰辨认

C. 套期有效性可以证明

D. 可以确保该衍生工具与不同风险头寸之间存在具体指定关系

4. 被套期项目，是指使企业面临公允价值或现金流量变动风险，且被指定为被套期对象的下列（   ）项目。

A. 单项已确认资产、负债、确定承诺、很可能发生的预期交易，或境外经营净投资

B. 一组具有类似风险特征的已确认资产、负债、确定承诺、很可能发生的预期交易，或境外经营净投资

C. 被套期风险必须是非金融资产

D. 分担同一被套期利率风险的金融资产或金融负债组合的一部分（仅适用于利率风险公允价值组合套期）

5. 在套期开始时，企业对套期关系（即套期工具和被套期项目之间的关系）有正式指定，并准备了关于套期关系、风险管理目标和套期策略的正式书面文件，该文件至少载明了（   ）等内容。

A. 套期工具

B. 被套期项目

C. 被套期风险的性质

D. 套期有效性评价方法

6. 某一项目能够作为被套期项目，应当使企业面临公允价值或现金流量变动风险（即被套期风险），在本期或未来期间会影响企业的损益。与之相关的被套期风险，通常包括（   ）等。

A. 外汇风险

B. 利率风险

C. 商品价格及股票价格风险

D. 信用风险

7. 在某负债的实际利率低于伦敦银行同业拆借利率的情况下，企业不能指定（   ）。

A. 负债的整体部分

B. 负债部分等于本金加上按伦敦银行同业拆借利率计算的利息

C. 负债的剩余部分

D. 按伦敦银行同业拆借利率计算的负债利息

8. 以下（   ）套期不是完全有效的。

A. 套期工具与被套期的资产、负债、确定承诺或很可能发生的预期交易的主要条款相同

B. 套期工具和被套期项目以不同步变动的不同货币来标价

C. 使用远期合同对很可能发生的预期购买商品的交易所进行的套期

D. 使用衍生工具对利率风险进行套期，如果该衍生工具公允价值变动的一部分可归因于对方的信用风险

9. 公允价值套期满足运用套期会计方法条件的，下列处理规定正确的是（　　）。

A. 套期工具为衍生工具的，套期工具公允价值变动形成的利得或损失应当计入当期损益。

B. 套期工具为非衍生工具的，套期工具账面价值因汇率变动形成的利得或损失不应计入当期损益。

C. 被套期项目因被套期风险形成的利得或损失应当计入当期损益，同时调整被套期项目的账面价值。

D. 被套期项目为按成本与可变现净值孰低进行后续计量的存货、按摊余成本进行后续计量的金融资产或可供出售金融资产的，也应当将形成的利得或损失计入当期损益，同时调整被套期项目的账面价值。

10. 在下列（　　）情况下，企业不应当再按照现金流量套期的规定进行会计处理。

A. 套期工具已到期、被出售、合同终止或已行使

B. 该套期不再满足运用套期会计方法的条件

C. 预期交易预计不会发生

D. 企业撤销了对套期关系的指定

三、判断题

1. 衍生金融工具的层出不穷对传统财务会计理论与实务产生了重大影响和冲击，但是，新会计准则的颁布已从根本上解决了这一难题。（　　）

2. 所有的远期金融工具合同都是衍生金融工具。（　　）

3. 衍生金融工具对传统财务会计计量的冲击主要表现在对单一历史成本计量属性的挑战。（　　）

4. 无论任何种类的金融资产或金融负债，企业在对它们进行初始确认时，均应按照公允价值计量。（　　）

5. 企业运用衍生金融工具对以外币结算的应收账款进行套期，就是为了消除汇率变动可能给企业带来的风险。（　　）

6. 以公允价值计量且其变动计入当期损益的金融负债，应当按照公允价值计量，但须扣除将来结清金融负债时可能发生的交易费用。（　　）

7. 企业用远期外汇合同对已购进资产进行套期保值，因规避了风险从而一定会增加企业的净收益。（　　）

8. 套期工具，是指企业为进行套期而指定的，其公允价值或现金流量变动预期可抵销被套期项目的公允价值或现金流量变动的衍生工具。（　　）

9. 套期有效性，是指套期工具的公允价值变动能够抵销被套期项目现金流量变动的程度。（　　）

10. 外汇期货合约既可服务于套期保值，也可以用于投机。（　　）

四、业务处理题

1. 2015年1月1日，甲上市公司决定采用某衍生工具对库存商品进行公允价值套期。套期开始时，衍生工具的公允价值为零，库存商品的账面价值为20 000元，公允价值为22 000元。2015年4月30日，衍生工具的公允价值上升2 500元，库存商品公允价值下降1 500元。假定不考虑其他因素，做出甲上市公司应做的会计处理。

2.2015年1月1日,乙上市公司决定采用衍生工具对库存商品(成本总额为360 000元)预期出售相关的现金流量变动进行套期。当日,衍生工具的公允价值为零。套期期间结束时,库存商品的预期出售数量为200件,预期售价为2 200元;衍生工具的公允价值上升3 500元,库存商品实际售价总额下降2 500元。假定不考虑其他因素,做出乙上市公司应做的会计处理。

3.2015年10月1日,A公司(记账本位币为人民币)在其境外子公司B公司有一项境外净投资外币6 000万元(即FC6 000万元)。为规避境外经营净投资外汇风险,A公司与某境外金融机构签订了一项外汇远期合同,约定于2016年4月1日卖出FC6 000万元。A公司每季度对境外净投资余额进行检查,且依据检查结果调整对净投资价值的套期。其他有关资料如表7-2所示。

表7-2 A公司境外净投资资料

日　　期	即期汇率(FC/人民币)	远期汇率(FC/人民币)	远期合同的公允价值(元)
2015年10月1日	1.71	1.70	0
2015年12月31日	1.64	1.63	4 000 000
2016年12月31日	1.60	不适用	6 000 000

A公司在评价套期有效性时,将远期合同的时间价值排除在外。假定A公司的上述套期满足运用套期会计方法的所有条件。

4.甲公司2015年6月30日拥有10 000桶原油,假设原油现货价格为每桶70美元。但公司担心到年底时原油价格会下降,于是公司签订了一个原油远期卖出合同(6个月)按照每桶68美元(这是目前的6个月原油期货价格)的价格售出10 000桶原油。假设到了2015年12月31日,原油现货价格为每桶60美元。要求做出有关套期保值的会计处理。

5.我国A出口商于2015年11月1日向美国销售一批商品,售价为100 000美元,购销合同订明美国企业应于2016年2月1日支付货款。为避免这笔应收账款可能承受的外汇变动风险,我国A出口商于同日与外汇经纪银行签订了一项按90天远期汇率向银行卖出100 000美元的远期外汇合约,假设有关汇率如下(不考虑增值税):

2015年11月1日即期汇率:1美元=6.14元人民币

2015年11月1日90天远期汇率:1美元=6.20元人民币

2015年12月31日即期汇率:1美元=6.30元人民币

2016年2月1日即期汇率:1美元=6.35元人民币

要求做出相关的会计处理。

第八章 企业合并会计

>>> 学习目标

1. 了解企业合并的概念及其实质。
2. 理解企业合并的内外动因。
3. 掌握同一控制与非同一控制下的企业合并的会计处理方法。

第一节 企业合并概述

一、企业合并的实质

企业合并这一概念在世界各国有不同的表述，也可称为联合、购并，或者兼并。这些概念都是指企业间的交易或事项，将两个或两个以上企业的资产置于一个共同管理集团的控制之下，实质上成为一个经济主体。也正是因为如此，《企业会计准则第 20 号——企业合并》对企业合并下了如下的定义："企业合并是指将两个或两个以上单独的企业合并形成一个报告主体的交易或事项。"我们认为，企业间的合并，实质上是企业间资产及所有权的重组。尽管这种重组并未增加社会生产性要素的供给，但却改变了经济资源的结构。所以，企业之间的合并是市场经济运行中社会经济资源最优配置得以实现的方式之一。

二、企业合并的动因

企业合并最根本的目的在于追求价值的最大化。企业合并的最主要的原因是能促使企业加速成长、降低成本、减少或规避风险。企业的发展扩张有其内在动力和外在压力，而通过与其他企业的合并，是其谋求利益、增强竞争力的有效途径。换句话说，企业合并既有内在动因，也有外在动因。

（一）企业合并的内在动因

1. 节约成本

一般来说，一家企业通过合并其他企业取得所需的设备和生产能力，比自己新建同样的设备、形成同样的生产能力成本要低。

2. 降低风险

购买已有的产品生产线，接受现有的市场，要比开发新产品、开拓新市场的风险要小。当企业以分散风险为目标进行企业合并时尤其如此。

3. 能较早利用生产能力

通过企业合并取得的生产设备能够在短期内投入运行，转化为生产能力；而企业新建设备要花较长时间，从而贻误生产时机。

4. 取得特殊资产

取得特殊资产往往是企业合并的重要动因。特殊资产可能是一些对企业发展至关重要的专门资产。例如，土地是企业发展的重要资源，一些有实力、有发展前景的企业往往会由于狭小的空间而难以扩展，而另一些经营不善、市场不景气的企业却占有较多的土地和优越的地理位置，这时，优势企业就可能合并劣势企业以获取土地等特殊的资源。另外，通过企业合并，也可能是为了获取目标企业所拥有的专利权、特营权、技术诀窍、优越的地理位置、有经验的员工等特殊资产。

5. 税收优惠

税法一般包含有亏损的递延条款，若被合并企业前几年发生亏损，且未能经由前抵所吸收时，这一亏损可以后抵至以后产生盈余的年度，某些国家，如美国，税法上允许将这一亏损转移给合并企业。若合并企业的所得税为正数，则该亏损可以作为其课税所得的减项，因而减少其所得税负担。此外，若合并以后，合并企业及被合并企业法律上仍为独立个体，则可事先规划，采取合并报税或分开报税的方式，使企业整体的税负达到最低。

6. 谋求管理协同效应

对于企业管理者来说，可以通过企业合并扩大企业规模，从而提高它们的地位。若企业有一支高效率的管理队伍，有剩余的管理能力，则该企业可以合并那些管理效率低下的企业，实现管理资源的融合，提高管理资源的利用效率。

（二）企业合并的外在动因

1. 国家的产业政策

产业结构是指一个国家产业间的比例及相互关系。一个国家产业结构的调整，产业政策的变化，在一定程度上会加剧企业间的合并。

2. 企业产权结构和治理结构的状况

企业的合并活动深受企业产权结构和治理结构的影响。如果企业的股权比较分散，市场在企业治理结构中起导向作用，则合并容易发生；反之，则合并较难发生。

3. 市场竞争的程度

市场竞争越激烈，为增强竞争力，就需要不断地发展壮大自己，也就越激发企业的合并行为。

4. 资本市场和信用制度的发达程度

资本市场和信用制度的发达，可以大大降低企业合并的成本，另外，资本的国际化程度也制约着企业合并的范围。

5. 法律法规

企业合并有时可能导致垄断,而市场经济的要求是维护竞争,反对垄断,因此对企业合并的法律法规上的限制和保护必不可少。这样,法律法规上的限制和保护在一定程度上影响着企业合并的方式和合并的活跃程度。

三、企业合并的分类

企业合并可按不同的标志进行分类。

(一) 企业合并的产业模式

从合并体的产业性质而言,企业合并有横向合并、纵向合并和混合合并三种。

1. 横向合并

横向合并又称水平式合并,是指同属一个产业或行业部门,生产和销售同类产品的企业间的合并行为。横向合并可以扩大现有经营范围的规模,使生产进一步社会化,可使企业获得规模效益,推动生产力的发展。

2. 纵向合并

纵向合并又称垂直式合并,是指生产过程或经营环节相互衔接,联系密切的企业间的合并行为。纵向合并可以扩大生产经营规模,节约通用设备等;可以加强生产过程各环节的配合,有利于协作化生产;还可以加速生产流程,缩短生产周期,节省运输仓储费用和其他资源等。

3. 混合合并

混合合并又称复合合并,是指相互之间没有直接的投入产出关系和技术经济联系的、不同行业的企业间的合并行为。混合合并可使企业降低经营风险,获取稳定的利润。

(二) 企业合并的产权模式

从合并的产权模式来说,企业合并有吸收合并、创立合并和控股合并。

1. 吸收合并

吸收合并又称存续合并,是指一个或几个企业并入一个企业的交易行为。这种合并的主要特征如下:

(1) 合并后,被合并企业放弃法人资格,宣布解散或成为合并企业的一个部门,其所有的资产由合并企业接管;合并企业保持原有名称并接受被合并企业的资产、债务等。

(2) 企业合并是有偿的,通过有偿转让,使一方所有权转让给另一方。

(3) 企业财产所有权和法人所有权同时有偿转让,企业资产实物形态随合并的完成而整体流动。

2. 创立合并

创立合并又称新设合并,是指两个或两个以上企业合并成立一个新企业的交易行为。这种合并的主要特征如下:

(1) 各自以丧失自身法人资格为代价,以新的法人面貌组成新的经济主体。

(2) 合并建立在平等的基础上,合并各方法人所有权的转让是无偿的,并连带将各自企业资产的使用权、支配权、收益权等一并转让给合并后新成立的企业。

(3) 合并各方的资产的所有权没有转让,其终结所有权仍属于合并各方的所有者,只是以合并后企业所有权形式的转换出现。

3. 控股合并

控股合并是指一个企业购并另一个企业有投票表决权的股份，且达到控制的状态，从而建立母子公司关系。母公司或控股公司是指对其他企业拥有控制权的企业，而被母公司控制的企业则成为子公司或附属公司。控股合并的主要特征如下。

（1）合并后，无论是母公司还是子公司，在法律上都是独立的经济主体和法律主体，各公司仍然继续存在。

（2）合并企业通过购并对被合并企业的股票实施了控制，但对被合并企业原有的债务不负连带责任，而只以入股的金额为限承担风险。

（三）企业合并的类型

在企业合并会计准则中，根据参与合并的企业是否受同一方或相同的多方最终控制，将企业合并分为同一控制下的企业合并与非同一控制下的企业合并两类。

1. 同一控制下的企业合并

所谓同一控制下的企业合并，是指参与合并的企业在合并前后均同受同一方或相同的多方最终控制且该控制并非暂时性的。这种合并的主要特征如下。

（1）从最终实施控制方的角度来看，其所能够实施控制的净资产没有发生变化。

（2）由于参与合并的企业是受同一方或相同的多方控制，有些合并不是企业自愿的，所以交易往往不是按公允价值进行的，很难以双方议定的价格作为核算基础。

2. 非同一控制下的企业合并

所谓非同一控制下的企业合并，是指参与合并的企业在合并前后不受同一方或相同的多方最终控制且该控制是暂时性的。这种合并的主要特征如下。

（1）参与合并的企业不受同一方或相同的多方控制，企业合并大多是出自企业自愿的行为。

（2）交易过程中各方出于自身的利益的考虑会进行激烈的讨价还价，交易以公允价值为基础，作价相对公平合理。

四、企业合并中的会计问题

企业合并中的会计问题涉及会计理论和会计实务两方面。从会计理论角度看，企业合并突破了传统的会计主体、持续经营、会计期间等基本假设，并对会计确认和计量提出了新的问题；从会计实务角度看，企业合并的会计问题包括合并过程的会计处理方法和合并以后的合并会计报表编制问题。

（一）合并过程的会计处理方法

前已述及，根据参与合并的企业是否受同一方或相同的多方最终控制，将企业合并分为同一控制下的企业合并与非同一控制下的企业合并两类。非同一控制下的企业合并和同一控制下的企业合并的会计处理见本章的第二节与第三节。

（二）合并以后的合并财务报表编制

在吸收合并、创立合并、控股合并三种方式中，吸收合并结束后，被合并的企业全部解散，只有实施合并的企业在合并后仍是一个单一的法律主体和会计主体；创立合并完成后，原来的企业均不复存在，新创立的企业仍然是一个单一的法律主体和会计主体。因此，吸收合并和创立合并后的会计处理问题仍然属于传统财务会计问题，不会引起新的会计问题产生，其后编制会计报表的方法与普通企业的编制方法相同。控股合并是企业通过收购、购买其他企业的股份或相互交换取得对方的股份，达到对其他企业控制的一种合并方法。在控股合并过程中，母公司与子公司法人资格继续存在，均为独立的法律主体，分别编制自身的会计报表，不存在解散清算程序和接管资产及负债问题。控股合并并不是法律意义上的合并，但由于它们之间的控股与被控股关系，在经营决策和财务决策上控股企业可以对被控股企业间接实施控制。在生产经营方面，两者成为事实上的一个整体。为了反映这一事实整体的财务状况，就需要另外编制反映这一事实整体的会计报表，即合并财务报表。有关合并财务报表的编制问题，将在本书第九章中进行讨论。

第 二 节　非同一控制下的企业合并的会计处理

一、非同一控制下的企业合并的含义及其特点

所谓非同一控制下的企业合并，是指参与合并的企业在合并前后不受同一方或相同的多方最终控制且该控制是暂时性的。非同一控制下的企业合并一般发生在两个或两个以上独立的企业之间。非同一控制下的企业合并的特点主要有两个：一是非关联企业之间进行的合并；二是合并以市价为基础，交易对价相对公平合理。

二、非同一控制下的企业合并的核算方法

按照企业会计准则的规定，非同一控制下的企业合并应当按照购买法核算。其中取得对参与合并的另一方或多方控制权的一方为购买方，购买方实际取得被购买方控制权的日期为购买日。

(一) 购买法核算的科目设置

一个企业用现金兼并另一个企业，可能产生三种情况：第一种情况是购买成本等于所获净资产的公允价值；第二种情况是购买成本大于所获净资产的公允价值；第三种情况是购买成本小于所获净资产的公允价值。在第一种情况下，通常不用增设新的会计科目；第二种情况下则应当设置"商誉"科目；第三种情况下也不需要增设新的会计科目，而将两者的差额直接计入当期损益。

若购买企业采用分期付款方式支付产权转让款，对于尚未支付的产权转让款可以根据付款期的长短在"其他应付款"或"长期应付款"科目下增设"应付产权转让款"明细科目进行核算。

(二) 一次交换交易实现企业合并的会计处理

按照企业会计准则的规定，非同一控制下的企业合并应当区分一次交换交易实现的企业合并和多次交换交易实现的企业合并。

▶ 1. 一次交换交易实现的企业合并的合并成本

通过一次交换交易实现的企业合并，其合并成本为购买方在购买日为取得另一方的控制权或净资产而付出的资产、发生或承担的负债及发行的权益性证券的公允价值。另外，对于以下两种经济事项，也应计入合并成本。

（1）购买方为进行企业合并而发生的审计费用、评估费用等各项直接相关费用，应计入企业合并成本，而不是作为当期费用处理。

（2）在合并合同或协议中对可能影响合并成本的事项做出约定的，购买日如果估计未来事项很可能发生而且对合并成本的影响金额能可靠计量的，购买方应当将其计入合并成本。

▶ **2. 一次交换交易实现的企业合并的被购买方可辨认净资产公允价值的确定**

被购买方可辨认净资产公允价值，是指合并中购买方取得的被购买方可辨认净资产公允价值减去负债及或有负债公允价值后的余额。

按照企业会计准则的规定，被购买方各项可辨认净资产、负债及或有负债，符合下列条件的，应当单独予以确认：

（1）合并中取得的被购买方除无形资产以外的其他各项资产（不仅限于被购买方原已确认的资产），其所带来的经济利益很快能够流入企业，且公允价值能够可靠计量的，应当单独确认并按照公允价值计量。

（2）合并中取得被购买方除或有负债以外的其他各项负债，履行有关的义务很可能导致经济利益流出企业且公允价值能够可靠计量的，应当单独确认并按照公允价值计量。

（3）合并中取得被购买方或有负债，其公允价值能够可靠计量的，应当单独确认并按照公允价值计量。

按照企业会计准则的规定，购买方按照以下规定确定被购买方各项可辨认净资产、负债及或有负债的公允价值：

① 货币资金。按照购买日被购买方的账面价值确定。

② 有活跃市场的股票、债券、基金等金融工具。按照购买日活跃市场中的市场价格确定。

③ 应收账款，其中的短期应收款项，一般按照应收取的金额作为公允价值；长期应收款项，应按适当的利率折现后的现值确定其公允价值。

④ 存货。对其中的产成品和商品按其估计售价减去估计的销售费用、相关税费以及购买方出售类似产成品和商品估计可能实现的利润确定；在产品按完工产品的估计售价减去至完工仍将发生的成本、估计的销售费用、相关税费以及基于同类或类似产成品的基础上估计出售可能实现的利润确定；原材料按重置成本确定。

⑤ 不存在活跃市场的金融工具如权益性投资，应当参照金融工具确认与计量准则的规定，采用估值技术确定其公允价值。

⑥ 房屋建筑物、机器设备、无形资产。存在活跃市场的，应以购买日的市场价格为基础确定其公允价值，不存在活跃市场的，但同类或类似资产存在活跃市场的，应参照同类或类似资产的市场价格为基础确定其公允价值；应参照同类或类似资产也不存在活跃市场的，应采用估值技术确定其公允价值。

⑦ 应付账款、应付票据、应付职工薪酬、应付债券、长期应付款。其中的短期负债，一般按照应支付的金额确定其公允价值；长期负债，应按适当的折现率折现后的现值确定其公允价值。

⑧ 取得的被购买方的或有负债。其公允价值在购买日能够可靠计量的，应确认为预计负债。此项负债应当按照假定第三方愿意代购买方承担，就其所承担义务需要购买方支

付的金额作为其公允价值。

⑨递延所得税资产和递延所得税负债，取得的被购买方各项可辨认净资产、负债及或有负债的公允价值与其计税基础之间存在差额的，按照所得税准则的规定确认相应的递延所得税资产和递延所得税负债，所确认的递延所得税资产和递延所得税负债的金额不应折现。

▶ 3. 一次交换交易实现企业合并的账务处理

在一次交换交易实现企业合并中会出现三种情况：第一种情况是购买成本等于所获净资产的公允价值；第二种情况是购买成本大于所获净资产的公允价值；第三种情况是购买成本小于所获净资产的公允价值。以下分别就不同情况介绍具体的账务处理方法。

(1) 购买成本等于所获净资产的公允价值的账务处理。购买成本等于所获净资产的公允价值的情况下，购买企业按照公允价值将所购入净资产入账。

(2) 购买成本大于所获净资产的公允价值的账务处理。购买成本大于所获净资产的公允价值的情况下，购买企业按照公允价值将所购入净资产入账。购买成本大于所获净资产的公允价值之间的差额作为商誉，记入"商誉"账户的借方。

(3) 购买成本小于所获净资产的公允价值的账务处理。购买成本小于所获净资产的公允价值的情况下，购买企业按照公允价值将所购入净资产入账。购买成本小于所获净资产的公允价值之间的差额计入当期损益。

(三) 多次交换交易实现企业合并的会计处理

通过多次交换交易分步实现的企业合并，其合并成本为购买方已经持有的被购买方股权在购买日的公允价值，以及购买日支付的其他对价的公允价值，即企业合并成本为每一单项交换交易的成本之和。例如，第一次购买10%股权支付1 000万元，第二次购买50%股权支付6 000万元，通过两次交易持股比例达到60%，实现企业合并，则该企业合并成本为7 000万元。

第三节　同一控制下的企业合并的会计处理

一、同一控制下的企业合并的含义

所谓同一控制下的企业合并，是指参与合并的企业在合并前后均同受同一方或相同的多方最终控制且该控制并非暂时性的。

同一控制下的企业合并一般发生于集团公司内部，多数情况下为集团内的一种重组方式。例如，集团内某一子公司从母公司处取得对集团内另一子公司的控制权、集团内某一子公司从另一子公司处取得对某一个孙公司的控制权等。同一控制下的企业合并中，取得对另一方或多方控制权的一方为合并方，合并方取得对被合并方控制权的日期为合并日。

二、合并方与合并日的确定

在企业合并过程中，确定合并方与合并日对于进行合并的会计处理是非常重要的。

（一）合并方的确定

在同一控制下的企业合并中，取得其他参与合并企业控制权的一方为合并方，其他参与合并企业则为被合并企业。

（二）合并日的确定

在企业合并中，合并方（或购买方）应当在合并日（或购买日）确认因合并取得的资产或负债。在同一控制下的企业合并中，合并日是指合并方实际取得对被合并方控制权的日期；同时满足下列条件的，通常可以确认为实现了控制权的转移：

（1）企业合并合同或协议已经股东大会通过。

（2）企业合并事项需要经过国家有关主管部门审批的，已获得批准。

（3）参与合并各方已办理了必要的财产转移手续。

（4）合并方已经支付了合并价款的大部分（一般应超过50%），而且有能力、有计划支付剩余款项。

（5）合并方实际上已经控制了被合并方的财务和经营决策，并享有相应的利益，承担相应的风险。

三、同一控制下的企业合并的特点及核算方法

（一）同一控制下的企业合并的特点

同一控制下的企业合并具有以下两个特点：

（1）从最终控制方的角度来看，其能够实施控制的净资产没有发生变化，因此可以用账面价值来反映净资产。

（2）由于合并发生于关联方之间，交易价格往往是一种内部转让价格，而不是公平交易价格。如果以双方议定的价格作为核算基础，容易产生利润操纵，因此应当以账面价值作为核算基础。

（二）同一控制下的企业合并的核算方法

按照企业会计准则的规定，对于同一控制下的企业合并应采用类似于权益结合法的核算方法。权益结合法视企业合并为企业资源的结合，认为是两家或两家以上原企业所有者风险和利益的结合，因此不要求对被购买企业的资产加以重估，即按原有账面价值入账。由于合并前企业及合并后形成的企业均受同一最终控制，从能够实施最终控制的一方来看，其能够控制的资产、负债在合并前后没有发生变化，合并方对于合并中取得的资产和负债原则上应当按照被合并方的原账面价值确认和计量。

（1）同一控制下的企业合并中，合并方对于合并中取得的资产和负债原则上应当按照被合并方的原账面价值确认，而且合并方所确认的资产和负债仅限于被合并方原已确认的资产和负债，即合并中不产生新的资产和负债。

若被合并方采用的会计政策与合并方不同的，应当按照合并方的会计政策对被合并方有关的资产和负债的账面价值进行调整后确认。

合并方对于合并中取得的被合并方净资产账面价值与支付的合并对价账面价值之间的差额，应当调整资本公积；资本公积不足冲减的，调整留存收益。

（2）同一控制下的企业合并中，合并方为进行企业合并而发生的各项直接相关费用，如为进行企业合并发生的审计费用、评估费用、法律服务费用等，应当于发生时计入当期损益。

为进行企业合并而发行的债券或承担其他债务所支付的手续费、佣金等，应当计入所发行债券及其他债务的初始计量金额。企业合并中因发行权益性证券而发生的手续费、佣金等，应当抵减权益性证券溢价收入；溢价收入不足冲减的，调整留存收益。

下面举例说明在一般情况下同一控制下企业合并的会计处理程序。

【例8-1】 新欣公司持有紫金公司100%的股权，持有中山公司100%的股权。2015年1月1日，紫金公司购买了中山公司100%的股权，支付现金2 400万元。中山公司此后依然存在。紫金公司发行的股票每股面值为40元，中山公司原股东持有的股票每股面值为10元，紫金公司以1股换2股，另外还以现金支付了其他相关费用50 000元。表8-1是紫金公司、中山公司在2015年12月31日的资产负债表数据。

表8-1　紫金公司、中山公司资产负债表

2015年12月31日　　　　　　　　　　　　　　　　　　单位：万元

项　　目	紫金公司	中山公司
库存现金	25	18
应收账款	25	18
存货	52	20
固定资产净值	138	136
无形资产	100	24
资产总额	340	216
短期借款	30	40
长期借款	10	70
实收资本	220	60
资本公积	10	20
留存收益	70	26
负债与所有者权益总额	340	216

要求：分析紫金公司在合并日取得股权的会计处理。

（1）新欣公司持有紫金公司100%的股权，持有中山公司100%的股权，由于紫金公司和中山公司同时受新欣公司控制，由此可以判断，该合并为同一控制下的企业合并。中山公司原有股份每股面值为10元，股本原账面价值60万元，中山公司原有股份为6万股。紫金公司应发行3万股，由于紫金公司发行的股票每股面值为40元，所以，在合并日，紫金公司发行的股票总面值为120万元。因紫金公司发行的股票总面值为120万元，而中山公司的净资产账面价值合计为106万元（60+20+26），两者的差额为14万元（120-106），紫金公司的资本公积只够冲减10万元，剩下的4万元应冲减紫金公司的留存收益，冲减后紫金公司的留存收益为66万元。

紫金公司在合并日（2015年1月1日）取得股权的会计分录为：

借：长期股权投资——对中山公司的投资　　　　　　　　　　　　1 060 000
　　资本公积　　　　　　　　　　　　　　　　　　　　　　　　100 000
　　留存收益　　　　　　　　　　　　　　　　　　　　　　　　40 000
　　贷：实收资本——普通股（每股40元）　　　　　　　　　　　1 200 000

(2)以现金支付了其他相关费用 50 000 元,应当计入当期损益。其会计分录为:
 借:管理费用　　　　　　　　　　　　　　　　　　　　　　　50 000
 　贷:库存现金　　　　　　　　　　　　　　　　　　　　　　　　　50 000

四、同一控制下吸收合并的账务处理

在同一控制下的企业合并,合并方可以通过支付现金、转让非现金资产、承担债务以及发行权益性证券等方式实现对其他企业的吸收合并。

(一)支付现金方式进行吸收合并的账务处理

【例 8-2】新欣公司、紫金公司均为中山公司的子公司。新欣公司于 2015 年 1 月 1 日,完成对紫金公司的兼并,合并日新欣公司的资产、负债和所有者权益的账面价值如表 8-3 所示。

表 8-2　新欣公司资产负债表　　　　　　　　　　单位:元

项　　目	账面价值
资产:	
库存现金	60 000
银行存款	2 200 000
应收账款(净额)	1 800 000
存货	400 000
无形资产——土地使用权	3 200 000
固定资产——房屋(净值)	4 500 000
固定资产——设备(净值)	6 200 000
合计	18 360 000
负债:	
短期借款	2 000 000
应付账款	4 460 000
应付票据	1 100 000
合计	7 560 000
净资产	10 800 000

紫金公司的资产、负债和所有者权益的账面价值如表 8-3 所示。

表 8-3　紫金公司资产负债表　　　　　　　　　　单位:元

项　　目	账面价值
资产:	
银行存款	100 000
应收账款(净额)	300 000
存货	400 000

续表

项 目	账 面 价 值
无形资产——土地使用权	100 000
固定资产——房屋（净值）	600 000
固定资产——设备（净值）	500 000
合计	2 000 000
负债：	
应付账款	200 000
应付票据	300 000
合计	500 000
净资产	1 500 000

新欣公司、紫金公司的股东权益表如表 8-4 所示。

表 8-4　新欣公司、紫金公司的股东权益表

2015 年 1 月 1 日　　　　　　　　　　　　　　　　　　　　　　　　　　　　　单位：元

科 目	新 欣 公 司	紫 金 公 司	总 计
股本	2 000 000	400 000	2 400 000
资本公积	8 000 000	800 000	8 800 000
投入资本总额	10 000 000	1 200 000	11 200 000
盈余公积	600 000	240 000	840 000
未分配利润	200 000	60 000	260 000
净资产总计	10 800 000	1 500 000	12 300 000

（1）新欣公司以现金 1 200 000 元兼并紫金公司，其支付的现金小于紫金公司的净资产总额，则紫金公司的资产、负债和所有者权益均按其账面价值转为新欣公司的相应项目，支付的现金小于紫金公司的净资产总额的差额确认为新欣公司的资本公积。

合并日，新欣公司编制会计分录如下：

借：银行存款　　　　　　　　　　　　　　　　　　　　　　　　　100 000
　　应收账款（净额）　　　　　　　　　　　　　　　　　　　　　　300 000
　　存货　　　　　　　　　　　　　　　　　　　　　　　　　　　　400 000
　　无形资产——土地使用权　　　　　　　　　　　　　　　　　　　100 000
　　固定资产——房屋（净值）　　　　　　　　　　　　　　　　　　600 000
　　固定资产——设备（净值）　　　　　　　　　　　　　　　　　　500 000
　贷：应付账款　　　　　　　　　　　　　　　　　　　　　　　　　200 000
　　　应收票据　　　　　　　　　　　　　　　　　　　　　　　　　300 000
　　　资本公积　　　　　　　　　　　　　　　　　　　　　　　　　300 000
　　　银行存款　　　　　　　　　　　　　　　　　　　　　　　　1 200 000

合并后，中山公司控制的净资产总额仍然为 12 300 000 元（即 11 100 000 元＋1 200 000 元）。

(2) 假如新欣公司以现金 1 500 000 元兼并紫金公司，其支付的现金等于紫金公司的净资产总额，则紫金公司的资产、负债和所有者权益均按其账面价值转为新欣公司的相应项目。

合并日，新欣公司编制会计分录如下：

借：银行存款	100 000
应收账款（净额）	300 000
存货	400 000
无形资产——土地使用权	100 000
固定资产——房屋（净值）	600 000
固定资产——设备（净值）	500 000
贷：应付账款	200 000
应收票据	300 000
资本公积	300 000
银行存款	1 500 000

这样，合并后，中山公司的股东权益结构如表 8-5 所示。

表 8-5　合并后中山公司的股东权益结构　　　　　　　　　　单位：元

项　　　目	金　　　额
股本	2 000 000
资本公积	8 000 000
盈余公积	600 000
未分配利润	200 000
股东权益总额	10 800 000

合并后，中山公司控制的净资产总额仍然为 12 300 000 元（即 10 800 000 元 + 1 500 000 元）。

(3) 新欣公司以现金 1 800 000 元兼并紫金公司，其支付的现金大于紫金公司的净资产总额，则紫金公司的资产、负债和所有者权益均按其账面价值转为新欣公司的相应项目，而支付的现金大于紫金公司的净资产总额的差额冲减新欣公司的资本公积。

合并日，新欣公司编制会计分录如下：

借：银行存款	100 000
应收账款（净额）	300 000
存货	400 000
无形资产——土地使用权	100 000
固定资产——房屋（净值）	600 000
固定资产——设备（净值）	500 000
资本公积	300 000
贷：应付账款	200 000
应收票据	300 000
银行存款	1 800 000

这样，合并后，新欣公司的股东权益结构如表 8-6 所示。

表 8-6　合并后新欣公司的股东权益结构　　　　　　　　　　单位：元

项　　目	金　　额
股本	2 000 000
资本公积	7 700 000
盈余公积	600 000
未分配利润	200 000
股东权益总额	10 500 000

合并后，中山公司控制的净资产总额仍然为 12 300 000 元（即 10 500 000 元 ＋ 1 800 000 元）。

（4）假如合并前新欣公司资本公积为 600 000 元，而盈余公积为 8 000 000 元，合并时新欣公司支付现金 2 500 000 元，则支付的现金与紫金公司的净资产账面价值之间的差额 1 000 000 元，首先冲减资本公积 600 000 元，不足的部分冲减盈余公积 400 000 元，则合并日，新欣公司编制会计分录为：

借：银行存款　　　　　　　　　　　　　　　　　　　　　100 000
　　应收账款（净额）　　　　　　　　　　　　　　　　　　300 000
　　存货　　　　　　　　　　　　　　　　　　　　　　　　400 000
　　无形资产——土地使用权　　　　　　　　　　　　　　　100 000
　　固定资产——房屋（净值）　　　　　　　　　　　　　　600 000
　　固定资产——设备（净值）　　　　　　　　　　　　　　500 000
　　资本公积　　　　　　　　　　　　　　　　　　　　　　600 000
　　盈余公积　　　　　　　　　　　　　　　　　　　　　　400 000
　　贷：应付账款　　　　　　　　　　　　　　　　　　　　200 000
　　　　应收票据　　　　　　　　　　　　　　　　　　　　300 000
　　　　银行存款　　　　　　　　　　　　　　　　　　　2 500 000

（二）以转让非现金资产方式进行吸收合并的账务处理

【例 8-3】承例 8-1，若新欣公司以一块土地的使用权兼并紫金公司。

（1）若土地使用权账面价值为 1 200 000 元，小于紫金公司的净资产总额，则紫金公司的资产、负债和所有者权益均按其账面价值转为新欣公司的相应项目，土地使用权账面价值小于紫金公司的净资产总额的差额确认为新欣公司的资本公积。

合并日，新欣公司编制会计分录为：

借：银行存款　　　　　　　　　　　　　　　　　　　　　100 000
　　应收账款（净额）　　　　　　　　　　　　　　　　　　300 000
　　存货　　　　　　　　　　　　　　　　　　　　　　　　400 000
　　无形资产——土地使用权　　　　　　　　　　　　　　　100 000
　　固定资产——房屋（净值）　　　　　　　　　　　　　　600 000
　　固定资产——设备（净值）　　　　　　　　　　　　　　500 000

贷：应付账款	200 000
应收票据	300 000
资本公积	300 000
无形资产——土地使用权	1 200 000

这样，合并后，新欣公司的股东权益结构如表8-7所示。

表 8-7　合并后新欣公司的股东权益结构　　　　　　　　　单位：元

项　　目	金　　额
股本	2 000 000
资本公积	8 300 000
盈余公积	600 000
未分配利润	200 000
股东权益总额	11 100 000

（2）若土地使用权账面价值为1 500 000元，等于紫金公司的净资产总额，则紫金公司的资产、负债和所有者权益均按其账面价值转为新欣公司的相应项目。

合并日，新欣公司编制会计分录如下：

借：银行存款	100 000
应收账款（净额）	300 000
存货	400 000
无形资产——土地使用权	100 000
固定资产——房屋（净值）	600 000
固定资产——设备（净值）	500 000
贷：应付账款	200 000
应收票据	300 000
资本公积	300 000
无形资产——土地使用权	1 500 000

合并后，新欣公司的股东权益结构不变。

（3）若土地使用权账面价值为1 800 000元，大于紫金公司的净资产总额，则紫金公司的资产、负债和所有者权益均按其账面价值转为新欣公司的相应项目，土地使用权账面价值大于紫金公司的净资产总额的差额冲减新欣公司的资本公积。

合并日，新欣公司编制会计分录为：

借：银行存款	100 000
应收账款（净额）	300 000
存货	400 000
无形资产——土地使用权	100 000
固定资产——房屋（净值）	600 000
固定资产——设备（净值）	500 000
资本公积	300 000

贷：应付账款	200 000
应收票据	300 000
无形资产——土地使用权	1 800 000

（三）以承担债务方式进行吸收合并的账务处理

【例8-4】承例8-1，假如合并日紫金公司应付账款的账面价值为1 200 000元，其资产负债情况见表8-8。

表8-8　紫金公司资产负债情况　　　　　　　　单位：元

项　目	账面价值
资产：	
银行存款	100 000
应收账款（净额）	300 000
存货	400 000
无形资产——土地使用权	100 000
固定资产——房屋（净值）	600 000
固定资产——设备（净值）	500 000
合计	2 000 000
负债：	
应付账款	1 200 000
应付票据	300 000
合计	1 500 000
净资产	500 000

假如新欣公司以承担1 500 000元债务为条件兼并紫金公司，则合并日，新欣公司编制会计分录为：

借：银行存款	100 000
应收账款（净额）	300 000
存货	400 000
无形资产——土地使用权	100 000
固定资产——房屋（净值）	600 000
固定资产——设备（净值）	500 000
贷：应付账款	1 200 000
应收票据	300 000
资本公积	500 000

（四）以发行权益性证券方式进行吸收合并的账务处理

【例8-5】承例8-1，若新欣公司以发行1 200 000股，每股面值为1元为条件兼并紫金公司，则合并日，新欣公司编制会计分录为：

借：银行存款　　　　　　　　　　　　　　　　　　　　　100 000
　　应收账款（净额）　　　　　　　　　　　　　　　　　300 000
　　存货　　　　　　　　　　　　　　　　　　　　　　　400 000
　　无形资产——土地使用权　　　　　　　　　　　　　　100 000
　　固定资产——房屋（净值）　　　　　　　　　　　　　600 000
　　固定资产——设备（净值）　　　　　　　　　　　　　500 000
　贷：应付账款　　　　　　　　　　　　　　　　　　　　200 000
　　　应收票据　　　　　　　　　　　　　　　　　　　　300 000
　　　股本　　　　　　　　　　　　　　　　　　　　　1 200 000
　　　资本公积　　　　　　　　　　　　　　　　　　　　300 000

若新欣公司以发行 1 500 000 股，每股面值以 1 元为条件兼并紫金公司，则合并日，新欣公司编制会计分录为：

借：银行存款　　　　　　　　　　　　　　　　　　　　　100 000
　　应收账款（净额）　　　　　　　　　　　　　　　　　300 000
　　存货　　　　　　　　　　　　　　　　　　　　　　　400 000
　　无形资产——土地使用权　　　　　　　　　　　　　　100 000
　　固定资产——房屋（净值）　　　　　　　　　　　　　600 000
　　固定资产——设备（净值）　　　　　　　　　　　　　500 000
　贷：应付账款　　　　　　　　　　　　　　　　　　　　200 000
　　　应收票据　　　　　　　　　　　　　　　　　　　　300 000
　　　股本　　　　　　　　　　　　　　　　　　　　　1 500 000

假如新欣公司以发行 1 800 000 股，每股面值以 1 元为条件兼并紫金公司，则合并日，新欣公司编制会计分录为：

借：银行存款　　　　　　　　　　　　　　　　　　　　　100 000
　　应收账款（净额）　　　　　　　　　　　　　　　　　300 000
　　存货　　　　　　　　　　　　　　　　　　　　　　　400 000
　　无形资产——土地使用权　　　　　　　　　　　　　　100 000
　　固定资产——房屋（净值）　　　　　　　　　　　　　600 000
　　固定资产——设备（净值）　　　　　　　　　　　　　500 000
　　资本公积　　　　　　　　　　　　　　　　　　　　　300 000
　贷：应付账款　　　　　　　　　　　　　　　　　　　　200 000
　　　应收票据　　　　　　　　　　　　　　　　　　　　300 000
　　　股本　　　　　　　　　　　　　　　　　　　　　1 800 000

五、同一控制下新设合并的账务处理

两个或两个以上的企业合并成立一个新的企业，就是新设合并，如甲公司和乙公司合并，成立了丙公司。和吸收合并一样，新设合并中合并方在合并日取得资产和负债的入账价值，应当按照被合并方的原账面价值确认；取得的净资产账面价值与所放弃净资产账面价值的差额，以及发行权益性证券方式确认的净资产账面价值与发行股份面值之间的差额，应调

整资本公积和留存收益。下面以发行权益性证券为例，举例说明其账务处理方法。

【例8-6】若新欣公司和紫金公司合并，成立新紫公司。若新紫公司发行股票9 000 000股，每股面值为1元，其中，8 000 000股给紫金公司，以换取新欣公司、紫金公司两公司的全部净资产。此时，新紫公司发行的股本总额9 000 000元小于新欣公司、紫金公司两公司的全部净资产之和12 300 000元，两者之差为3 300 000元。则合并时，新紫公司编制会计分录为：

借：库存现金	60 000
银行存款	2 300 000
应收账款（净额）	2 100 000
存货	800 000
无形资产——土地使用权	3 300 000
固定资产——房屋（净值）	5 100 000
固定资产——设备（净值）	6 700 000
贷：短期借款	2 000 000
应付账款	4 660 000
应付票据	1 400 000
股本	9 000 000
资本公积	3 300 000

若新紫公司发行股票12 300 000股，每股面值为1元，其中，10 800 000股给新欣公司，1 500 000股交给紫金公司，以换取两公司的全部净资产。则合并时，新紫公司编制会计分录为：

借：库存现金	60 000
银行存款	2 300 000
应收账款（净额）	2 100 000
存货	800 000
无形资产——土地使用权	3 300 000
固定资产——房屋（净值）	5 100 000
固定资产——设备（净值）	6 700 000
贷：短期借款	2 000 000
应付账款	4 660 000
应付票据	1 400 000
股本	12 300 000

六、同一控制下控股合并的账务处理

一个企业购买另一个企业的股份，形成对另一个企业的控制，使另一个企业成为它的子公司，它自己则成为子公司的控股公司，即母公司，这就是控股合并。如甲公司购买乙公司70%的股份，形成对乙公司的控制，则乙公司成为甲公司的子公司，甲公司成为母公司。对同一控制下的控股合并，合并方在合并日取得资产和负债的入账价值，应当按照被合并方的原账面价值确认，取得的净资产账面价值与所放弃净资产账面价值的差额，以及发行权益性证券方式确认的净资产账面价值与发行股份面值之间的差额,调整资本公积和留存收益。

【例 8-7】承例 8-1,如新欣公司以现金 160 万元,收购了紫金公司 100%的股权。在合并日,紫金公司净资产账面价值 150 万元,则在合并日新欣公司做如下会计处理:

借:长期股权投资——紫金公司　　　　　　　　　　　　1 500 000
　　资本公积　　　　　　　　　　　　　　　　　　　　　 100 000
　　贷:银行存款　　　　　　　　　　　　　　　　　　　　1 600 000

本 章 小 结

企业合并是指将两个或两个以上单独的企业合并形成一个报告主体的交易或事项。企业合并最根本的目的在于追求价值的最大化。企业合并可按不同的标志进行分类。在企业合并会计准则中,根据参与合并的企业是否受同一方或相同的多方最终控制,将企业合并分为同一控制下的企业合并与非同一控制下的企业合并两类。非同一控制下的企业合并应当按照购买法核算。同一控制下的企业合并应当采用权益结合法进行会计处理。

思 考 题

1. 什么是企业合并?它有什么作用?
2. 简述企业合并的动因。
3. 企业合并有哪些类型?其特点各是什么?
4. 简述企业合并的一般程序。
5. 处理企业合并有哪两种方法?它们的特点及会计处理有何区别?

同 步 测 试 题

一、单项选择题

1. 同一控制下的吸收企业合并,合并方在企业合并中取得的资产和负债,应当按照合并日在被合并方的账面价值计量。合并方取得的净资产账面价值与支付的合并对价账面价值的差额,按其借方差额,依次借记会计科目为( )。

A."资本公积——资本溢价""盈余公积""利润分配——未分配利润"
B."利润分配——未分配利润""盈余公积""资本公积——资本溢价"

C. "股本""资本公积——资本溢价""盈余公积""利润分配——未分配利润"

D. "资本公积——资本溢价""盈余公积""利润分配""股本"

2. 非同一控制下控股企业合并，应在购买日按企业合并成本，借记"长期股权投资"科目按支付合并对价的交易性金融资产账面价值，贷记"交易性金融资产"科目，按发生的直接相关费用，贷记"银行存款"科目，其差额处理方法是（　　）。

  A. 贷记"营业外收入"或借记"营业外支出"　　B. 借记或贷记"投资收益"
  C. 借记或贷记"商誉"　　　　　　　　　　　D. 借记或贷记"资本公积——资本溢价"

3. 同一控制下的吸收合并中，合并方主要涉及合并日取得被合并方资产、负债入账价值的确定，以及合并中取得有关净资产的入账价值与支付的合并对价账面价值之间差额的处理。其不正确的会计处理方法有（　　）。

  A. 合并方对同一控制下的吸收合并中取得的资产、负债应按照相关资产、负债在被合并方的原账面价值入账

  B. 以发行权益性证券方式进行的该类合并，所确认的净资产入账价值与发行股份面值总额的差额，应记入资本公积，资本公积的余额不足冲减的相应冲减盈余公积和未分配利润

  C. 以支付现金、非现金资产方式进行的该类合并，所确认的净资产入账价值与支付现金、非现金资产账面价值的差额，应记入资本公积，资本公积的余额不足冲减的相应冲减盈余公积和未分配利润

  D. 合并方为进行企业合并发生的各项直接相关费用，应当于发生时计入合并成本

4. 企业合并过程中发生的各项直接相关费用，其正确的会计处理方法有（　　）。

  A. 同一控制下企业合并进行过程中发生的各项直接相关费用，应于发生时借记"管理费用"等科目，贷记"银行存款"等科目

  B. 非同一控制下企业合并进行过程中发生的各项直接相关费用，应于发生时借记"管理费用"等科目，贷记"银行存款"等科目

  C. 以发行债券方式进行的企业合并，与发行债券相关的佣金、手续费等应按照金融工具确认和计量准则的规定进行核算，该部分费用，虽然与筹集用于企业合并的对价直接相关，但其应计入负债的初始计量金额中

  D. 以发行权益性证券作为合并对价的，与所发行权益性证券相关的佣金、手续费等应按照金融工具列报准则的规定进行核算，所确认的净资产入账价值与发行股份面值总额的差额，应记入资本公积，资本公积的余额不足冲减的相应冲减盈余公积和未分配利润

5. 购买方对于企业合并成本小于合并中取得的被购买方可辨认净资产公允价值份额的部分，下列会计处理方法不正确的表述有（　　）。

  A. 首先要对合并中取得的资产、负债的公允价值、作为合并对价的非现金资产或发行权益性证券等的公允价值进行复核，复核结果表明所确定的各项可辨认资产、负债的公允价值确定是恰当的，应将企业合并成本低于取得的被购买方可辨认净资产公允价值份额之间的差额，计入合并当期的营业外收入，并在会计报表附注中予以说明

  B. 在吸收合并的情况下，应计入合并当期购买方的个别利润表

  C. 在控股合并的情况下，应体现在合并当期的合并利润表

  D. 在控股合并的情况下，应体现在合并当期购买方的个别利润表

6. 甲、乙公司分别为P公司控制下的两家子公司。甲公司于2015年4月10日自母公司P公司处取得乙公司80%的股权,合并后乙公司仍维持独立法人资格继续经营。为进行此项企业合并,甲公司发行了700万股本公司普通股(每股面值为1元)作为对价。乙公司合并当日的所有者权益总量为3000万元,则甲公司的长期股权投资的入账价值为(　　)万元。

　　A. 2 400　　　　　　B. 3 000　　　　　　C. 700　　　　　　D. 280

7. 甲、乙公司分别为P公司控制下的两家子公司。甲公司于2015年4月10日自母公司P公司处取得乙公司80%的股权,合并后乙公司仍维持独立法人资格继续经营。为进行此项企业合并,甲公司发行了700万股本公司普通股(每股面值为1元)作为对价。乙公司合并当日的所有者权益总量为3000万元,则甲公司的"资本公积——股本溢价"应贷记(　　)万元。

　　A. 700　　　　　　B. 2 300　　　　　　C. 2 100　　　　　　D. 1 700

8. 甲公司以一项原价1 000万元、累计折旧400万元的设备和一项原价600万元、累计摊销150万元的专利权作为对价取得同一集团内另一家全资子公司乙公司100%的股权,乙公司合并当日的所有者权益总量为1 300万元,则甲公司的长期股权投资的入账价值为(　　)万元。

　　A. 1 300　　　　　　B. 1 500　　　　　　C. 1 350　　　　　　D. 1 050

9. 甲公司以一项原价1 000万元、累计折旧400万元的设备和一项原价600万元、累计摊销150万元的专利权作为对价取得同一集团内另一家全资子公司乙公司100%的股权,乙公司合并当日的所有者权益总量为1 300万元,则甲公司在确认对乙公司的长期股权投资时,对资本公积的处理为(　　)。

　　A. 贷记250万元　　B. 借记250万元　　C. 不做调整　　D. 贷记30万元

10. 甲公司于2015年11月25日取得乙公司26%的股权,对乙公司的影响程度达到了重大影响,又于2015年12月16日取得了乙公司40%的股权,并基于其拥有的股份达到了对乙公司的控制权,则企业合并购买日为(　　)。

　　A. 2015年11月25日　　　　　　B. 2015年年末
　　C. 2015年12月16日　　　　　　D. 2015年11月30日

二、多项选择题

1. 下列有关非同一控制下的企业合并正确的会计处理方法有(　　)。

　　A. 非同一控制下的吸收合并,购买方在购买日应当按照合并中取得的被购买方各项可辨认资产,负债的公允价值确认其入账价值,确定的企业合并成本与取得被购买方可辨认净资产公允价值的差额,应确认为商誉或计入当期损益

　　B. 非同一控制下的控股合并,母公司在购买日编制合并资产负债表时,对于被购买方可辨认资产,负债应当按照合并中确定的公允价值列示

　　C. 企业合并成本大于合并中取得的被购买方可辨认净资产公允价值份额的差额,确认为合并资产负债表中的商誉

　　D. 企业合并成本小于合并中取得的被购买方可辨认净资产公允价值份额的差额,在购买日合并资产负债表中调整盈余公积和未分配利润

　　E. 合并方为进行企业合并发生的各项直接相关费用,包括为进行企业合并而支付的审计费用、评估费用、法律服务费用等,应当于发生时计入管理费用

2. 确定购买日的基本原则是控制权转移的时点，企业在实务操作中，应当同时满足了以下（   ）条件时，一般可认为实现了控制权的转移，形成购买日。

A. 企业合并合同或协议已获股东大会等内部权力机构通过

B. 按照规定，合并事项需要经过国家有关主管部门审批的，已获得相关部门的审批

C. 参与合并各方已办理了必要的财产产权交接手续

D. 购买方已支付了购买价款的大部分（一般应超过50%），并且有能力支付剩余款项

E. 购买方实际上已经控制了被购买方的财务和经营政策，并享有相应的收益和风险

3. 购买方对于企业合并成本大于合并中取得的被购买方可辨认净资产公允价值份额的差额，下列会计处理方法表述正确的有（   ）。

A. 首先要对企业合并成本及合并中取得的各项可辨认资产、负债的公允价值进行复核，在取得的各项可辨认资产和负债均以公允价值计量并且确认了符合条件的无形资产以后，剩余部分构成商誉

B. 应确认为商誉，控股合并情况下，该差额是指合并财务报表中应列示的商誉

C. 应确认为商誉，吸收合并情况下，该差额是购买方在其账簿及个别财务报表中应确认的商誉

D. 商誉在确认以后，持有期间不要求摊销，每一会计年度年末，企业应当按照《企业准则第8号——资产减值》的规定对其进行减值测试，按照账面价值与可收回金额孰低的原则计量，对于可收回金额低于账面价值部分，计提减值准备，有关减值准备在提取以后，不能够转回

E. 商誉在确认以后，应在规定的10年内摊销，同时在每一会计年度年末，企业应当按照《企业会计准则第8号——资产减值》的规定对其进行减值测试。按照账面价值与可收回金额孰低的原则计量，对于可收回金额低于账面价值部分，计提减值准备，有关减值准备在提取以后，可以转回

4. 非同一控制下的企业合并中，购买方取得了对被购买方净资产的控制权，视合并方式的不同，应分别在合并财务报表或个别财务报表中确认合并中取得的各项可辨认资产和负债，其正确的处理方法有（   ）。

A. 购买方在企业合并中取得的被购买方各项可辨认资产和负债，在购买日满足资产、负债的确认条件是，应作为本企业的资产、负债（或合并报表中的资产、负债）进行确认

B. 合并中取得的被购买方的各项资产（无形资产除外），其所带来的未来经济利益预期能够流入企业且公允价值能够可靠计量的，应单独作为资产确认

C. 合并中取得的被购买方的各项资产（负债除外），履行有关义务预期会导致经济利益流出企业且公允价值能够可靠计量的，应单独作为负债确认

D. 企业合并中取得的无形资产在其公允价值能够可靠计量的情况下应单独予以确认

E. 对于购买方在企业合并时可能需要代被购买方承担的或有负债，在其公允价值能够可靠计量的情况下，相关的或有事项导致的经济利益流出企业的可能性还比较小，不能确认预计负债

5. 购买方确定合并中取得的被购买方各项可辨认资产、负债及或有负债的公允价值时，正确的会计方法是（   ）。

A. 不存在活跃市场的金融工具如权益性资产等，应当参照《企业会计准则第22

号——金融工具的确认和计量》的规定，采用估值技术确认其公允价值

　　B. 房屋建筑物、机器设备、无形资产存在活跃市场的，应当以购买日的市场价格为基础确认其公允价值；不存在活跃市场的，但同类或类似资产存在活跃市场的，应当参照同类或类似资产的市场价格确认其公允价值；同类或类似资产也不存在活跃市场的，应当采用估值技术确认其公允价值

　　C. 应付票据、应付账款、应付职工薪酬、应付债券、长期应付款、其中的短期负债，一般按照应支付的金额确认其公允价值；长期负债，应按适当的折现率折现后的现值确认其公允价值

　　D. 取得的被购买方的或有负债，其公允价值在购买日能够可靠计量的，应确认为预计负债。此项负债应当按照假定第三方愿意代购买方承担，就其所承担的义务需要购买方支付的金额作为其公允价值

　　E. 递延所得税资产和递延所得税负债，取得的被购买方各项可辨认净资产，负债及或有负债的公允价值与其计税基础之间存在差额的，应当按照《企业会计准则第18号——所得税》的规定确认相应的递延所得税资产和递延所得税负债，所确认的递延所得税资产和递延所得税负债的金额不应折现

　　6. 下列业务属于企业合并的是（　　）。

　　A. 甲公司通过增发自身的普通股自乙企业的全部投权，该交易事项发生后，乙企业仍持续经营

　　B. 企业M支付对价取得企业N的净资产，该交易事项发生后，撤销企业N的法人资格

　　C. 企业M以自身持有的资产作为出资投入企业N，取得对企业N的控制权，该交易事项发生后，企业N仍维持其独立法人资格继续经营

　　D. M公司购买N公司20%的股权

　　7. 下列有关同一控制下企业合并的处理原则的论断中，正确的是（　　）。

　　A. 合并方在合并中确认取得的被合并方的资产、负债仅限于被合并方账面上原已确认的资产和负债，合并中不产生新的资产和负债

　　B. 合并方在合并中确认取得的被合并方的资产、负债应维持其在被合并方的原账面价值不变

　　C. 合并方在合并中取得的净资产的入账价值相对于为进行企业合并支付的对价账面价值之间的差额，不作为资产的处置损益，不影响合并当期利润表，有关差额应调整所有者权益相关项目

　　D. 对于同一控制下的控股合并，合并方在编制合并财务报表时，应视同合并后形成的报告主体自最终控制方开始实施控制时一直是一体化存续下来的，参与合并各方在合并以前期间实现的留存收益应体现为合并财务报表中的留存收益

　　8. 下列有关非同一控制下企业合并的处理原则的论断中，正确的是（　　）。

　　A. 企业合并成本包括购买方为进行企业合并支付的现金或非现金资产、发行或承担的债务、发行的权益性证券等在购买日的公允价值以及企业合并中发生的各项直接相关费用

　　B. 当企业合并合同或协议中提供了视未来或有事项的发生而对合并成本进行调整时，符合《企业会计准则——或有事项》规定的确认条件的，应确认的支出也应作为企业合并成本的一部分

C. 非同一控制下企业合并中发生的与企业合并直接相关的费用，包括为进行合并而发生的会计审计费用、法律服务费用、咨询费用等，应当计入企业合并成本

D. 对于通过多次交换交易分步实现的企业合并，其企业合并成本为每一单项交换交易的成本之和

9. 即使一方没有取得另一方半数以上有表决权股份，但存在以下（　　）情况时，一般也可认为其获得了对另一方的控制权

A. 通过与其他投资者签订协议，实质上拥有被购买企业半数以上表决权

B. 按照协议规定，具有主导被购买企业财务和经营决策的权力

C. 有权任免被购买企业董事会或类似权力机构绝大多数成员，这种情况是指，虽然投资企业拥有被投资单位50%或以下表决权资本，但根据章程、协议等有权任免被投资单位董事会或类似机构的绝大多数成员，以达到实质上控制的目的

D. 在被购买企业董事会或类似权力机构具有绝大多数投票权

10. 下列交易或事项，采用非同一控制下的企业控股合并时，影响合并成本的因素有（　　）。

A. 支付合并对价的账面价值

B. 支付合并对价的公允价值

C. 被投资单位收取的已宣告但尚未发放的现金股利或利润

D. 发生的直接相关费用

E. 支付合并对价的账面价值与公允价值的差额

三、判断题

1. 非同一控制企业合并下，注册和发行权益证券的费用、支付给为实现合并而聘请的会计师、法律顾问、评估师和其他咨询人员的业务费用可以直接计入合并成本。（　　）

2. 同一控制企业合并下，被合并企业在合并日前的盈利作为合并方的投资成本，而不作为合并方利润的一部分并入合并企业的报表。（　　）

3. 不论是从法律角度，还是从经济角度来看，控股合并后的控股企业与被控股企业是一个统一的经济实体。（　　）

4. 企业合并中，只要某一合并方取得一半以上的表决权，就可判定其取得了控制权，成为购买方。（　　）

5. 创立合并是指两个或两个以上的企业联合成立一个新的企业，用新企业的股份代替原来各公司的股份。（　　）

6. 吸收合并完成后，只有合并方仍保持原来的法律地位，而被合并企业失去其原来的法人资格而作为合并企业的一部分从事生产经营活动。（　　）

7. 创立合并结束后，原来的各企业均失去法人资格，而由新成立的企业统一从事生产经营活动。（　　）

8. 在控股合并方式下，被控股的企业失去其独立的法人资格，而作为控股企业的一部分从事生产经营活动。（　　）

9. 母公司因为要编制合并财务报表，所以不用再编制个别会计报表。（　　）

10. 非同一控制企业合并下，要求按公允价值反映被购买企业的资产负债表项目，并将公允价值体现在购买企业的账户和合并后的资产负债表中，所取得的净资产的公允价值与购买成本的差额表现为购买企业购买时所发生的商誉。（　　）

四、业务处理题

1. A公司2015年1月1日，经股东大会通过收购B公司的决议，合并前B公司经确认的资产、负债的账面价值和公允价值如表8-9所示。

表8-9　合并前B公司经确认的资产、负债的账面价值和公允价值　　　单位：元

项目	账面价值	公允价值
资产		
银行存款	50 000	50 000
应收账款（净额）	150 000	140 000
存货	200 000	250 000
固定资产——厂房	300 000	500 000
固定资产——设备	250 000	250 000
无形资产——土地使用权	50 000	100 000
无形资产——专利权	0	50 000
资产合计	1 000 000	1 440 000
负债		
应付账款	60 000	60 000
应付票据	190 000	180 000
负债合计	250 000	240 000
净资产	750 000	1 200 000

要求：根据以下各种情况，编制A公司收购B公司的会计分录：
(1) A公司用1 400 000元收购B公司。
(2) A公司用1 000 000元收购B公司（负商誉按比例冲减非流动资产的公允价值）。
(3) A公司用1 000 000元收购B公司（负商誉作为递延负债，摊销期为10年）。

2. 假设A公司和B公司同为甲公司控制下的子公司，2015年9月1日，A公司以现金600万元的对价收购了B公司100%的股权。2015年8月31日，A公司和B公司的资产负债表数据如表8-10所示。

表8-10　A公司和B公司的资产负债表　　　单位：万元

项目	A公司	B公司	B公司公允价值
现金	50	20	20
应收账款	450	180	150
存货	300	200	180
固定资产净值	1 000	300	400
短期借款	500	200	200
所有者权益	1 300	500	550

分别做出该合并为控股合并和吸收合并情况下企业合并的会计处理。

3. A 公司于 2015 年 1 月 1 日以 3 000 万元取得 B 公司 10% 的股份，取得投资时 B 公司净资产的公允价值为 27 000 万元。因未以任何方式参与 B 公司的生产经营决策，故 A 公司对持有的该投资采用成本法核算。B 公司 2015 年实现的净利润为 900 万元（假定不存在对净利润进行调整的因素），未进行利润分配。2016 年 1 月 1 日，A 公司另支付 15 000 万元取得 B 公司 60% 的股份，从而能够对 B 公司实施控制。购买日，B 公司可辨认净资产的公允价值为 28 500 万元。要求：

（1）编制 2015 年取得 B 公司 10% 的股份的会计分录。

（2）编制 2016 年购买日 A 公司取得 B 公司 60% 的股份的会计分录。

（3）计算达到企业合并时应确认的商誉。

（4）分析资产增值的会计处理。

第九章 合并财务报表

> **学习目标**
> 1. 了解合并财务报表的含义及其产生和发展。
> 2. 熟悉合并财务报表的优点及其局限性。
> 3. 掌握四大合并财务报表的编制与分析。

第一节 合并财务报表概述

一、合并财务报表的含义及其产生和发展的原因

(一) 合并财务报表的含义

合并财务报表又称合并会计报表,是指反映母公司和其全部子公司所形成的企业集团整体的财务状况、经营成果和现金流量的财务报表。其中,个别财务报表是指企业单独编制的反映企业财务状况、经营成果和现金流量情况的财务报表。将其称为个别财务报表,是为了与合并财务报表相区别。合并财务报表发源于美国。最早的合并财务报表是于1886年由美国科顿石油托拉斯公司编制的。在19世纪末20世纪初,美国出现第一次企业合并高潮期间,合并财务报表得以逐步发展起来。兼并了169家企业而成为世界上第一个资产超过10亿美元的企业——美国钢铁公司,从1910年组建时就开始编制合并财务报表,并由此建立了一种编制合并财务报表的模式。

(二) 合并财务报表产生和发展的原因

综观合并财务报表的发展史,不少学者归纳出以下促使合并财务报表产生和发展的原因。

(1) 企业合并是合并财务报表产生的"物质"基础。合并使企业规模迅速扩大,最具意义的是通过掌握股权而控制其他公司的母公司或子公司的发展,使大量的经济活动都通过

企业集团来进行。经济上成为一体的企业集团要求会计上将其视为一个独立的实体来进行反映。

(2) 法律将成为许多国家发展合并财务报表实务的"推动力"。合并会计报表首先产生于法律对财务报表没有严格规定的环境之中,并且在详细规定财务报表法定要求的国家中,法律曾是发展合并财务报表主要的障碍之一。但是,对于除英、美等国以外的大多数国家来说,走"自发"发展的道路已经不可能。法律限制了合并财务报表的发展,而要发展合并财务报表又必须依赖法律的强制性。

(3) 会计职业界的作用。富有创新精神的会计职业界是合并财务报表得以产生的一个重要因素。在合并财务报表的发展与完善过程中,通过对照会计理论、会计原则和法定要求检查具体实务,促使合并会计报表实务规范化,同时提出对审计过程中发现的问题进行讨论,加以研究。通过解决具体问题,提出新技术、新方法,保持不断创新的趋势,促使合并会计报表不断完善和发展。

(4) 企业所有者的需要是合并财务报表得以产生和发展的主要原因。

编制合并财务报表的目的是为了反映和报告在共同控制之下的一个企业集团的财务状况、经营成果和现金流量的总括情况,以满足报表使用者对一个经济主体而不是法律主体的会计信息的需求。关于合并会计报表的目的,美国会计程序委员会于1959年发布的第51号《会计研究公报——合并会计报表》中有一段精确的说明:"合并会计报表的目的主要是为母公司的股东和债权人的利益而编制的,它基本上是将一个集团视为一个拥有一个或多个分支机构或分部的子公司来反映该集团母公司及其子公司的经营成果和状况的。一个基本的理由是:合并报表比个别报表更有意义,当集团中的一个公司直接或间接拥有其他公司的控制性财务股权时,为了公正反映通常需要合并报表。"

(三) 合并财务报表的局限性

合并财务报表也存在着一定的局限性,主要表现在以下方面。

(1) 母公司和子公司的债权人对企业的债权求偿权通常是针对独立的法律主体,而不是针对经济主体。合并报表中的数据实际上是母公司和子公司的个别会计报表的合并数,并不能反映每个法律主体的偿债能力,因而不能满足债权人的全部信息要求。对债权人而言,母公司或子公司单独的财务报表比合并财务报表可能更有意义。对于纳税事项,一般也重视母公司或子公司单独的财务报表。这或许是面向债权人的日本会计和面向税务的法国会计不重视合并财务报表的原因。

(2) 合并报表将母公司及其所有符合条件的子公司的个别财务报表合并起来,子公司的少数股东难以从合并报表中直接得到他们所需要的对决策有用的信息。

(3) 合并财务报表虽然向母公司的股东提供整个企业集团的财务状况、经营成果和现金流量的信息,但合并报表并不能为股东预测和评价母公司和所有子公司的未来股利分派提供依据。

因此,即使编制了合并财务报表,各企业的个别财务报表也是不可缺少的。国际上的通行做法大致有两类:一类是母公司个别会计报表和合并财务报表同时公布,如英国、法国、德国、荷兰等;另一类是在公布合并财务报表后再公布,如美国。

二、合并财务报表的合并理论与合并范围

(一) 合并财务报表的合并理论

编制合并财务报表首先碰到的问题就是要界定企业集团的范围,确定哪些被投资企业应当纳入合并财务报表的范围,需要确定编制合并财务报表时所采用的合并方法等。企业集团的界定、合并范围的确定以及合并方法的选择,直接关系到合并财务报表提供什么样的信息,为谁提供信息等一系列问题,对于合并财务报表的编制具有重要的意义。这些问题的解决,在很大程度上取决于编制合并财务报表所采用的合并理论。根据不同的合并理论,其确定的合并范围和选择的合并方法也各不相同。

目前,国际上编制合并财务报表的合并理论主要有母公司理论、实体理论和所有权理论三种。

▶ 1. 母公司理论

所谓母公司理论,是指将合并财务报表视为母公司本身的财务报表反映范围的扩展来看待,视为母公司财务报表的延伸。母公司理论认为,合并财务报表主要是为现有的和潜在的母公司或控股公司普通股股东编制的,强调母公司或控股公司的股东利益。按照母公司理论,在企业集团内的股东只包括母公司的股东,将子公司少数股东排除在外,看作是企业集团主体的外界债权人。合并资产负债表中的股东权益和合并利润表中的净收益仅指母公司或控股公司拥有和所得部分,而少数股权股东权益则被看成母公司的负债,少数股权所享有的净收益则被视作母公司的费用。合并财务报表不过是母公司财务报表的延伸和扩展。母公司理论是以法定控制为基础的,这通常是以持有多数股份和表决权而取得的,但也可以通过使一家公司处于另一家公司的法定支配下的控制协议而实现。

在美国和英国的合并财务报表实务中,采用的主要是母公司理论。国际会计准则委员会制定的有关合并会计报表的准则,采用的基本上也是母公司理论。我国现行会计实务中有关合并财务报表的法规基本上是体现母公司理论的主要思想。

▶ 2. 实体理论

所谓实体理论,是指将母子公司组成的企业集团看成一个经济联合体,合并财务报表是为整个经济实体服务的。这强调的是企业集团中所有成员企业所构成的经济实体。它对构成企业集团的多数股权的股东和少数股权的股东一视同仁、同等对待,认为只要是企业集团成员企业的股东,不论是拥有多数股权,还是拥有少数股权,都是共同组成的经济实体的股东。实体理论认为,子公司虽然为母公司所购买,但是其本身依旧是一个不可分割的整体。因此,合并净收益应属于企业集团全部股东的收益,要在多数股权和少数股权之间加以分配;同理,少数股权是整体企业集团股东权益的一部分,应与多数股权同样列示。采用主体理论编制的合并财务报表,能够满足企业集团内部管理人员对财务报表的需要,满足对整个企业集团管理生产经营活动的需要。

▶ 3. 所有权理论

所谓所有权理论,是指在编制合并财务报表时既不强调企业集团中存在的法定控制关系,也不强调企业集团的各成员企业所构成的经济实体,而是强调编制合并财务报表的企业对另一企业的经济活动和财务决策具有重大影响的所有权。在采用所有权理论的情况下,对于其拥有所有权的企业的负债和当期实现损益,按照一定的比例合并记入合并财务报表,即

采用比例合并法合并企业在其拥有所有权的企业中的权益。母公司理论和实体理论均不能解决隶属于两个或两个以上的企业集团的企业合并会计报表的编制问题。例如，某一企业的全部股份是由两个投资企业共同投资形成的，各拥有50%的股份，在这种情况下，其中任何一个投资企业都不能对该企业实施控制，根据母公司理论和主体理论都很难确定该企业的财务报表由哪一投资企业编制。因为在这种情况下，既没有单一的母公司，也没有少数股权的股东，既不存在着法定支配权，也不存在单一的经济实体。因此，为了弥补母公司理论和实体理论的不足，有的国家在编制合并财务报表时，就提出了所有权理论。按照所有权理论，企业集团是指以投资公司为基础，连同在经济活动和财务决策中对另一公司具有重大影响的所有权部分。所有权理论主要运用于几个公司通过某种协议共同控制被投资公司的特殊情况。因此，这种合并理论一般是与其他合并理论结合起来采用的。法国的法律和惯例是同时以母公司理论和所有权理论为基础的。英、美国家中所有权理论也作为标准惯例结合使用。

（二）合并财务报表的合并范围

▶ 1. 应纳入合并财务报表合并范围的被投资单位

在编制合并财务报表时，首先应确定哪些企业应纳入合并财务报表，哪些企业不纳入合并财务报表，即要确定合并财务报表的合并范围。合并财务报表准则第6条规定："合并财务报表的合并范围应当以控制为基础予以确定"。控制是指一个企业能够决定另一个企业的财务和经营政策，并能据以从另一个企业的经营活动中获取利益的权利。母公司应当将其控制的所有子公司，无论是小规模的子公司还是经营业务性质特殊的子公司，均应纳入合并财务报表的合并范围。

以控制为基础确定合并财务报表的合并范围，应当强调实质重于形式，综合考虑所有相关事实和因素进行判断，如投资者的持股情况、投资者之间的相互关系、公司治理结构、潜在表决权等。

▶ 2. 母公司控制的特殊目的的主体也应当纳入合并财务报表的合并范围

判断母公司能否控制特殊目的主体，应当考虑如下主要因素：

（1）母公司为融资、销售商品或提供劳务等特定经营业务的需要直接或间接设立特殊目的主体。

（2）母公司具有控制或获得控制特殊目的主体或其资产的决策权。例如，母公司拥有单方面终止特殊目的主体的权力、变更特殊目的主体章程的权力、对变更特殊目的主体章程的否决权等。

（3）母公司通过章程、合同、协议等具有获取特殊目的主体大部分利益的权力。

（4）母公司通过章程、合同、协议等承担特殊目的主体的大部分风险。

由于母公司无法对一些被投资单位实施控制，不符合合并财务报表的合并范围的标准，所以，母公司不得将其纳入合并财务报表的合并范围。这些被投资单位包括：

（1）按照破产程序，已宣布被清理整顿的子公司。

（2）已宣布破产的子公司。

（3）非持续经营的所有者权益为负数的子公司。

（4）母公司不再控制的子公司。

（5）联合控制主体（合营企业）。

（6）其他非持续经营的或母公司不能控制的被投资单位。

三、合并财务报表的编制原则与编制程序

(一)合并财务报表的编制原则

▶ 1. 客观性原则

合并财务报表并不是直接根据母公司和子公司账簿资料编制的,而是利用母公司和子公司编制的反映各自财务状况和经营成果的个别财务报表提供的数据,通过合并财务报表的特有方法编制的。以纳入合并范围的母公司和子公司个别财务报表为编制基础,可以说是客观性原则在合并财务报表编制时的具体体现。

▶ 2. 一体性原则

合并财务报表反映的是企业集团的财务状况和经营成果,反映由多个法人企业组成的一个会计主体的财务状况和经营成果,在编制合并财务报表时应当将母公司和子公司作为整体来看待,视为同一会计主体;母公司和子公司发生的经营活动都应当从企业集团这一整体角度进行考虑。因此,在编制合并财务报表时,对于母公司和子公司之间发生的经济业务,应当视同同一会计主体内部业务处理。

▶ 3. 重要性原则

由于合并财务报表要涉及多个法人企业,而各个法人企业在经营内容、经营活动上可能存在很大差别。若合并财务报表对所有的内部经济业务都进行抵销处理,既不经济,也无必要。因此,在编制合并财务报表时,必须强调重要性原则的运用,必须对需要抵销的内部会计事项进行取舍。

(二)合并财务报表的编制程序

▶ 1. 编制合并工作底稿

合并工作底稿是合并财务报表的草稿,是编制合并财务报表的基础。在合并工作底稿中,对母公司和纳入合并范围的子公司的个别财务报表各项目进行汇总和抵销处理,最终计算得出合并报表各项目的合并数。合并工作底稿的基本格式如表9-1所示。

表9-1 合并工作底稿

项目	母公司	子公司1	子公司2	合计数	抵销分录		少数股东权益	合并数
					借方	贷方		
利润表项目								
营业收入营业成本净利润								
利润分配表项目								
年初未分配利润								
未分配利润(资产负债表项目)								
货币资产								
少数股东权益								

▶ 2. 过入个别财务报表数字

将纳入合并范围的母公司与子公司的个别财务报表数字过入合并工作底稿,并在合

工作底稿中对母公司与子公司的个别财务报表数字进行加总,计算得出个别资产负债表、个别利润及利润分配表、现金流量表、所有者权益变动表各项目的合计数额。

▶ 3. 编制抵销分录,将母公司与子公司之间、子公司相互之间发生的经济业务对个别会计报表有关项目的影响进行抵销处理

编制抵销分录、进行抵销处理是合并会计报表编制的关键和主要内容。其目的在于将个别会计报表各项目加总数额中重复的因素予以抵销。这是因为母公司和各子公司之间及子公司之间发生的经济业务,从集团的角度看,会有很多虚计的成分。

▶ 4. 计算合并数

对于资产负债表项目可按下列公式计算。

(1) 资产项目:

合并数=各项目合计数+抵销分录借方发生额-抵销分录贷方发生额

(2) 负债项目:

合并数=各项目合计数-抵销分录借方发生额+抵销分录贷方发生额

(3) 所有者权益项目:

合并数=各项目合计数-抵销分录借方发生额+抵销分录贷方发生额-"少数股东收益"项目的数额

对于利润及利润分配表各项目可按下列公式计算。

(1) 收入类项目:

合并数=各项目合计数-抵销分录借方发生额+抵销分录贷方发生额

(2) 费用类项目:

合并数=各项目合计数+抵销分录借方发生额-抵销分录贷方发生额

▶ 5. 填列合并会计报表

根据合并工作底稿中计算出的资产、负债、所有者权益、收入、成本费用各项目的合并数,填列合并资产负债表、合并利润及利润分配表。

至于合并现金流量表则须另外编制,具体见后面有关合并现金流量表的内容。

第二节　合并资产负债表

合并资产负债表是以母公司和子公司的资产负债表为基础,在抵销母公司和子公司、子公司相互之间发生的内部交易对合并资产负债表的影响后,由母公司合并编制。

一、对子公司的个别财务报表进行调整

在编制合并财务报表时,首先应对各子公司进行分类,将其分为同一控制下企业合并中取得的子公司和非同一控制下企业合并中取得的子公司。

(一) 属于同一控制下企业合并中取得的子公司

对于属于同一控制下企业合并中取得的子公司的个别财务报表,如果不存在与母公司会计政策和会计期间不一致的情况,则不需要对该子公司的个别财务报表进行调整,即不

需要对该子公司的个别财务报表调整为公允价值反映的财务报表,只需要抵销内部交易对合并财务报表的影响就可以了。

(二)属于非同一控制下企业合并中取得的子公司

对于属于非同一控制下企业合并中取得的子公司,除了存在与母公司会计政策和会计期间不一致的情况,需要对该子公司的个别财务报表进行调整外,还应当根据母公司为该子公司设置的备查簿的记录,以记录的该子公司的各项可辨认资产、负债等在购买日的公允价值为基础,通过编制调整分录,对该子公司的个别财务报表进行调整,以使子公司的个别财务报表反映为在购买日的公允价值基础上确定的可辨认资产、负债及或有负债在本期资产负债表日的金额。

有关对属于非同一控制下企业合并中取得的子公司的可辨认资产、负债及或有负债的金额的调整,请参见本章的相关内容。

二、按权益法对子公司的长期股权投资

合并报表准则规定,合并财务报表应当以母公司和其子公司的财务报表为基础,根据其他有关资料,按照权益法调整对子公司的长期股权投资后,由母公司编制。

在合并工作底稿中,按权益法对子公司的长期股权投资时,应按照《企业会计准则第2号——长期股权投资》所规定的权益法进行调整。在确认应享有子公司净损益的份额时,对于属于非同一控制下企业合并形成的长期股权投资,应当以在备查簿中记录的子公司的各项可辨认资产、负债等在购买日的公允价值为基础,对该子公司的净利润进行调整后确认;对于属于同一控制下企业合并形成的长期股权投资,可以直接以该子公司的净利润进行确认,但是,该子公司的会计政策和会计期间与母公司不一致的,仍需要对净利润进行调整。在采用权益法进行调整时还应对该未实现内部交易损益进行调整。

在合并工作底稿中编制的调整分录为:对于当期该子公司实现净利润,按母公司应享有的份额,借记"长期股权投资"项目,贷记"投资收益"项目;对于当期该子公司发生的净亏损,按母公司应分担的份额,借记"投资收益"项目,贷记"长期股权投资""长期应收款"等项目。对于当期收到的净利润或现金股利,借记"投资收益"项目,贷记"长期股权投资"项目。

对于子公司除净损益以外所有者权益的其他变动,按母公司应享有的份额,借记"长期股权投资"项目,贷记"资本公积"项目。

合并报表准则也允许企业直接在对子公司的长期股权投资采用成本法核算的基础上编制合并财务报表,但是所生成的合并财务报表应当符合合并报表准则的相关规定。

三、编制合并资产负债表时应进行抵销处理的项目

编制合并资产负债表时,主要有下列项目应进行抵销处理。

(一)长期股权投资与子公司所有者权益的抵销处理

母公司对子公司进行的股权投资,一方面表现为长期股权投资以外的其他资产的减少;另一方面表现为长期股权投资的增加,在母公司个别资产负债表中作为资产类项目中的长期股权投资列示。子公司接受这一投资时,一方面增加资产的数额;另一方面作为实收资本处理。在其个别资产负债表中,一方面表现为实收资本的增加;另一方面表现为相对应的资产的增加。从企业集团整体来看,母公司对子公司的股权投资,实际上相当于母公司将资本拨付下属核算单位,并不会引起整个企业集团的资产、负债或所有者权益的增

减变动。因此，编制合并资产负债表时，应当将母公司对子公司长期股权投资项目与子公司所有者权益项目予以抵销。

▶ 1. 在全资子公司的情况下，母公司对子公司长期股权投资的数额应当与子公司所有者权益各项目的数额全额抵销

（1）母公司对子公司长期股权投资的数额与子公司所有者权益总额相等。

【例9-1】假设某母公司拥有一全资子公司，母公司对子公司长期股权投资为30 000元，正好与子公司所有者权益相等。其中，对子公司实收资本20 000元，资本公积4 000元，盈余公积1 000元，未分配利润5 000元。通过抵销分录将母公司对子公司长期股权投资总额、子公司所有者权益总额这些编制合并资产负债表时重复计算的因素全部扣除，消除其对企业集团合并资产负债表的影响。编制合并资产负债表时应编制如下抵销分录：

借：实收资本　　　　　　　　　　　　　　　　　　　　20 000
　　资本公积　　　　　　　　　　　　　　　　　　　　　4 000
　　盈余公积　　　　　　　　　　　　　　　　　　　　　1 000
　　未分配利润　　　　　　　　　　　　　　　　　　　　5 000
　　贷：长期股权投资　　　　　　　　　　　　　　　　30 000

（2）母公司对子公司长期股权投资的数额与子公司所有者权益总额不相等。若母公司对子公司长期股权投资的数额与子公司所有者权益总额不一致，将两者的差额作为"商誉"处理。母公司对子公司长期股权投资的数额大于子公司所有者权益总额时，则按照该差额借记商誉项目；母公司对子公司长期股权投资的数额小于子公司所有者权益总额时，则按照该差额贷记商誉项目。

商誉的产生，主要是由于母公司在证券市场上通过第三者取得子公司股份的情况下产生的。母公司支付给第三者的价款高于或低于子公司发行该股份时的价格，就将产生商誉。例如，B公司共发行股票100万股，每股发行价格为1元，B公司实收资本为100万元。A公司通过第三者取得B公司全部股份，使其成为全资子公司，每股购买价格为1.5元，支付总价款150万元。这样，A公司长期股权投资的数额为150万元，B公司实收资本为100万元，这50万元的差额就形成投资方的股权投资差额。商誉的实质是"长期股权投资——股权投资差额"在资产负债表日的摊余价值。

【例9-2】承例9-1，假设母公司对子公司长期股权投资为35 000元，其他条件不变，则母公司对子公司长期股权投资的数额超过子公司所有者权益总额5 000元，这一差额在合并财务报表中应作为商誉处理。在编制合并资产负债表时编制如下抵销分录：

借：实收资本　　　　　　　　　　　　　　　　　　　　20 000
　　资本公积　　　　　　　　　　　　　　　　　　　　　4 000
　　盈余公积　　　　　　　　　　　　　　　　　　　　　1 000
　　未分配利润　　　　　　　　　　　　　　　　　　　　5 000
　　商誉　　　　　　　　　　　　　　　　　　　　　　　5 000
　　贷：长期股权投资　　　　　　　　　　　　　　　　35 000

▶ 2. 在纳入合并的为非全资子公司的情况下，母公司对子公司长期股权投资的数额应当与子公司所有者权益各项目的数额抵销外，还包含少数股东权益

（1）母公司对子公司长期股权投资的数额与子公司所有者权益总额相等。

【例 9-3】 假设母公司拥有 A 公司 80% 的股份。母公司对 A 公司长期股权投资的数额为 320 000 元，A 公司所有者权益总额 400 000 元。其中，实收资本 200 000 元，资本公积 80 000 元，盈余公积 70 000 元，未分配利润 50 000 元。

母公司拥有子公司所有者权益的数额＝子公司所有者权益总额×母公司持股比例＝400 000×80%＝320 000（元）

少数股东拥有的权益＝子公司所有者权益总额×（1－母公司持股比例）＝400 000×（1－80%）＝80 000（元）

编制如下抵销分录：

借：实收资本　　　　　　　　　　　　　　　　　　　　　　　200 000
　　资本公积　　　　　　　　　　　　　　　　　　　　　　　　80 000
　　盈余公积　　　　　　　　　　　　　　　　　　　　　　　　70 000
　　未分配利润　　　　　　　　　　　　　　　　　　　　　　　50 000
　　贷：长期股权投资　　　　　　　　　　　　　　　　　　　320 000
　　　　少数股东权益　　　　　　　　　　　　　　　　　　　 80 000

母公司对 A 公司长期股权投资的数额为 320 000 元，与子公司所有者权益总额母公司拥有子公司所有者权益的数额 400 000×80% 一致，因此，将母公司对 A 公司长期股权投资与子公司所有者权益总额母公司拥有的数额相抵销，将子公司所有者权益总额少数股东拥有的数额，在合并资产负债表中作为"少数股东权益"处理。

（2）母公司对子公司长期股权投资的数额与子公司所有者权益中母公司所拥有的数额不一致。母公司对子公司长期股权投资的数额与子公司所有者权益中母公司所拥有的数额不相等，其差额仍作为"商誉"处理。"商誉"的金额等于母公司对子公司长期股权投资的数额与母公司所拥有的子公司所有者权益的数额之间的差额。"少数股东权益"的金额等于子公司所有者权益的总额与少数股东持股比例的乘积。

【例 9-4】 假设母公司拥有 A 公司 80% 的股份。母公司对 A 公司长期股权投资的数额为 300 000 元，A 公司所有者权益总额 400 000 元。其中，实收资本 200 000 元，资本公积 80 000 元，盈余公积 70 000 元，未分配利润 50 000 元。

"商誉"的数额＝母公司对子公司长期股权投资金额－母公司拥有的子公司所有者权益的数额＝300 000－400 000×80%＝－20 000（元）

"少数股东权益"的数额＝子公司所有者权益总额×（1－母公司持股比例）＝400 000×（1－80%）＝800 000（元）

编制如下抵销分录：

借：实收资本　　　　　　　　　　　　　　　　　　　　　　　200 000
　　资本公积　　　　　　　　　　　　　　　　　　　　　　　　80 000
　　盈余公积　　　　　　　　　　　　　　　　　　　　　　　　70 000
　　未分配利润　　　　　　　　　　　　　　　　　　　　　　　50 000
　　贷：长期股权投资　　　　　　　　　　　　　　　　　　　300 000
　　　　少数股东权益　　　　　　　　　　　　　　　　　　　 80 000
　　　　商誉　　　　　　　　　　　　　　　　　　　　　　　　20 000

(二) 内部债权与债务项目的抵销

内部债权与债务项目是指母公司与子公司、子公司之间的应收账款与应付账款、预付账款与预收账款、应付债券与债券投资等项目。从企业集团整体角度考察，内部债权与债务属于内部资金运动，既不能增加企业集团的资产，也不会增加负债。因此，在编制合并资产负债表时也应将其抵销。

在编制合并资产负债表时需要进行抵销处理的内部债权与债务项目主要有应收账款与应付账款、预付账款与预收账款、应收票据与应付票据，以及长期债权投资与应付债券。

▶ **1. 应收账款与应付账款的抵销处理**

1）初次编制合并财务报表时内部应收账款与应付账款的抵销处理

在应收账款计提坏账准备的情况下，某一会计期间坏账准备的金额是以当期应收账款为基础计提的。在编制合并财务报表时，随着内部应收账款的抵销，与此相联系，也须将按内部应收账款计提的坏账准备予以抵销。其抵销分录为：借记"应付账款"项目，贷记"应收账款"项目；按内部应收账款计提的坏账准备抵销时，借记"坏账准备"项目，贷记"资产减值损失"项目。

【例9-5】假设本期母公司的应收账款中有40 000元为应收子公司的款项。

编制如下抵销分录：

借：应付账款　　　　　　　　　　　　　　　　　　　　　　　　　　40 000
　　贷：应收账款　　　　　　　　　　　　　　　　　　　　　　　　　　40 000

应付账款抵销的是子公司的款项，应收账款抵销的是母公司的款项。

2）内部应收账款计提坏账准备的抵销处理

将内部应收账款与应付账款抵销处理时，若内部应收账款已经计提坏账准备，坏账准备已包括在个别财务报表中。在编制合并资产负债表时，随着内部应收账款的抵销，也必须相应地将内部应收账款计提的坏账准备进行抵销。

【例9-6】假设本期母公司的应收账款为40 000元，按5‰的比例计提坏账准备金。

本期母公司应抵销的坏账准备金＝40 000×0.005＝200(元)

编制如下抵销分录：

借：坏账准备　　　　　　　　　　　　　　　　　　　　　　　　　　　200
　　贷：资产减值损失　　　　　　　　　　　　　　　　　　　　　　　　200

3）内部应收账款计提坏账准备在连续编制合并财务报表中的抵销处理

企业在连续编制合并财务报表时，上期合并利润分配表的"未分配利润"项目的数额与本期合并利润分配表的"年初未分配利润"项目的数额一致。本期合并财务报表的编制是以本期母公司和纳入合并范围的子公司的当期个别财务报表为基础的，上期合并财务报表的抵销分录并未调整个别财务报表。因此，随着上期内部应收账款计提的坏账准备抵销，本期以个别财务报表为基础加总得出的"年初未分配利润"的数额必然与上期合并利润分配表的"未分配利润"项目的数额不同。

连续编制合并财务报表时，首先应将本期内部的应收账款与应付账款余额进行抵销；其次抵销上期因内部应收账款计提的坏账准备对本期期初未分配利润的影响，从而保证本期合并利润分配表的"年初未分配利润"与上期合并利润分配表的"未分配利润"项目的一致性；最后对本期应收账款与上期应收账款的增减数额计提的坏账准备进行抵销。

（1）内部应收账款本期余额等于上期余额的抵销处理。内部应收账款本期余额等于上期余额，说明本期个别资产负债表中坏账准备数额中因内部交易应抵销数与上期数相同。因此，首先抵销本期内部应收应付款项余额，调整应付账款与应收账款的数额；其次抵销上期内部应收账款计提的坏账准备对本期期初未分配利润的影响，调整年初未分配利润与坏账准备的数额。内部应收账款本期余额与上期相同，计提坏账准备也相同，无须调整差额。

【例 9-7】本期个别资产负债表中，母公司对子公司的应收账款为 40 000 元。母公司上期应收账款中，有 40 000 元为应收子公司的账款，母公司按 5‰ 的比例计提坏账准备金。

(1) 抵销企业集团内部本期的应收账款与应付账款。

借：应付账款　　　　　　　　　　　　　　　　　　　　　　　　　　　40 000
　　贷：应收账款　　　　　　　　　　　　　　　　　　　　　　　　　　　　40 000

(2) 抵销上期内部应收账款计提的坏账准备对本期期初未分配利润的影响数。上期抵销分录的"管理费用"在贷方，说明管理费用减少，本期的期初未分配利润增加，因此应增加本期的"年初未分配利润"。

调整期初未分配利润的数额＝上期内部应收账款的数额×计提坏账准备比例
$$=40\ 000\times 5‰=200(元)$$

借：坏账准备　　　　　　　　　　　　　　　　　　　　　　　　　　　　200
　　贷：年初未分配利润　　　　　　　　　　　　　　　　　　　　　　　　　　200

在列入合并工作底稿时，列入"年初未分配利润"项目的贷方，进而计入期末未分配利润，从而达到调整的目的。

（2）内部应收账款本期余额大于上期余额的抵销处理。若内部应收账款本期余额大于上期余额，说明本期又发生新的内部应收账款。在进行抵销处理时，首先抵销本期内部应收应付款项余额，调整应付账款与应收账款的数额；其次抵销上期内部应收账款计提的坏账准备对本期期初未分配利润的影响，调整年初未分配利润与坏账准备的数额；最后将内部应收账款本期余额大于上期应收账款而补提的坏账准备的数额抵销，调整坏账准备与管理费用。

【例 9-8】本期个别资产负债表中，母公司对子公司的应收账款为 100 000 元。母公司上期应收账款中，有 80 000 元为应收子公司的账款，母公司按 5‰ 的比例计提坏账准备金。

(1) 抵销企业集团内部本期的应收账款与应付账款。

借：应付账款　　　　　　　　　　　　　　　　　　　　　　　　　　　100 000
　　贷：应收账款　　　　　　　　　　　　　　　　　　　　　　　　　　　　100 000

(2) 抵销上期内部应收账款计提的坏账准备对本期期初未分配利润的影响数。上期抵销分录的"管理费用"在贷方，说明管理费用减少，本期的期初未分配利润增加，因此应增加本期的"年初未分配利润"。

调整期初未分配利润的数额＝上期内部应收账款的数额×计提坏账准备比例
$$=80\ 000\times 5‰=400(元)$$

借：坏账准备　　　　　　　　　　　　　　　　　　　　　　　　　　　　400
　　贷：年初未分配利润　　　　　　　　　　　　　　　　　　　　　　　　　　400

(3) 抵销本期内部应收账款增加而计提的坏账准备。

本期应收账款余额大于上期余额，因此冲销多提数。

本期多计提的坏账准备数＝(100 000－80 000)×5‰＝100(元)

　　借：坏账准备　　　　　　　　　　　　　　　　　　　　　　　　100
　　　　贷：资产减值损失　　　　　　　　　　　　　　　　　　　　　　　100

(3) 内部应收账款本期余额小于上期余额的抵销处理的数额。若内部应收账款本期余额小于上期余额，说明本期内部应收账款减少。在进行抵销处理时，首先抵销本期内部应收应付款项余额，调整应付账款与应收账款的数额；其次抵销上期内部应收账款计提的坏账准备对本期期初未分配利润的影响，调整年初未分配利润与坏账准备的数额；最后将内部应收账款本期余额小于上期应收账款而冲销的坏账准备的数额予以抵销，调整坏账准备与管理费用，从而达到按本期计提的坏账准备调整本期期末未分配利润的目的。

【例9-9】本期个别资产负债表中，母公司对子公司的应收账款为70 000元，母公司上期应收账款中，有80 000元为应收子公司的账款，母公司按5‰的比例计提坏账准备金。

(1) 抵销企业集团内部本期的应收账款与应付账款。

　　借：应付账款　　　　　　　　　　　　　　　　　　　　　　　　70 000
　　　　贷：应收账款　　　　　　　　　　　　　　　　　　　　　　　70 000

(2) 抵销上期内部应收账款计提的坏账准备对本期期初未分配利润的影响数。

　　借：坏账准备　　　　　　　　　　　　　　　　　　　　　　　　400
　　　　贷：年初未分配利润　　　　　　　　　　　　　　　　　　　　400

(3) 抵销本期内部应收账款减少而冲销的坏账准备。

本期应收账款计提的坏账准备为350元(70 000×5‰)，第二个抵消分录中已冲销400元坏账准备。因此，本抵销分录将本期内部应收账款减少10 000元而将相应减少的坏账准备冲回。

　　借：资产减值损失　　　　　　　　　　　　　　　　　　　　　　　50
　　　　贷：坏账准备　　　　　　　　　　　　　　　　　　　　　　　　50

▶ 2. 内部预付账款与预收账款的抵销处理

【例9-10】在母公司的预收账款5 000元中，有2 000元为预收子公司的商品款。

编制如下抵销分录：

　　借：预收账款　　　　　　　　　　　　　　　　　　　　　　　　2 000
　　　　贷：预付账款　　　　　　　　　　　　　　　　　　　　　　　2 000

▶ 3. 内部应收票据与应付票据的抵销处理

【例9-11】在母公司的应收票据中，有100 000元为应收子公司的销售商品款。

编制如下抵销分录：

　　借：应付票据　　　　　　　　　　　　　　　　　　　　　　　　100 000
　　　　贷：应收票据　　　　　　　　　　　　　　　　　　　　　　　100 000

▶ 4. 内部长期债权投资与应付债券的抵销处理

1) 内部长期债权投资与应付债券的抵销处理

内部的长期债权投资是指企业集团内部成员持有集团内另一成员发行的债券，购买债券一方作为长期债权投资核算，已列入其个别资产负债表中；发行债券一方作为应付债核算，需要支付利息并到期还本，也已列入其个别资产负债表中。但从企业集团这一会计主体角度考虑，内部债券的购买与发行是资金在企业集团内部各成员之间的调拨，既不会增加企业集团的长期债权投资，也不会增加企业集团的长期负债，因此编制合并财务报表时需抵销内部债券的长期债权投资与应付债券。

（1）内部长期债权投资与应付债券的数额相等。若发行债券方的发行价格和购买债券方的购买价格相等，直接抵销长期债权投资与应付债券。

【例9-12】在子公司的应付债券400 000元中，有200 000元为母公司所持有，母公司的持有至到期投资的数额为200 000元。编制如下抵销分录：

借：应付债券　　　　　　　　　　　　　　　　　　　　　　　　　　200 000
　　贷：持有至到期投资　　　　　　　　　　　　　　　　　　　　　　　200 000

（2）内部长期债权投资与应付债券的数额不相等。若购买债券方不是从发行债券方购进，而是在证券市场上从第三者手中购进，这时，可能出现购买方的长期债权投资与发行债券方应付债券数额之间的差额。

【例9-13】在子公司的应付债券400 000元中，有200 000元为母公司所持有，母公司的长期债权投资的数额为230 000元。编制如下抵销分录：

借：应付债券　　　　　　　　　　　　　　　　　　　　　　　　　　200 000
　　商誉　　　　　　　　　　　　　　　　　　　　　　　　　　　　　 30 000
　　贷：持有至到期投资　　　　　　　　　　　　　　　　　　　　　　　230 000

2）内部利息收入与利息支出的抵销处理

企业集团内部可能发生企业之间相互提供内部信贷以及相互持有对方债券的业务。对于内部债券的买卖，投资企业将获得的债券利息借记"长期债权投资"科目，贷记"投资收益"科目。发行债券方将负担的债券利息，资本化借记"在建工程"科目，费用化借记"财务费用"科目，贷记"应付债券"科目。从企业集团这一会计主体角度考虑，内部债券的购买与发行是资金在企业集团内部各成员之间的调拨，但在个别利润表中，提供信贷或持有债券的一方，已将该种业务所取得的利息收入作为投资收益增加；接受信贷或发行债券的一方，已将支付的利息作为财务费用或在建工程增加。因此，编制合并财务报表时需抵销这些重复计算的利息，抵销分录为借记"投资收益"科目，贷记"财务费用"科目或"在建工程"科目。

【例9-14】母公司的长期债权投资中包含持有子公司的债券200 000元，债券的票面利率为6%，期限为3年。母公司本年获得的投资收益12 000元。在子公司本期负担的利息中，记入"在建工程"科目为4 000元，记入"财务费用"科目为8 000元。编制如下抵销分录：

借：投资收益　　　　　　　　　　　　　　　　　　　　　　　　　　 12 000
　　贷：在建工程　　　　　　　　　　　　　　　　　　　　　　　　　 　4 000
　　　　财务费用　　　　　　　　　　　　　　　　　　　　　　　　　 　8 000

（三）存货价值中包含的未实现内部销售损益的抵销处理

▶ 1. 内部购销存货业务在第一期合并财务报表中的抵销处理

从企业集团来看，集团内部企业间的存货购销实际上相当于内部物资的调拨，既不会实现利润，也不会增加商品价值。在内部购销活动中，销售企业已经确认收入并且计算利润;购买企业已将支付的价款作为存货的成本入账。

1) 购买企业内部购入的商品全部实现对外部销售的抵销处理

在购买企业内部购入的商品全部实现对外部销售的情况下,实际上存货的内部交易已经终结。对于企业集团来说,该存货只实现一次销售,即向企业集团外部的销售。实际上,对于该内部交易的存货,企业集团内部的成员核算了两次销售。第一次销售是企业集团内部的购销业务。销售方确认"主营业务收入",结转了该存货的"主营业务成本";购买方按购进价,即销售方的售价作为存货的入账价值。第二次销售是向企业集团外部的销售。企业集团内部交易的购进企业成为第二次销售的销售企业,其确认了"营业收入",按购进价结转该存货的"营业成本"。从企业集团来看,内部销售时,其销售并未真正实现,视同商品在企业集团内部的转移。而真正实现的销售只有一次,即向企业集团外部的销售。因此,必须编制抵销分录抵销重复计算的内部购销业务的销售收入和对外销售的销售成本。抵销分录为借记"营业收入"科目,贷记"营业成本"科目。

【例 9-15】母公司本期向子公司销售商品,母公司的销售价格为 20 000 元,销售毛利率为 20%。子公司从母公司购入的商品全部向企业集团外部实现销售,子公司的销售价格为 25 000 元,销售成本为 20 000 元。编制如下抵销分录:

借:营业收入　　　　　　　　　　　　　　　　　　　　　　　　20 000
　　贷:营业成本　　　　　　　　　　　　　　　　　　　　　　　　20 000

2) 购买企业内部购入的商品全部未实现对外部销售的抵销处理

从企业集团的角度看,购买企业购入的商品全部未实现对企业集团外部销售的情况下,商品销售并未真正实现,只是商品在企业集团内部的转移,存放地点发生了变化。但是,在购销双方各自的会计核算中,销售方已作为"营业收入"入账,且结转了该商品的"营业成本";购买方的存货价值中包括了内部销售中所形成的存货价值,即一部分是真正的存货成本(销售企业的存货成本),一部分是销售企业的销售毛利。从企业集团的角度看,内部的销售业务并未真正实现,存货价值中包括的这部分销售毛利也并未真正实现,将未实现的毛利称为"未实现内部销售利润"。

因此,在编制合并财务报表时,首先抵销销售企业未实现的内部销售收入、内部销售成本。抵销分录应借记"营业收入"科目,贷记"营业成本"科目;其次抵销购买企业存货价值中包括的未实现内部销售利润,抵销分录应借记"主营业务成本"科目,贷记"存货"科目。

【例 9-16】母公司本期向子公司销售商品,母公司的销售价格为 20 000 元,销售毛利率为 20%。子公司从母公司购入的商品在资产负债表日均未向企业集团外部实现销售,全部形成子公司的期末存货。

(1) 按本期内部销售收入金额抵销内部购销业务。

借:营业收入　　　　　　　　　　　　　　　　　　　　　　　　20 000
　　贷:营业成本　　　　　　　　　　　　　　　　　　　　　　　　20 000

抵销分录中,主营业务成本多抵销 4 000 元,在下一步抵销分录中调整。

(2) 抵销本期期末存货中包括的未实现内部销售利润。

子公司期末存货中包括的未实现内部销售利润=购买方内部购入存货的期末价值×销售方的销售毛利率=20 000×20%=4 000(元)

借：营业成本	4 000
贷：存货	4 000

上述两个抵销分录也可以合成一个抵销分录：

借：营业收入	20 000
贷：营业成本	16 000
存货	4 000

3）购买企业内部购入的商品部分实现对外部销售的抵销处理

对内部购进的商品部分实现对外部销售，部分商品形成期末存货的情况进行抵销处理时，首先将内部购销业务的金额全部抵销，借记"营业收入"科目，贷记"营业成本"科目；其次抵销购买企业存货价值中包括的未实现内部销售利润，抵销分录应借记"营业成本"科目，贷记"存货"科目。

【例9-17】母公司本期向子公司销售商品，母公司的销售价格为20 000元，销售毛利率为20%。子公司从母公司购入的商品有一部分在资产负债表日均未向企业集团外部实现销售，销售价格为11 000元，销售成本为8 000元，其余内部购入的12 000元形成子公司的期末存货。

（1）按本期内部销售收入金额抵销内部购销业务。

借：营业收入	20 000
贷：营业成本	20 000

抵销分录中，营业成本多抵销4 000元，在下一步抵销分录中调整。

（2）抵销本期期末存货中包括的未实现内部销售利润。

子公司期末存货中包括的未实现内部销售利润＝购买方内部购入存货的期末价值×销售方的销售毛利率＝12 000×20%＝2 400(元)

借：营业成本	2 400
贷：存货	2 400

▶ **2. 内部购销业务在连续编制合并财务报表中的抵销处理**

在企业连续编制合并财务报表的情况下，若上期内部购进的商品全部实现对外销售，则企业集团的期末存货中不包含未实现的内部销售利润。在连续编制合并财务报表时，该抵销分录对上期合并财务报表的"年末未分配利润"没有影响，因此不涉及对本期合并财务报表"年初未分配利润"的抵销问题。若上期内部购进的商品部分或全部形成期末存货，由于期末存货中包含未实现的内部销售利润，使得上期合并利润分配表中的期末未分配利润减少（冲销的销售收入大于销售成本的差额），而上期合并利润分配表中的期末未分配利润的数额应与本期合并利润分配表中的"年初未分配利润"数额一致。但上期合并利润分配表中的"期末未分配利润"是未经过抵销处理的不包含未实现的内部销售利润的期末未分配利润，而本期以个别财务报表为基础计算求得的"年初未分配利润"是包含未实现的内部销售利润的年初未分配利润。所以，本期合并利润分配表中的"年初未分配利润"与上期合并利润分配表中的"期末未分配利润"不一致。

因此，在企业连续编制合并财务报表时，必须将上期内部购进并全部或部分形成期末存货的情况对本期合并财务报表的"年初未分配利润"的影响予以抵销。首先将上期未实现的内部销售利润对本期期初未分配利润的影响予以抵销，调整本期期初未分配利润的数额，借记"年初未分配利润"科目，贷记"营业成本"科目；其次对本期购进的存货进行抵销处理，抵销分录与第一期编制合并财务报表时相同。

【例 9-18】 母公司上期向子公司销售商品 20 000 元，销售毛利率为 20％。子公司上期购进的商品全部未实现对外销售。

母公司本期向子公司销售商品 30 000 元，销售毛利率为 20％。子公司本期从内部购入的商品实现向企业集团外部销售，销售价格为 36 000 元，销售成本为 25 200 元，其余内部购入的商品形成子公司的期末存货。

(1) 将上期抵销的存货价值中包含的未实现的内部销售利润对本期期初未分配利润的影响予以抵销。

由于上期购进的商品全部未实现对外销售，上期存货价值中包含的未实现的内部销售利润为 4 000 元(20 000×20％)。编制如下抵销分录：

借：年初未分配利润　　　　　　　　　　　　　　　　　　4 000
　　贷：营业成本　　　　　　　　　　　　　　　　　　　　　　4 000

(2) 按本期的内部销售收入抵销本期的内部销售收入与成本。

借：营业收入　　　　　　　　　　　　　　　　　　　　　30 000
　　贷：营业成本　　　　　　　　　　　　　　　　　　　　　　30 000

(3) 抵销本期期末存货价值中包含的未实现的内部销售利润。

本期内部购进商品形成的期末存货价值＝期初内部购进存货价值＋本期内部购进存货价值－本期对外销售存货成本＝20 000＋30 000－25 200＝24 800(元)

本期期末存货价值中包含的未实现的内部销售利润＝本期内部购进商品形成的期末存货价值×销售方的销售毛利率＝24 800×20％＝4 960(元)

编制如下抵销分录：

借：营业成本　　　　　　　　　　　　　　　　　　　　　4 960
　　贷：存货　　　　　　　　　　　　　　　　　　　　　　　　4 960

(四) 内部固定资产交易的抵销处理

▶ **1. 内部固定资产交易发生当期的抵销处理**

1) 企业集团内部企业将自身的固定资产销售给其他企业作为固定资产使用的抵销处理

企业集团内部企业将固定资产销售给其他企业作为固定资产使用时，销售方处置固定资产时通过"固定资产清理"核算，且将清理固定资产的收益转入"营业外收入"，清理固定资产的损失转入"营业外支出"，销售方已经将内部固定资产的清理净损益计入个别利润表；购入方按买价，即销售方的售价增加"固定资产"价值，并且将其包括在个别资产负债表中的"固定资产原价"项目内。

从企业集团的角度考虑，这种固定资产内部交易只是固定资产在企业集团内部的转移，存放地点发生了变化，不能增加企业集团的利润，也不能增加企业集团的固定资产价值。因此，在编制合并财务报表时，要将销售方确认的未实现的内部销售利润与购买方确认的固定资产原价中包含的未实现的利润进行抵销处理，予以扣除，借记"营业外收入"科目，贷记"固定资产原价"科目。固定资产还涉及折旧问题，必须抵销固定资产原价中包含的未实现内部利润引起的多计提折旧的数额，借记"累计折旧"科目，贷记"管理费用"科目等。

(1) 固定资产原价中包含的未实现内部销售利润的抵销处理。在这种情况下，必须抵销固定资产原价中包含的未实现内部销售利润，调整"固定资产原价"和"营业外收入"项目。对于双方固定资产原价上的差额，不予抵销。例如买方购进固定资产时有可能支付运费给运输部门，运费会增加买方的固定资产价值，抵销时不予考虑，只抵销固定资产原价中包含的未实现内部销售利润。

【例 9-19】母公司将净值为 20 000 元的固定资产以 24 800 元的售价卖给其子公司作为固定资产使用，子公司规定该固定资产的使用年限为 4 年，采用直线法计提折旧，当年 1 月购入，当月投入管理部门使用。

该内部固定资产交易形成的未实现内部销售利润为 4 800 元。编制如下抵销分录：

借：营业外收入　　　　　　　　　　　　　　　　　　　　　　　4 800
　　贷：固定资产原价　　　　　　　　　　　　　　　　　　　　　　4 800

(2) 购入当期多计提折旧数额的抵销处理。管理部门计提折旧时，借记"管理费用"科目，贷记"累计折旧"科目。因此，抵销当期多计提折旧时，应借记"累计折旧"科目，贷记"管理费用"科目。

当期多计提折旧数＝资产原价中包含的未实现内部销售利润÷使用总月数×本年使用月数＝4 800÷48×11＝1 100(元)

编制如下抵销分录：

借：累计折旧　　　　　　　　　　　　　　　　　　　　　　　　1 100
　　贷：管理费用　　　　　　　　　　　　　　　　　　　　　　　　1 100

2) 企业集团内部企业将自身的产品销售给其他企业作为固定资产使用的抵销处理

企业集团内部企业将自身的产品销售给其他企业作为固定资产使用时，销售方按售价已经记入"营业收入"科目，且按产品成本转入"营业成本"科目，而且反映在个别利润表的相应项目中；购入方按买价，即销售方的售价增加"固定资产"价值，并且将其包括在个别资产负债表中的"固定资产原价"项目内。

从企业集团的角度考虑，这种固定资产内部交易只是固定资产在企业集团内部的转移，存放地点发生了变化，不能增加企业集团的利润，也不能增加企业集团的固定资产价值。因此，在编制合并财务报表时，要将销售方确认的未实现的内部销售利润与购买方确认的固定资产原价中包含的未实现的利润进行抵销处理，予以扣除，借记"营业外收入"科目，贷记"固定资产原价"科目。固定资产还涉及折旧问题，必须抵销固定资产原价中包含的未实现内部利润引起的多计提折旧的数额，借记"累计折旧"科目，贷记"管理费用"科目等。

(1) 固定资产原价中包含的未实现内部销售利润的抵销处理。

【例 9-20】母公司将其生产的销售成本为 30 000 元的产品，以 60 000 元的售价卖给其子公司作为固定资产使用，子公司规定该固定资产的使用年限为 4 年，采用直线法计提折旧，当年 1 月购入，当月投入管理部门使用。

将该内部交易的固定资产的内部销售收入、销售成本及固定资产原价中包含的未实现内部销售利润予以抵销。编制如下抵销分录：

借：营业收入　　　　　　　　　　　　　　　　　　　　　　　60 000

　　　　贷：营业成本　　　　　　　　　　　　　　　　　　　　　　　　　　30 000
　　　　　　固定资产原价　　　　　　　　　　　　　　　　　　　　　　　　30 000

　　(2) 购入当期多计提折旧数额的抵销处理。编制合并财务报表时，必须将当期多计提折旧数额的抵销处理，调整"累计折旧"和有关的费用科目。这是因为购买企业本期是以包含的未实现内部销售利润的固定资产原价作为计提折旧的依据，在相同的使用年限下，其各期计提折旧数额必然大于不包含的未实现内部销售利润的固定资产原价时计提折旧数额，因此要抵销处理。

　　当期多计提折旧数＝30 000÷4＝7 500(元)

　　编制如下抵销分录：

　　借：累计折旧　　　　　　　　　　　　　　　　　　　　　　　　　　　7 500
　　　　贷：管理费用　　　　　　　　　　　　　　　　　　　　　　　　　　7 500

▶ 2. 内部固定资产交易使用期间的抵销处理

　　在企业连续编制合并财务报表时，内部交易的固定资产不仅影响本期合并财务报表的编制，还会影响以后期间合并财务报表的编制。

　　首先，必须将内部交易固定资产原价中包含的未实现内部销售利润对期初未分配利润的影响数予以抵销，这是因为以前会计期间内部交易固定资产的未实现内部销售利润已包括在销售企业的个别利润分配表中，并且作为当期期末未分配利润的一部分结转到下期个别财务报表的期初未分配利润项目，使得本期以个别财务报表为基础编制的合并财务报表的"年初未分配利润"项目与上期合并财务报表的"期末未分配利润"项目不等。因此，编制本期合并财务报表时，必须将"年初未分配利润"中包含的未实现内部销售利润的数额抵销。同时，本期个别资产负债表的"固定资产原价"项目中仍然包含内部交易的购进固定资产的未实现内部销售利润的数额，也必须抵销。只要固定资产仍在正常使用，每年都要编制借记"年初未分配利润"科目，贷记"固定资产原价"科目的抵销分录。其次，将以前年度累计多计提折旧数额对期初未分配利润的影响数予以抵销，调整"累计折旧"和"年初未分配利润"的数额。由于内部未实现利润的存在，一方面该固定资产在以前年度多计提折旧，增加了本期个别财务报表期初"累计折旧"数额；另一方面由于企业折旧费用的增加，使企业期末未分配利润减少，使得本期个别财务报表的期初未分配利润减少，在以后年度要将这种影响予以抵销，调减"累计折旧"，调增"年初未分配利润"。只要固定资产仍在正常使用，每年都要编制借记"累计折旧"科目，贷记"年初未分配利润"科目的抵销分录。最后，将内部交易固定资产在本期使用并多计提的折旧费用予以抵销，调整"累计折旧"和有关的费用科目。由于本期固定资产仍在正常使用，个别财务报表也是以包含内部未实现利润的固定资产原价为基础而计提的折旧，因此必须抵销本期多计提的折旧费用。

　　【例9-21】假设例9-20中的固定资产在第二、第三年仍在正常使用，编制企业集团第二、第三年的合并财务报表时，需要编制如下和内部交易固定资产有关的抵销分录。

　　企业第二年的抵销分录。

　　(1) 抵销固定资产原价中包含的未实现内部销售利润对期初未分配利润的影响。将固定资产原价中包含的未实现内部销售利润30 000元抵销，并相应调减期初未分配利润。

　　借：期初未分配利润　　　　　　　　　　　　　　　　　　　　　　　　30 000
　　　　贷：固定资产原价　　　　　　　　　　　　　　　　　　　　　　　　30 000

(2) 抵销以前年度累计多计提折旧数额对期初未分配利润的影响。将第一年内部交易固定资产多计提折旧7 500元抵销，相应调减期初未分配利润。

借：累计折旧　　　　　　　　　　　　　　　　　　　　　　　　7 500
　　贷：期初未分配利润　　　　　　　　　　　　　　　　　　　　　　7 500

(3) 抵销本期多计提折旧数额。本期多计提折旧的方法与第一年相同，仍为7 500元。

借：累计折旧　　　　　　　　　　　　　　　　　　　　　　　　7 500
　　贷：管理费用　　　　　　　　　　　　　　　　　　　　　　　　　7 500

同样道理，第三年编制合并财务报表时，企业需要编制如下的抵销分录。

(1) 抵销固定资产原价中包含的未实现内部销售利润对期初未分配利润的影响。将固定资产原价中包含的未实现内部销售利润30 000元抵销，并相应调减期初未分配利润。

借：期初未分配利润　　　　　　　　　　　　　　　　　　　　　30 000
　　贷：固定资产原价　　　　　　　　　　　　　　　　　　　　　　30 000

(2) 抵销以前年度累计多计提折旧数额对期初未分配利润的影响。企业第一、第二年多计提折旧之和为15 000元。

借：累计折旧　　　　　　　　　　　　　　　　　　　　　　　　15 000
　　贷：期初未分配利润　　　　　　　　　　　　　　　　　　　　　15 000

(3) 抵销本期多计提折旧数额。本期多计提折旧的方法与第一、第二年相同，仍为7 500元。

借：累计折旧　　　　　　　　　　　　　　　　　　　　　　　　7 500
　　贷：管理费用　　　　　　　　　　　　　　　　　　　　　　　　　7 500

▶ 3. 内部固定资产交易清理期间的抵销处理

固定资产清理可能出现三种情况：期满清理、超期清理和提前清理。

1) 内部固定资产交易期满清理的抵销处理

随着内部交易固定资产使用期满，对购买企业来说，本期固定资产转入清理，本期内部交易的"固定资产"和"累计折旧"数额已经冲销，通过"固定资产清理"科目核算，且将清理损益转入"营业外收入"或"营业外支出"科目，固定资产原价中包含的未实现内部销售收入也转化为本期的已实现利润。由于本期个别财务报表的期初未分配利润中仍然含有内部固定资产交易的未实现利润与以前年度累计多计提折旧的影响数额，因此也必须抵销其对期初未分配利润的影响数。

首先，将内部固定资产交易的未实现利润对期初未分配利润的影响进行调整，抵销分录为借记"年初未分配利润"科目，贷记"营业外收入"科目。其次，将以前年度累计多计提折旧对期初未分配利润的影响进行调整，抵销分录为借记"营业外收入"科目；贷记"年初未分配利润"科目，最后，在固定资产清理的会计期间，对于当期使用固定资产多计提折旧费用应予以抵销，调整"营业外收入"或"管理费用"等有关费用项目。

【例9-22】假设例9-20中的固定资产，企业在第四年固定资产使用期满后清理报废，清理时实现清理净收益5 000元，在其个别利润表中以"营业外收入"列示净收益。

编制合并财务报表时，第四年应编制如下抵销分录：

(1) 抵销未实现内部销售利润对期初未分配利润的影响。

借：期初未分配利润　　　　　　　　　　　　　　　　　　　　　30 000
　　贷：固定资产原价　　　　　　　　　　　　　　　　　　　　　　30 000

(2) 抵销以前年度累计多计提折旧数额对期初未分配利润的影响。企业第一年至第三年多计提折旧之和为 22 500 元。

借：累计折旧　　　　　　　　　　　　　　　　　　　　22 500
　　贷：期初未分配利润　　　　　　　　　　　　　　　　　　22 500

(3) 抵销本期多计提折旧数额。本期多计提折旧的方法与第一、第二、第三年相同，仍为 7 500 元。

借：营业外收入　　　　　　　　　　　　　　　　　　　　 7 500
　　贷：管理费用　　　　　　　　　　　　　　　　　　　　　 7 500

2）内部固定资产交易超期清理的抵销处理

对于超期使用的内部交易固定资产，其抵销分为两种情况。

(1) 内部交易的固定资产超期使用，但未进行清理前会计期间的合并财务报表，由于该固定资产仍处于使用中，且在购买企业的财务报表中列示，需要进行有关的抵销处理。抵销时，首先将固定资产原价中包含的未实现内部销售收入予以抵销，调整期初未分配利润。其次由于期初累计折旧仍然包括内部交易以前年度累计多计提的折旧数，必须将多计提的累计折旧来调整期初未分配利润的数额。由于超期使用的固定资产不计提折旧，因而不涉及抵销多计提折旧问题。

(2) 对于清理当期的合并财务报表，由于内部交易固定资产已经清理，实物已不存在，固定资产与累计折旧已经随着固定资产的清理而核销，超期使用的固定资产也不计提折旧，因此对于该内部交易的固定资产不需要进行抵销处理。

【例 9-23】假设例 9-20 中的固定资产，由于使用状态良好，企业在第五年仍继续使用，尚未报废。

企业在编制第五年合并财务报表时，应编制如下抵销分录：

(1) 抵销未实现内部销售利润对期初未分配利润的影响。

借：期初未分配利润　　　　　　　　　　　　　　　　　　30 000
　　贷：固定资产原价　　　　　　　　　　　　　　　　　　　30 000

(2) 抵销以前年度累计多计提折旧数额对期初未分配利润的影响。

借：累计折旧　　　　　　　　　　　　　　　　　　　　　30 000
　　贷：期初未分配利润　　　　　　　　　　　　　　　　　　30 000

3）内部固定资产交易提前清理的抵销处理

在这种情况下的抵销分录，与内部交易固定资产期满的抵销分录基本相同，由于固定资产的实体已不复存在，抵销分录中不涉及"固定资产""累计折旧"科目，仍然作为"营业外收入"科目处理。进行抵销处理时，首先将固定资产原价中包含的未实现内部销售利润予以抵销，调整期初未分配利润。其次由于期初累计折旧仍然包括内部交易以前年度累计多计提的折旧数，必须将多计提的累计折旧调整期初未分配利润的数额。最后抵销本期多计提的折旧数额。

【例 9-24】假设例 9-20 中的固定资产由于不能继续使用，企业在第三年年末对该固定资产进行清理。清理净收益为 10 000 元。

企业在编制第三年合并财务报表时，应编制如下抵销分录：

(1) 抵销未实现内部销售利润对期初未分配利润的影响。

借：期初未分配利润 30 000
　　贷：固定资产原价 30 000

（2）抵销以前年度累计多计提折旧数额15 000元（7 500×2）对期初未分配利润的影响。

借：营业外收入 15 000
　　贷：期初未分配利润 15 000

（3）抵销本年度多计提的折旧费用。

借：营业外收入 7 500
　　贷：管理费用 7 500

（五）调整合并盈余公积的数额

在对母公司的长期股权投资与子公司所有者权益进行抵销时，已将子公司以前年度及本期提取的全部盈余公积从合并财务报表中扣除。但根据我国《公司法》的规定，盈余公积必须由单个企业按照当期实现的税后净利润计提；但对于企业集团来说，即使是编制合并财务报表，母公司、子公司也应分别计提盈余公积。因此，在合并资产负债表中的盈余公积数额，除包括母公司计提的盈余公积数额外，还应当包括子公司计提的盈余公积数额。

调整子公司盈余公积时，只调整子公司盈余公积中母公司拥有的部分，对于少数股东拥有的部分不予考虑，这是本调整分录与前两种调整分录的差别。编制调整分录时，一般将子公司资产负债表中的盈余公积分解为本期提取盈余公积和期初盈余公积，并分别进行调整。

▶ 1. 本期提取盈余公积的调整

1）全资子公司

当纳入合并范围的是全资子公司时，子公司的盈余公积全部归母公司所有，应当按照子公司本期提取的全部盈余公积数额调整合并资产负债表中的盈余公积数额。

【例9-25】假设母公司拥有子A公司的全部股份，子公司本期提取的盈余公积为85 000元。编制如下抵销分录：

借：提取盈余公积 85 000
　　贷：盈余公积 85 000

2）非全资子公司

当纳入合并范围的是非全资子公司时，应以子公司本期提取的盈余公积中属于母公司的数额进行调整。金额上等于子公司本期提取的盈余公积与母公司持股比例的乘积。

【例9-26】假设母公司拥有子A公司80%的股份，子公司本期提取的盈余公积为85 000元。

母公司拥有的盈余公积数额＝子公司本期提取的盈余公积×母公司持股比例
　　　　　　　　　　　　＝85 000×80%＝68 000（元）

编制如下抵销分录：

借：提取盈余公积 68 000
　　贷：盈余公积 68 000

▶ 2. 期初盈余公积的调整

期初盈余公积的调整，实际上涉及的是连续编制合并财务报表的抵销分录问题。企业在连续编制合并财务报表时，本期合并利润分配表的"年初未分配利润"项目与上期合并利润分配表的"未分配利润"项目的数额必须相同，否则就是错误的。与个别财务报表不同的是：本期合并利润分配表的"年初未分配利润"的数额不是从上期合并利润分配表的"未分配利润"过入，而是按合并财务报表的编制程序，由当年母、子公司个别利润分配表的"年初未分配利润"项目合计计算求得。但是，上年编制合并财务报表的抵销分录只是调整了上年的合并财务报表，并未调整母、子公司个别财务报表，使得本期以个别利润分配表计算的"年初未分配利润"数额与上期合并利润分配表的"未分配利润"数额出现差额。

为了解决上述问题，必须对上一期抵销分录中影响合并利润分配表的"未分配利润"的数额进行调整，即调整本期合并财务报表的"年初未分配利润"项目，保证两者在数额上相等。对于盈余公积而言，"提取盈余公积"项目减少了当期合并利润分配表的期末未分配利润项目，从而直接影响下一会计期间合并利润分配表的期初未分配利润的数额。因此，编制本期合并财务报表时，除调整本期计提的盈余公积外，还必须将子公司以前年度提取的盈余公积进行调整，从而调整本期合并利润分配表的期初未分配利润的数额，保证本期合并利润分配表的"年初未分配利润"项目与上期合并利润分配表的"未分配利润"项目的数额相等。

对于子公司的期初盈余公积，在纳入合并范围的为全资子公司的情况下，应当按照期初盈余公积的全部数额调整合并资产负债表中的盈余公积的数额；当纳入合并范围的为非全资子公司时，应当按照子公司期初盈余公积中母公司所拥有的数额进行调整。调整期初盈余公积时，要减少企业集团"年初未分配利润"的数额，应借记"年初未分配利润"科目，贷记"盈余公积"科目。

【例9-27】假设母公司拥有甲子公司80%的股份，甲子公司个别资产负债表中，盈余公积项目的数额为70 000元。其中，本期计提的盈余公积为15 000元，上年度提取的盈余公积的数额为55 000元。

本期编制合并财务报表时，应做抵销处理。

(1) 调整期初盈余公积对年初未分配利润的影响。

母公司拥有期初盈余公积的数额＝子公司期初盈余公积×母公司持股比例
＝55 000×80％＝44 000（元）

编制如下抵销分录：

借：年初未分配利润　　　　　　　　　　　　　　　　　　　　44 000
　　贷：盈余公积　　　　　　　　　　　　　　　　　　　　　　　　44 000

在列入合并工作底稿时，列入"年初未分配利润"项目的借方，进而记入"未分配利润"科目，从而达到调整未分配利润的目的。

(2) 调整当期提取的盈余公积。

母公司拥有当期提取盈余公积的数额＝子公司本期计提的盈余公积×母公司持股比例
＝15 000×80％＝12 000（元）

编制如下抵销分录：

借：提取盈余公积　　　　　　　　　　　　　　　　　　　　　12 000
　　贷：盈余公积　　　　　　　　　　　　　　　　　　　　　　　　12 000

四、合并资产负债表的格式

合并资产负债表的格式综合考虑了企业集团中一般工商企业和金融企业的财务状况列报的要求。与个别资产负债表的格式基本相同,主要增加了四个项目。

(1) 在"无形资产"项目之下增加了"商誉"项目,用于反映同一控制下企业合并中取得的商誉。

(2) 在所有者权益项目之下增加了"归属于母公司所有者权益合计"项目,用于反映企业集团的所有者权益中归属于母公司所有者权益的部分。

(3) 在所有者权益项目之下增加了"少数股东权益"项目,用于反映非全资子公司的所有者权益中不属于母公司的份额。

(4) 在"未分配利润"项目之后,"归属于母公司所有者权益合计"项目之前,增加了"外币报表折算差额"项目,用于反映境外经营的资产负债表折算为人民币表示的资产负债表时所发生的折算差额中归属于母公司所有者权益的部分。合并资产负债表的格式如表 9-2 所示。

表 9-2 合并资产负债表

资　　产	期末余额	年初余额	股东权益	期末余额	年初余额
流动资产:			流动负债:		
货币资金			短期借款		
结算备付金			向中央银行借款		
拆出资金			吸收存款及同业存放		
交易性金融资产			拆入资金		
应收票据			交易性金融负债		
应收账款			应付票据		
预付款项			应付账款		
应收保费			预收款项		
应收分保账款			卖出回购金融资产款		
应收分保合同准备金			应付手续费及佣金		
应收利息			应付职工薪酬		
其他应收款			应交税费		
买入返售金融资产			应付利息		
存货			其他应付款		
一年内到期非流动资产			应付分保账款		
其他流动资产			保险合同准备金		
流动资产合计			代理买卖证券款		
非流动资产:			代理承销证券款		
发放贷款及垫款			一年内到期的非流动负债		

续表

资　产	期末余额	年初余额	股东权益	期末余额	年初余额
可供出售金融资产			其他流动负债		
持有至到期投资			流动负债合计		
长期应收款			非流动负债：		
投资性房地产			长期借款		
固定资产			应付债券		
在建工程			长期应付款		
工程物资			专项应付款		
固定资产清理			预计负债		
生产性生物资产			递延所得税负债		
油气资产			其他非流动负债		
无形资产			非流动负债合计		
开发支出			负债合计		
商誉			所有者权益：		
长期待摊费用			实收资本		
递延所得税资产			资本公积		
其他非流动资产			减：库存股		
非流动资产合计			盈余公积		
			一般风险准备		
			未分配利润		
			外币报表折算差额		
			归属于母公司所有者权益合计		
			少数股东权益		
			所有者权益合计		
资产总计			股东权益总计		

第三节　合并利润表

合并利润表应当以母公司和子公司的利润表为基础，在抵销母公司和子公司、子公司相互之间发生的内部交易对合并利润表的影响后，由母公司合并编制。

一、在编制合并利润表时需要进行抵销的项目

在编制合并利润表时需要进行抵销的项目主要包括营业收入和营业成本、固定资产折旧

或无形资产摊销、投资收益与利息费用、内部应收账款坏账准备，以及内部存货跌价准备。

在编制合并利润表时需要特别加以抵销处理的有母公司内部投资收益项目与子公司利润分配项目。

（一）内部营业收入和营业成本的抵销处理

内部营业收入是指企业集团内部母公司和子公司、子公司相互之间发生的商品销售活动所产生的营业收入。内部营业成本是指企业集团内部母公司和子公司、子公司相互之间发生的商品销售活动所产生的营业成本。

在企业集团内部母公司和子公司、子公司相互之间发生的内部购销交易的情况下，母公司和子公司都从自身的角度，以自身独立的会计主体进行核算反映其损益情况。对于销售企业来说，以其内部销售确认当期销售收入并结转相应的销售成本，计算当期内部销售商品损益。对于购买企业来说，其购进的商品可能用于对外销售，也可能是作为固定资产、工程物资、在建工程、无形资产等资产使用。在购买企业将内部购进的商品用于对外销售时，可能出现以下三种情况：第一种情况是内部购进的商品全部实现对外销售；第二种情况是内部购进的商品全部未实现对外销售，形成期末存货；第三种情况是内部购进的商品部分实现对外销售、部分形成期末存货。

（二）购买企业购进商品作为固定资产、无形资产等资产使用时的抵销处理

企业集团内母公司和子公司、子公司相互之间将自身的产品销售给其他企业作为固定资产使用的抵销处理，参见本章第二节有关"内部交易形成的固定资产在购入当期的抵销处理"的内容。

（三）内部应收款项计提的坏账准备等减值准备的抵销处理

编制合并资产负债表时，需要将内部应收账款与应付账款相互抵销，与此相适应，需要将内部应收账款计提的坏账准备予以抵销。相关抵销处理，参见本章第二节有关"应收账款与应付账款的抵销处理"的内容。

（四）内部投资收益和利息费用的抵销处理

企业集团内部母公司和子公司、子公司相互之间可能发生相互提供信贷，以及相互之间持有对方债券的内部交易。在持有母公司或子公司发行的企业债券的情况下，发行债券的企业支付的利息费用作为财务费用处理，并在其个别利润表"财务费用"项目中列示；而持有债券的企业，将购买的债券在其个别资产负债表"持有至到期投资"项目中列示，当期获得的利息收入则作为投资收益处理，并在其个别利润表"投资收益"项目中列示。在编制合并财务报表时，应当在抵销内部发行的应付债券和持有至到期投资等内部债权债务的同时，将应付债券和持有至到期投资相关的利息费用与投资收益相互抵销，即将内部债券投资收益与内部发行债券的利息费用相互抵销。

（五）母公司、子公司相互之间持有对方长期股权投资的投资收益的抵销处理

内部投资收益是指母公司对子公司长期股权投资所取得的收益，在金额上等于子公司的税后净利润与母公司持股比例的乘积。在全资子公司的情况下，母公司的投资收益就是子公司本期的净利润；在非全资子公司的情况下，子公司本期的净利润包括母公司的投资收益和少数股东收益两部分。内部投资收益在金额上等于子公司本期的净利润与母公司持股比例的乘积。

编制合并利润表，是以母公司与子公司利润表为基础，将母、子公司的收入、成本、费用等项目进行合并，实际上是将子公司本期的净利润还原为各项收入、成本、费用等项目。母公司确认的投资收益是按子公司本期的净利润计算的，为了避免对子公司净利润的重复计算，必须将母公司取得的内部投资收益予以抵销。

编制合并利润分配表，是站在母公司的角度反映对母公司股东的利润分配情况。因此，子公司的利润分配各项目的数额，包括当年提取盈余公积数额、应付投资者利润数额和期末未分配利润都应予以抵销。

子公司个别利润分配表中的期初未分配利润项目也必须予以抵销。因为期初未分配利润作为子公司以前会计期间净利润的一部分，已全部或部分包括在母公司以前会计期间投资收益之中，从而包括在母公司期初未分配利润项目中。为了避免对子公司期初未分配利润的重复计算，要将子公司期初未分配利润数额予以抵销。

▶ 1. 全资子公司的抵销处理

在全资子公司的情况下，母公司的投资收益就是子公司本期实现的全部净利润数额。子公司期初未分配利润加上本期实现的全部净利润就是当年利润分配的来源。子公司本期利润分配各项目和期末未分配利润的数额合计就是本年利润分配的去向。利润分配的来源和去向数额是相等的，正好相互抵销。

【例9-28】假设母公司拥有甲子公司的全部股份，甲子公司的期初未分配利润为20 000元，本期实现的全部净利润为100 000元，甲子公司本年利润分配中，共提取盈余公积15 000元，应付给投资者利润55 000元，期末未分配利润50 000元。

子公司的期初未分配利润＋子公司本期实现的全部净利润（母公司的内部投资收益）＝子公司本年利润分配＋期末未分配利润

编制如下抵销分录：

借：投资收益　　　　　　　　　　　　　　　　　　　　　100 000
　　年初未分配利润　　　　　　　　　　　　　　　　　　 20 000
　　贷：提取盈余公积　　　　　　　　　　　　　　　　　　15 000
　　　　应付股利　　　　　　　　　　　　　　　　　　　　55 000
　　　　未分配利润　　　　　　　　　　　　　　　　　　　50 000

▶ 2. 非全资子公司的抵销处理

在非全资子公司的情况下，母公司本期对子公司的内部投资收益和少数股东收益两部分之和就是子公司本期的净利润。母公司内部投资收益、少数股东收益、子公司的期初未分配利润之和与子公司本期利润分配各项目和期末未分配利润之和正好相等，相互抵销。

【例9-29】假设母公司拥有甲子公司80％的股份，其他资料同例9-28。

子公司的期初未分配利润＋子公司本期实现的全部净利润母公司的内部投资收益＋少数股东收益＝子公司本年利润分配＋子公司的期末未分配利润

母公司的内部投资收益＝子公司本期实现的全部净利润×母公司持股比例
　　　　　　　　　　＝100 000×80％＝80 000（元）

"少数股东权益"的数额＝子公司所有者权益总额×（1－母公司持股比例）
　　　　　　　　　　＝100 000×（1－80％）＝20 000（元）

编制如下抵销分录：

借：投资收益　　　　　　　　　　　　　　　　　　80 000
　　少数股东权益　　　　　　　　　　　　　　　　20 000
　　年初未分配利润　　　　　　　　　　　　　　　20 000
贷：提取盈余公积　　　　　　　　　　　　　　　　15 000
　　应付股利　　　　　　　　　　　　　　　　　　55 000
　　未分配利润　　　　　　　　　　　　　　　　　50 000

二、合并利润表的基本格式

合并利润表的基本格式综合考虑了企业集团中一般工商企业和金融企业的经营成果列报的要求。

合并利润表主要反映以下几方面的内容：

（1）营业总收入，反映企业集团营业收入总额，其中，营业收入反映企业集团中一般工商企业实现的营业收入，包括主营业务收入和其他业务收入；利息收入反映企业集团中金融企业实现的利息收入；已赚取保费反映企业集团中金融企业保费收入扣除提取未到期责任准备金后的净收入；手续费及佣金收入反映企业集团中金融企业实现的手续费及佣金收入。

（2）营业利润，营业总收入减去营业总成本，加上公允价值变动收益、投资收益、汇兑收益，即为营业利润。

（3）利润总额，营业利润加上营业外收入，减去营业外支出，即为利润总额。

（4）净利润，利润总额减去所得税费用，即为净利润。净利润也等于归属于母公司所有者的净利润加上少数股东损益。

（5）综合收益总额，净利润加上其他综合收益，即为综合收益总额。

与个别资产负债表的格式基本相同，主要增加了五个项目：即在"净利润"项目下增加"归属于母公司所有者的净利润"和"少数股东损益"两个项目，分别反映净利润中由母公司所有者所享有的份额和非全资子公司当期实现的净利润中属于少数股东权益的份额，即不属于母公司享有的份额。在属于同一控制下企业合并增加的子公司当期的合并利润表中还应在"净利润"项目下增加"其中：被合并方在合并以前实现的净利润"项目，用于反映同一控制下企业合并中取得的被合并方在合并以前实现的净利润。但是，"被合并方在合并以前实现的净利润"应当在母公司所有者和少数股东之间进行分配，如果全部不属于母公司所有者，则应同时列示在"少数股东损益"项目之中，仍然保持"合并净利润＝归属于母公司所有者的净利润和少数股东损益"的平衡关系。在"综合收益总额"项目下增加"归属于母公司所有者的综合收益总额"和"归属于少数股东的综合收益总额"两个项目，分别反映综合收益总额中由母公司所有者所享有的份额和非全资子公司当期综合收益总额中属于少数股东权益的份额，即不属于母公司享有的份额，仍然保持"综合收益总额＝归属于母公司所有者的综合收益总额＋归属于少数股东的综合收益总额"的平衡关系，合并利润表的一般格式如表9-3所示。

表9-3　合并利润表

项　　目	本年金额	上年金额
一、营业总收入		

续表

项　　目	本年金额	上年金额
其中：营业收入		
利息收入		
保费净收入		
手续费及佣金收入		
二、营业总成本		
其中：营业成本		
利息支出		
手续费及佣金支出		
退保金赔付支出净额		
提取保险责任准备金净额		
保单红利支出		
分保费用		
营业税金及附加		
销售费用		
管理费用		
财务费用		
资产减值损失		
加：公允价值变动收益		
投资收益		
其中：对联营企业和合营企业的投资收益		
汇兑收益		
三、营业利润		
加：营业外收入		
减：营业外支出		
其中：非流动资产处置损失		
四、利润总额		
减：所得税费用		
五、净利润		
归属于母公司所有者的净利润		
少数股东损益		
六、每股收益：		
（一）基本每股收益		
（二）稀释每股收益		

续表

项　　目	本年金额	上年金额
七、其他综合收益		
八、综合收益总额		
归属于母公司所有者的综合收益总额		
归属于少数股东的综合收益总额		

第四节　合并现金流量表

合并现金流量表是用以反映母公司及其子公司组成的企业集团在一定期间的现金流入量、现金流出量及其增减变动情况的报表。

合并现金流量表的编报是随着现金流量表的运用而逐步发展为各国会计实务的重要内容的。20世纪70年代末，美国财务会计准则委员会（FASB）就已认识到了现金流量信息对决策的高度有用性，在它公布的财务会计概念公告第1辑（SFAC1）（1978年）和财务会计概念公告第5辑（SFAC5）（1984年）中都有论述。在公告第1辑（SFAC1）中认为，财务报告应当提供信息借以帮助现在的和潜在的投资者、债权人和其他使用者评估来自股利或利息的预期现金收入以及来自证券或贷款的出售、收兑或到期收回的实得收入的金额、时间间隔和不确定性。这些现金收入的前景受到企业能否产生足够的现金来偿还其到期债务和满足经营活动的其他现金需要，重新投资于经营活动以及支付现金股利的能力的影响。公告第1辑（SFAC1）还认为，由于企业产生有利的现金流量的能力影响了其股利和利息的支付能力及其证券的市价，因此，投资者和债权人的预期现金流动与他们所投资或所贷款的企业的预期现金流动是联系在一起的。并且，财务报告应该提供关于企业如何获得和使用现金、借款和还款、资本（权益）事项，包括支付给业主的现金股利和企业资源的其他分配及可能影响企业的变现能力或清偿能力的其他因素的信息。在公告第5辑（SFAC5）中认为，为某个时期编制的一套完整的财务报表必须反映该期的现金流动。公告第5辑（SFAC5）还认为，现金流量信息是关于一个主体通过经营活动产生现金据以偿还债务、分派股利或重新投资以保持或扩大经营能力等活动的有用信息；是关于其融资活动的有用信息，包括债务资本和股权资本的筹措；是关于其投资或耗用现金的有用信息；是帮助评价企业的变现能力、财务弹性、盈利能力及财务风险的重要信息。

1987年，美国财务会计准则公告第95号（SFAS95）（现金流量表）正式发布并取代了财务状况变动表，对现金流量信息的重要作用做出了较为全面的归纳，即现金流量信息有助于使用者在如下一些方面做出判断：

（1）企业在未来产生有利的净现金流量的能力。

（2）企业偿还债务的能力、分派股利的能力以及对外融资的需求。

（3）净收益与相关的现金收支产生差异的原因。

(4) 当期的现金和非现金投资及理财事项对企业财务状况的影响。

合并现金流量表与单个企业现金流量表的编制在原理和程序上是一致的。我国现金流量表准则把企业的现金流量划分为经营活动、投资活动和筹资活动三类。

经营活动是指企业投资活动和筹资活动以外的所有交易和事项。经营活动导致的现金流入量主要包括销售商品、提供劳务收到的现金，收到的经营租赁的租金收入，收到的增值税销项税额和退回的增值税款，以及收到的除增值税以外的其他税费返还。

经营活动导致的现金流出量主要包括购买商品、接受劳务支付的现金，经营租赁所支付的租金支出，支付给职工以及为职工支付的现金，支付的增值税进项税额和实际缴纳的增值税款，支付的所得税款，以及支付的除增值税、所得税以外的其他税费。

投资活动是指企业长期资产的购建和不包括在现金等价物范围内的投资及其处置活动。投资活动导致的现金流入量主要包括：收回投资所收到的现金，分得股利或利润所收到的现金，取得债券利息收入所收到的现金，以及处置固定资产、无形资产和其他长期资产而收到的现金净额。

投资活动导致的现金流出量主要包括购建固定资产、无形资产和其他长期资产所支付的现金，权益性投资所支付的现金，以及债券性投资所支付的现金。

筹资活动是指导致企业资本及债务规模和构成发生变化的活动。筹资活动导致的现金流入量主要包括吸收权益性投资所收到的现金，发行债券所收到的现金，以及借款所收到的现金。

筹资活动导致的现金流出量主要包括偿还债务所支付的现金，发生筹资费用所支付的现金，分配股利或利润所支付的现金，偿付利息所支付的现金，融资租赁所支付的现金，以及减少注册资本所支付的现金。

一、编制合并现金流量表时应进行抵销处理的项目

编制合并现金流量表时应进行抵销处理的主要项目如下。

（一）企业集团内部当期以现金投资或收购股权增加的投资所产生的现金流量的抵销处理

母公司直接以现金对子公司进行的长期股权投资或以现金从子公司的其他所有者处收购股权，表现为母公司现金流出，在母公司个别现金流量表中作为投资活动现金流出列示。子公司接受这项投资时，表现为现金流入，在其个别现金流量表中反映为筹资活动的现金流入。从企业集团整体来看，母公司以现金对子公司进行的长期股权投资实际上相当于母公司将资本拨付下属核算单位，并不引起整个企业集团现金流量的增减变动，因此，编制合并现金流量表时，应当在母公司与子公司现金流量表数据简单相加的基础上，将母公司当期以现金对子公司长期股权投资所产生的现金流量予以抵销。

（二）企业集团内部当期以投资收益收到的现金与分配股利、利润或偿付利息支付的现金的抵销处理

母公司对子公司进行的长期股权投资和债权投资，在持有期间收到子公司分派的现金股利或债券利息，表现为现金流入，在母公司个别现金流量表中作为取得投资收益收到的现金列示。子公司向母公司分派的现金股利或支付的债券利息，表现为现金流出，在其个别现金流量表中反映为分配股利、利润或偿付利息支付的现金。从企业集团整体来看，这

种投资收益的现金收支,并不引起整个企业集团现金流量的增减变动,因此,编制合并现金流量表时,应当在母公司与子公司现金流量表数据简单相加的基础上,将母公司当期取得投资收益收到的现金与子公司分配股利、利润或偿付利息支付的现金予以抵销。

(三)企业集团内部当期以现金结算债权与债务所产生的现金流量的抵销处理

母公司对子公司、子公司相互之间当期以现金结算应收账款或应付账款等债权债务,表现为现金流入或现金流出,在母公司个别现金流量表中作为收到其他与经营活动有关的现金列示。在子公司个别现金流量表中作为支付其他与经营活动有关的现金或收到其他与经营活动有关的现金列示,从企业集团整体来看,这种现金结算债权与债务的方式,并不引起整个企业集团现金流量的增减变动,因此,编制合并现金流量表时,应当在母公司与子公司现金流量表数据简单相加的基础上,将母公司当期取得投资收益收到的现金与子公司分配股利、利润或偿付利息支付的现金予以抵销。

(四)企业集团内部当期销售商品所产生的现金流量的抵销处理

母公司向子公司当期销售商品所收到的现金,表现为现金流入,在母公司个别现金流量表中作为销售商品、提供劳务收到的现金列示。子公司向母公司支付购货款,表现为现金流出,在子公司个别现金流量表中反映为购买商品、接受劳务支付的现金。从企业集团整体来看,这种内部商品购销现金收支,并不会引起整个企业集团现金流量的增减变动,因此,编制合并现金流量表时,应当在母公司与子公司现金流量表数据简单相加的基础上,将母公司与子公司、子公司相互之间当期销售商品所产生的现金流量予以抵销。

(五)企业集团内部处置固定资产等收回的现金净额与购建固定资产等支付的现金的抵销处理

母公司向子公司处置固定资产等非流动资产,表现为现金流入,在母公司个别现金流量表中作为处置固定资产、无形资产和其他长期资产收回的现金净额列示。子公司表现为现金流出,在子公司个别现金流量表中反映为购建固定资产、无形资产和其他长期资产支付的现金。从企业集团整体来看,这种固定资产处置与购置的现金收支,并不会引起整个企业集团现金流量的增减变动,因此,编制合并现金流量表时,应当在母公司与子公司现金流量表数据简单相加的基础上,将母公司与子公司、子公司相互之间处置固定资产、无形资产和其他长期资产收回的现金净额与购建固定资产、无形资产和其他长期资产支付的现金相互抵销。

二、合并现金流量表的格式

合并现金流量表的基本格式综合考虑了企业集团中一般工商企业和金融企业的现金流入和现金流出的要求,与个别现金流量表的格式基本相同,主要增加了反映金融企业行业特点和经营活动现金流量项目。合并现金流量表的基本格式如表9-4所示。

表9-4 合并现金流量表

项目	本年金额	上年金额
一、经营活动产生的现金流量:		
销售商品、提供劳务收到的现金		
客户存款和同业存放款项净增加额		

续表

项　目	本年金额	上年金额
向中央银行借款净增加额		
向其他金融机构拆入资金净增加额		
收到原保险合同保费取得的现金		
收到再保险业务现金净额		
保户储金及投资款净增加额		
处置交易性金融资产净增加额		
收取利息、手续费及佣金净增加额		
拆入资金净增加额		
回购业务资金净增加额		
收到的税费返还		
收到其他与经营活动有关的现金		
经营活动现金流入小计		
购买商品、接受劳务支付的现金		
客户贷款及垫款净增加额		
存放中央银行和同业款项净增加额		
支付原保险合同赔付款项的现金		
支付利息、手续费及佣金的现金		
支付保单红利的现金		
支付给职工以及为职工支付的现金		
支付的各项税费		
支付其他与经营活动有关的现金		
经营活动现金流出小计		
经营活动产生的现金流量净额		
二、投资活动产生的现金流量：		
收回投资收到的现金		
取得投资收益收到的现金		
处置固定资产、无形资产和其他长期资产收回的现金净额		
处置子公司及其他营业单位收到的现金净额		
收到其他与投资活动有关的现金		
投资活动现金流入小计		
购建固定资产、无形资产和其他长期资产支付的现金		
投资支付的现金		
质押贷款净增加额		

续表

项目	本年金额	上年金额
取得子公司及其他营业单位支付的现金净额		
支付其他与投资活动有关的现金		
投资活动现金流出小计		
投资活动产生的现金流量净额		
三、筹资活动产生的现金流量：		
吸收投资收到的现金		
其中：子公司吸收少数股东投资收到的现金		
取得借款收到的现金		
发行债券收到的现金		
收到其他与筹资活动有关的现金		
筹资活动现金流入小计		
偿还债务支付的现金		
分配股利、利润或偿付利息支付的现金		
其中：子公司支付给少数股东的股利、利润		
支付其他与筹资活动有关的现金		
筹资活动现金流出小计		
筹资活动产生的现金流量净额		
四、汇率变动对现金的影响		
五、现金及现金等价物净增加额		
加：年初现金及现金等价物余额		
六、年末现金及现金等价物余额		

第五节　合并所有者权益变动表

合并所有者权益变动表是以母公司和子公司的所有者权益变动表为基础，在抵销母公司和子公司、子公司相互之间发生的内部交易对合并所有者权益变动表的影响后，由母公司合并编制。

在编制合并所有者权益变动表的过程中，企业应当对下列项目进行抵销处理：

（1）母公司对子公司的长期股权投资应当与母公司在子公司的所有者权益中所享有的份额相互抵销。

（2）母公司对子公司、子公司相互之间持有对方长期股权投资的投资收益应当抵销。

（3）母公司对子公司、子公司相互之间发生的其他内部交易对所有者权益变动的影响应当抵销。

合并所有者权益变动表也可以根据合并资产负债表和合并利润表进行编制。有少数股东的,应当在合并所有者权益变动表中增加"少数股东权益"栏目,用以反映少数股东权益变动的情况。

本章小结

合并财务报表又称合并会计报表,是指反映母公司和其全部子公司所形成的企业集团整体财务状况、经营成果和现金流量的财务报表。编制合并财务报表的目的是为了反映和报告在共同控制之下的一个企业集团的财务状况、经营成果和现金流量的总括情况,以满足报表使用者对于一个经济主体而不是法律主体的会计信息的需求。合并资产负债表是以母公司和子公司的资产负债表为基础,在抵销母公司和子公司、子公司相互之间发生的内部交易对合并资产负债表的影响后,由母公司合并编制。合并利润表应当以母公司和子公司的利润表为基础,在抵销母公司和子公司、子公司相互之间发生的内部交易对合并利润表的影响后,由母公司合并编制。合并现金流量表是用以反映母公司及其子公司组成的企业集团在一定期间的现金流入量、现金流出量及其增减变动情况的报表。合并所有者权益变动表是以母公司和子公司的所有者权益变动表为基础,在抵销母公司和子公司、子公司相互之间发生的内部交易对合并所有者权益变动表的影响后,由母公司合并编制。

思 考 题

1. 为什么要编制合并会计报表?其特点是什么?
2. 简述合并会计报表与联合报表、汇总报表的异同点。
3. 简述母公司理论、实体理论和所有权理论的特点。
4. 简述应纳入和不应纳入合并会计报表的范围及其原因。
5. 简述合并会计报表的编制特点和要求与个别会计报表的区别。
6. 在编制合并会计报表时,为什么要编制一系列的抵销分录?

同步测试题

一、单项选择题

1. 甲公司 2016 年 6 月 28 日从其拥有 80% 股份的被投资企业购进设备一台,该设备成本 405 万元,售价 526.5 万元(含 17% 增值税),另付运输安装费 11.25 万元,甲公司已付款且该设备当月投入使用，预计使用5年，净残值为零，采用直线法计提折旧。甲公司2016年年末编制合并报表时应抵销固定资产未实现内部利润导致多提的折旧为（   ）万元。

A. 9 　　　　　　　B. 4.5 　　　　　　　C. 12.12 　　　　　　　D. 13.28

2. 2016年9月，子公司从母公司购入的150万元存货，本年全部没有实现销售，期末该批存货的可变现净值为105万元，子公司计提了45万元的存货跌价准备，母公司销售该存货的成本120万元，母公司2016年年末编制合并报表时应抵销该存货跌价准备为（   ）。

A. 借：存货跌价准备　　　　　　　　　　　　　　　　　　　　300 000
　　　贷：资产减值损失　　　　　　　　　　　　　　　　　　　　300 000

B. 借：资产减值损失　　　　　　　　　　　　　　　　　　　　150 000
　　　贷：存货跌价准备　　　　　　　　　　　　　　　　　　　　150 000

C. 借：存货跌价准备　　　　　　　　　　　　　　　　　　　　450 000
　　　贷：资产减值损失　　　　　　　　　　　　　　　　　　　　450 000

D. 借：未分配利润——年初　　　　　　　　　　　　　　　　　　300 000
　　　贷：存货跌价准备　　　　　　　　　　　　　　　　　　　　300 000

3. 母子公司采用应收账款余额百分比法计提坏账准备，计提比例为1%，期初和期末内部应收账款余额均为150万元，在连续编制合并会计报表的情况下，本期就该项内部应收账款余额计提坏账准备所编制的抵销分录为（   ）。

A. 借：资产减值损失　　　　　　　　　　　　　　　　　　　　15 000
　　　贷：未分配利润——年初　　　　　　　　　　　　　　　　　　15 000

B. 借：坏账准备　　　　　　　　　　　　　　　　　　　　　　15 000
　　　贷：资产减值损失　　　　　　　　　　　　　　　　　　　　15 000

C. 借：应收账款——坏账准备　　　　　　　　　　　　　　　　15 000
　　　贷：未分配利润——年初　　　　　　　　　　　　　　　　　　15 000

D. 不做抵销处理

4. 母子公司采用应收账款余额百分比法计提坏账准备，计提比例为10%，2016年年初内部应收账款余额为450万元，2016年年末内部应收账款余额为315万元，在连续编制合并会计报表的情况下，本期就该项内部应收账款余额计提坏账准备所编制的抵销分录为（   ）。

A. 借：资产减值损失　　　　　　　　　　　　　　　　　　　　135 000
　　　贷：应收账款——坏账准备　　　　　　　　　　　　　　　　135 000

B. 借：应收账款——坏账准备　　　　　　　　　　　　　　　　135 000
　　　贷：资产减值损失　　　　　　　　　　　　　　　　　　　　135 000

C. 借：应收账款——坏账准备　　　　　　　　　　　　　　　　450 000
　　　贷：未分配利润——年初　　　　　　　　　　　　　　　　　　450 000
　　借：应收账款——坏账准备　　　　　　　　　　　　　　　　135 000
　　　贷：资产减值损失　　　　　　　　　　　　　　　　　　　　135 000

D. 借：应收账款——坏账准备　　　　　　　　　　　　　　　　450 000
　　　贷：未分配利润——年初　　　　　　　　　　　　　　　　　　450 000
　　借：资产减值损失　　　　　　　　　　　　　　　　　　　　135 000
　　　贷：应收账款——坏账准备　　　　　　　　　　　　　　　　135 000

5. 甲公司 2015 年 3 月 10 日从其拥有 80％股份的子公司购进设备一台，该设备成本 1 850 万元，售价 2 340 万元（含 17％增值税），另付运输安装费 8 万元，甲公司已付款且该设备当月投入使用，预计使用 5 年，净残值为零，采用直线法计提折旧。甲公司 2016 年年末编制合并报表时应抵销固定资产未实现内部利润导致多提的折旧为（　　）万元。

  A. 37.5　　　　　B. 12.5　　　　　C. 30　　　　　D. 42.5

6. 甲公司是乙公司的母公司，在 2015 年年末的资产负债表中，甲公司的存货为 1 000 万元，乙公司则是 800 万元。当年 10 月 1 日，甲公司销售给乙公司 1 000 件商品，每件商品的成本为 500 元，售价为 600 元，乙公司当年销售了 400 件，则合并后的存货项目为（　　）万元。

  A. 1 900　　　　B. 1 800　　　　C. 1 794　　　　D. 2 000

7. 子公司上期从母公司购入的 50 万元存货全部在本期实现销售，取得 70 万元的销售收入，该项存货母公司的销售成本 40 万元，在母公司编制本期合并报表时所做的抵销分录为（　　）。

  A. 借：期初未分配利润　　　　　　　　　　　　100 000
    贷：营业成本　　　　　　　　　　　　　　　　100 000
  B. 借：期初未分配利润　　　　　　　　　　　　200 000
    贷：存货　　　　　　　　　　　　　　　　　　200 000
  C. 借：期初未分配利润　　　　　　　　　　　　500 000
    贷：营业成本　　　　　　　　　　　　　　　　500 000
  D. 借：营业收入　　　　　　　　　　　　　　　700 000
    贷：营业成本　　　　　　　　　　　　　　　　500 000
      存货　　　　　　　　　　　　　　　　　　200 000

8. 甲公司本年 2 月 10 日从其拥有 80％股份的被投资企业 A 购进设备一台，该设备成本 70 万元，售价 100 万元，增值税 17 万元，另付运输安装费 3 万元。甲公司已付款且该设备当月投入使用，预计使用 5 年，净残值为 0，甲公司本年末编制合并报表应抵销此项业务形成的固定资产尚未实现销售利润（　　）万元。

  A. 47　　　　　B. 30　　　　　C. 50　　　　　D. 33

9. 甲公司本年 2 月 10 日从其拥有 80％股份的被投资企业 A 购进设备一台，该设备成本 70 万元，售价 100 万元，增值税 17 万元，另付运输安装费 3 万元。甲公司已付款且该设备当月投入使用，预计使用 5 年，净残值为 0，甲公司本年末编制合并报表时涉及此项业务折旧与费用的正确抵销分录是（　　）万元。

  A. 借：固定资产　　　　　　　　　　　　　　　200 000
    贷：管理费用　　　　　　　　　　　　　　　　200 000
  B. 借：固定资产　　　　　　　　　　　　　　　83 300
    贷：管理费用　　　　　　　　　　　　　　　　83 300
  C. 借：固定资产　　　　　　　　　　　　　　　50 000
    贷：管理费用　　　　　　　　　　　　　　　　50 000
  D. 借：固定资产　　　　　　　　　　　　　　　78 300
    贷：管理费用　　　　　　　　　　　　　　　　78 300

10. 母公司期初期末对子公司应收账款余额分别是 250 万元和 200 万元，母公司始终按应收账款余额的 5‰ 提取坏账准备，则母公司期末编制合并报表时抵销内部应收账款提取坏账准备分录是（　　）。

A. 借：应收账款　　　　　　　　　　　　　　　　　10 000
　　　贷：资产减值损失　　　　　　　　　　　　　　10 000

B. 借：期初未分配利润　　　　　　　　　　　　　　12 500
　　　贷：应收账款　　　　　　　　　　　　　　　　10 000
　　　　　资产减值损失　　　　　　　　　　　　　　2 500

C. 借：应收账款　　　　　　　　　　　　　　　　　12 500
　　　贷：期初未分配利润　　　　　　　　　　　　　10 000
　　　　　资产减值损失　　　　　　　　　　　　　　2 500

D. 借：应收账款　　　　　　　　　　　　　　　　　12 500
　　　贷：期初未分配利润　　　　　　　　　　　　　12 500
　　借：资产减值损失　　　　　　　　　　　　　　　2 500
　　　贷：应收账款　　　　　　　　　　　　　　　　2 500

二、多项选择题

1. 企业在报告期内出售、购买子公司，下列说法中正确的有（　　）。

A. 企业在报告期内出售、购买子公司，期末编制合并资产负债表时应调整合并资产负债表的期初数

B. 企业在报告期内出售子公司，应将出售的子公司自报告期期初至出售日止的相关收入、成本、利润纳入合并利润表

C. 企业在报告期内购买子公司，应将被购买的子公司自报告期期初至报告期期末止的相关收入、成本、利润纳入合并利润表

D. 企业在报告期内出售子公司，期末编制合并现金流量表时，应将被出售的子公司自报告期期初至出售日止的现金流量的信息纳入合并现金流量表

2. 子公司本期将其成本为 80 万元的一批产品销售给母公司，销售价格为 100 万元，母公司本期购入该产品都形成存货，期末编制合并报表时母公司应做的抵销分录是（　　）。

A. 借：营业收入　　　　　　　　　　　　　　　　　1 000 000
　　　贷：营业成本　　　　　　　　　　　　　　　　800 000
　　　　　期初未分配利润　　　　　　　　　　　　　200 000

B. 借：期初未分配利润　　　　　　　　　　　　　　200 000
　　　贷：存货　　　　　　　　　　　　　　　　　　200 000

C. 借：营业收入　　　　　　　　　　　　　　　　　1 000 000
　　　贷：营业成本　　　　　　　　　　　　　　　　1 000 000

D. 借：营业成本　　　　　　　　　　　　　　　　　200 000
　　　贷：存货　　　　　　　　　　　　　　　　　　200 000

3. 子公司本期将其成本为 80 万元的一批产品销售给母公司，销售价格为 100 万元，母公司本期购入该产品都形成存货，一年后，母公司上期从子公司购入的产品仅对外销售了 40%，另外 60% 依然为存货。期末编制合并报表时母公司应做的抵销分

录是( )。
    A. 借：期初未分配利润   200 000
       贷：营业成本   200 000
    B. 借：营业收入   1 000 000
       贷：营业成本   1 000 000
    C. 借：营业成本   120 000
       贷：存货   120 000
    D. 借：存货   50 000
       贷：期初未分配利润   50 000

4. 子公司编制合并报表需做的前提准备工作有( )。
    A. 应当向母公司提供财务报表
    B. 采用的与母公司不一致的会计政策及其影响金额
    C. 与母公司不一致的会计期间的说明
    D. 与母公司、其他子公司之间发生的所有内部交易的相关资料
    E. 所有者权益变动的有关资料
    F. 母公司编制合并财务报表所需要的其他资料

5. 甲公司于2015年年初通过收购股权成为乙公司的母公司。2015年年末，甲公司应收乙公司账款150万元；2016年年末，甲公司应收乙公司账款450万元；2017年年末，甲公司应收乙公司账款225万元，甲公司计提坏账准备的比例为2%，对此，编制2017年末合并会计报表工作底稿时应编制的抵销分录包括( )。
    A. 借：应收账款——坏账准备   45 000
       贷：资产减值损失   45 000
    B. 借：应付账款   2 250 000
       贷：应收账款   2 250 000
    C. 借：资产减值损失   45 000
       贷：应收账款——坏账准备   45 000
    D. 借：应收账款——坏账准备   90 000
       贷：未分配利润——年初   90 000
    E. 借：应收账款——坏账准备   30 000
       贷：未分配利润——年初   30 000

6. 甲、乙公司是同一母公司下两个子公司的关系。2016年年末，甲公司应收乙公司账款112.5万元；2017年年末，甲公司应收乙公司账款225万元，甲公司计提坏账准备的比例为2%，对此，母公司编制2017年合并会计报表工作底稿时应编制的抵销分录包括( )。
    A. 借：应付账款   2 250 000
       贷：应收账款   2 250 000
    B. 借：应收账款——坏账准备   22 500
       贷：资产减值损失   22 500
    C. 借：应收账款——坏账准备   45 000
       贷：资产减值损失   45 000

D. 借：应收账款——坏账准备　　　　　　　　　　　　　　22 500
　　　贷：未分配利润——年初　　　　　　　　　　　　　　　　22 500

7. 甲、乙公司是母子公司的关系。2016 年年末，甲公司应收乙公司账款 100 万元；计提坏账准备的比例为 2%；2017 年年末，甲公司应收乙公司账款 100 万元，计提坏账准备的比例变更为 4%，对此，母公司编制 2017 年合并会计报表工作底稿时应编制的抵销分录包括(　　)。

A. 借：应付账款　　　　　　　　　　　　　　　　　　1 000 000
　　　贷：应收账款　　　　　　　　　　　　　　　　　　　1 000 000
B. 借：应收账款——坏账准备　　　　　　　　　　　　　　10 000
　　　贷：资产减值损失　　　　　　　　　　　　　　　　　　　10 000
C. 借：应收账款——坏账准备　　　　　　　　　　　　　　20 000
　　　贷：资产减值损失　　　　　　　　　　　　　　　　　　　20 000
D. 借：应收账款——坏账准备　　　　　　　　　　　　　　20 000
　　　贷：未分配利润——年初　　　　　　　　　　　　　　　　20 000

8. 2017 年，子公司将成本为 120 万元的一批产品销售给母公司，销售价格为 150 万元，母公司购入该产品未对外销售形成存货；2018 年子公司又将成本为 210 万元的一批产品销售给母公司，销售价格为 300 万元，2018 年母公司上述存货对外销售，销售价格为 450 万元，销售成本 200 万元，采用先进先出法对存货计价，2018 年年末编制合并报表时，母公司应做的抵销分录有(　　)。

A. 借：未分配利润——年初　　　　　　　　　　　　　　300 000
　　　贷：营业成本　　　　　　　　　　　　　　　　　　　　300 000
B. 借：营业收入　　　　　　　　　　　　　　　　　　3 000 000
　　　贷：营业成本　　　　　　　　　　　　　　　　　　　3 000 000
C. 借：营业成本　　　　　　　　　　　　　　　　　　　330 000
　　　贷：存货　　　　　　　　　　　　　　　　　　　　　　330 000
D. 借：营业成本　　　　　　　　　　　　　　　　　　　320 000
　　　贷：存货　　　　　　　　　　　　　　　　　　　　　　320 000
E. 借：营业成本　　　　　　　　　　　　　　　　　　　750 000
　　　贷：存货　　　　　　　　　　　　　　　　　　　　　　750 000

9. 子公司将其成本为 80 万元的一批产品销售给母公司，含税销售价款为 117 万元，母公司购入该产品全部形成存货，并为该项存货计提跌价准备，其可变现净值 95 万元，本期末编制合并报表时，母公司应做的抵销分录有(　　)。

A. 借：未分配利润——年初　　　　　　　　　　　　　　200 000
　　　贷：存货　　　　　　　　　　　　　　　　　　　　　　200 000
B. 借：营业收入　　　　　　　　　　　　　　　　　　　800 000
　　　贷：营业成本　　　　　　　　　　　　　　　　　　　　800 000
C. 借：存货——存货跌价准备　　　　　　　　　　　　　　50 000
　　　贷：资产减值损失　　　　　　　　　　　　　　　　　　　50 000
D. 借：营业收入　　　　　　　　　　　　　　　　　　1 000 000

　　　　贷：营业成本　　　　　　　　　　　　　　　　　　　1 000 000
　　E. 借：营业成本　　　　　　　　　　　　　　　　　　　 200 000
　　　　贷：存货　　　　　　　　　　　　　　　　　　　　　 200 000

10. 2016年，子公司将其成本为120万元的一批产品销售给母公司，含税销售价款为150万元，母公司购入该产品未对外销售形成存货，2017年子公司又将其成本为210万元的一批产品销售给母公司，含税销售价款为300万元，2017年母公司将上述存货对外销售，销售价格为450万元，销售成本200万元，采用先进先出法对存货计价。2017年年末编制合并报表时，母公司应做的抵销分录有（　　）。

　　A. 借：未分配利润——年初　　　　　　　　　　　　　　 300 000
　　　　贷：存货　　　　　　　　　　　　　　　　　　　　　 300 000
　　B. 借：营业收入　　　　　　　　　　　　　　　　　　　3 000 000
　　　　贷：营业成本　　　　　　　　　　　　　　　　　　　3 000 000
　　C. 借：营业成本　　　　　　　　　　　　　　　　　　　 330 000
　　　　贷：存货　　　　　　　　　　　　　　　　　　　　　 330 000
　　D. 借：营业成本　　　　　　　　　　　　　　　　　　　 320 000
　　　　贷：存货　　　　　　　　　　　　　　　　　　　　　 320 000
　　E. 借：营业成本　　　　　　　　　　　　　　　　　　　 750 000
　　　　贷：存货　　　　　　　　　　　　　　　　　　　　　 750 000

三、判断题

1. 合并财务报表是把母公司及其所有被投资单位作为一个经济意义上的会计主体，并由母公司或控股公司编制的反映该会计主体的财务报表。（　　）

2. 就非同一控制下的企业合并而言，会计处理采用的是购买法。购买法下购买日的确定很重要，但有时购买日与企业合并的交易日可能不一致。（　　）

3. 母公司及其子公司的长期股权投资的账面价值为零或该子公司的所有者权益为负数时，则不应将该子公司纳入合并财务报表的合并范围。（　　）

4. 就分步实现的非同一控制下的控股合并而言，购买股权的交易日是单项投资在购买方财务报表中确认之日，购买日则是获得控制权之日。（　　）

5. 如果企业合并业务中合并方确认了长期股权投资，则该合并一定是控股合并。（　　）

6. 母公司与子公司、子公司相互之间的债券投资与长期债券投资相互抵销后产生的差额计入投资收益项目。（　　）

7. 如果企业合并业务中合并方确认了有关资产和负债，则该合并一定是吸收合并或新设合并。（　　）

8. 编制抵销分录是将纳入合并范围的母公司与子公司个别财务报表的各项在合并工作底稿的加总数据中属于集团内部经济业务的重复因素予以抵销。（　　）

9. 购买法下，购买方在吸收合并中取得的被购买方的各项可辨认资产、负债，应当按其公允价值入账。（　　）

10. 在编制合并财务报表时，母公司只需将其与子公司之间的投资、交易、借贷等内部经济事项进行抵销处理，而对子公司之间发生的上述经济事项，则不需进行抵销处理。（　　）

四、业务处理题

1. 母公司需要编制 2016 年的合并财务报表，其纳入合并范围的子公司有 A 公司，母公司拥有 A 公司 60％的股权，母公司、A 公司 2016 年个别财务报表的有关数据见表 9-5 所示。

表 9-5　个别财务报表的有关数据　　　　　　　　　　单位：元

项目	母公司	A 公司
净利润	400 000	200 000
投资收益	40 000	0
其中：对 A 公司的投资收益	12 000	0
年初未分配利润	20 000	30 000
提取盈余公积	60 000	30 000
应付利润	180 000	150 000
长期股权投资	580 000	0
其中：对 A 公司的股权投资	318 000	0
实收资本	500 000	300 000
资本公积	120 000	80 000
盈余公积	200 000	70 000
未分配利润	180 000	50 000

要求：母公司编制 2016 年度合并财务报表时，编制与长期股权投资有关的抵销分录。

2. 母公司和子公司均采用应收账款余额百分比法计提坏账准备，坏账准备的计提比例为 5‰，母公司和子公司内部交易的经济业务如下：

（1）2015 年母公司的应收账款中，有应收子公司的款项 240 000 元。

（2）2016 年母公司的应收账款中，有应收子公司的款项 280 000 元。

（3）母公司的长期债权投资中，有购买子公司发行的债券，子公司的发行价格为 300 000 元，母公司从证券市场购入的价格为 320 000 元。

（4）公司本期确认计入损益的内部应付债券利息 18 000 元。

要求：母公司编制 2016 年度合并财务报表时，编制与上述内部债权债务有关的抵销分录。

3. 2015 年，子公司从母公司购入货物，母公司的销售价格为 100 000 元，销售商品的毛利率为 30％；该内部购入的商品，子公司向集团公司外部销售 60％，售价为 80 000 元，其余的形成子公司的期末存货。

2016 年，子公司又从母公司购入货物 20 000 元，该货物的成本为 14 000 元，该货物均形成子公司的期末存货。

要求：母公司编制 2015 年、2016 年度合并财务报表时，应编制哪些与上述内部购销有关的抵销分录。

4. 母公司 2010 年 2 月 2 日从其拥有 60％股份的子公司购进其生产的设备一台。子公司销售该产品的价款为 120 000 元,销售毛利率为 20%,母公司共支付价款及增值税、各项税费 150 000 元,该设备于 2010 年 5 月 20 日交付管理部门使用。子公司采用直线法计提该固定资产折旧,该设备使用期限为 3 年,不考虑净残值。

要求:(1)假定该设备在使用期满时进行清理,编制 2010 年、2011 年、2012 年、2013 年合并财务报表中有关购买、使用、设备期满时的抵销分录。

(2)假设该设备于 2012 年 5 月 10 日提前进行清理,在清理中发生清理费 50 000 元,设备变价收入 74 000 元,编制 2012 年合并财务报表中设备提前清理的抵销分录。

5. 南都公司拥有甲公司 80%的股份。南都公司和甲公司的个别财务报表的数据如表 9-6 和表 9-7 所示。

表 9-6 资产负债表 单位:万元

资产	行次	南都公司	甲公司	负债及所有者权益	行次	南都公司	甲公司
流动资产:				流动负债:			
货币资金	略	14 100	1 520	短期借款	略	30 000	3 500
短期投资		0	0	预收账款		10 000	2 500
应收账款		19 900	3 980	应付账款		25 000	4 000
预付账款		6 000	1 000	应付工资			
存货		40 000	3 500	应交税金			
其他流动资产		28 000	2 000	应付利润			
流动资产合计		108 000	12 000	一年内到期的长期负债			
长期投资:				其他流动负债		35 000	2 500
长期股权投资		8 000	4 000	流动负债合计		100 000	12 000
长期债权投资		4 000	0	长期负债:			
长期投资合计		12 000	4 000	长期借款		30 000	4 000
固定资产:				应付债券		20 000	4 000
固定资产原价		100 000	12 000	长期应付款			
减:累计折旧		20 000	3 000				
固定资产净值		80 000	9 000	长期负债合计		50000	8000
在建工程		30 000	1 000	负债合计		150 000	20 000
固定资产合计		110 000	10 000	所有者权益:			
无形及其他资产				实收资本		50 000	6 000
无形资产		6000	1200	资本公积		10 000	500
长期待摊费用		4 000	800	盈余公积		18 000	1 000
无形及其他资产合计		10 000	2 000	未分配利润		12 000	500
				所有者权益合计		90 000	8 000
资产合计		240 000	28 000	负债及所有者权益合计		240 000	28 000

表 9-7　利润及利润分配表

2016 年　　　　　　　　　　　　　　　　　　　　　　　　　　　　　　　　　单位：万元

项　　目	南都公司	甲公司
一、主营业务收入	350 000	20 000
减：主营业务成本	280 000	15 000
主营业务税金及附加	1 000	300
二、主营业务利润	69 000	4 700
减：营业费用	10 000	500
管理费用	6 000	1 000
财务费用	0	400
三、营业利润	53 000	2 800
加：投资收益	3 000	200
四、利润总额	56 000	3 000
减：所得税	15 000	1 000
五、净利润	41 000	2 000
加：年初未分配利润	2 000	400
六、可供分配的利润	43 000	2 400
减：提取盈余公积	10 000	500
应付利润	21 000	1 400
七、未分配利润	12 000	500

南都公司与甲公司之间的内部交易情况如下：

(1) 南都公司对甲公司权益性投资额为 7 000 万元。

(2) 南都公司本期向甲公司销售产品 10 000 万元，销售成本为 7 000 万元。销售毛利率为 30%；甲公司本期期末存货中包含从南都公司内部购入的存货 2 000 万元，其余已实现对外销售。

(3) 南都公司本期应收账款中包含甲公司应付账款 3 000 万元，南都公司的坏账准备计提比例为 5‰。

(4) 南都公司长期投资中包含购买甲公司应付债券 1 000 万元，本期收到甲公司分来的利息收入 100 万元，并将其作为投资收益入账。

要求：编制 2016 年度的合并财务报表时的抵销分录。

参 考 文 献

[1] 中华人民共和国财政部. 企业会计准则(2006)[M]. 北京：经济科学出版社，2006.
[2] 中华人民共和国财政部. 企业会计准则应用指南[M]. 上海：立信会计出版社，2001.
[3] 裘宗舜. 财务会计概念研究[M]. 上海：立信会计出版社，2001.
[4] 谢诗芬. 高级财务会计问题研究[M]. 成都：西南财经大学出版社，2000.
[5] 财政部会计司. 企业会计准则讲解[M]. 北京：人民出版社，2007.
[6] 注册会计师协会. 会计[M]. 北京：中国财政经济出版社，2010.
[7] 程明娥. 高级财务会计[M]. 徐州：中国矿业大学出版社，2003.
[8] 刘玉廷. 资产减值会计[M]. 大连：大连出版社，2006.
[9] 程明娥，孙灿明. 高级财务会计[M]. 北京：中国农业大学出版社，2010.
[10] 冯淑萍. 企业合并与合并会计报表[M]. 大连：大连出版社，2006.
[11] 杜兴强. 高级财务会计[M]. 厦门：厦门大学出版社，2004.
[12] 胡燕. 高级财务会计[M]. 北京：经济科学出版社，2002.
[13] 刘永泽. 高级财务会计[M]. 大连：东北财经大学出版社，2005.
[14] 韩复龄. 外汇交易工具与避险操作[M]. 北京：中国时代经济出版社，2006.
[15] 王福利. 高级财务会计学教学案例[M]. 北京：中国审计出版社，2001.
[16] 郑庆华. 会计[M]. 北京：经济科学出版社，2007.
[17] 王伶. 快速掌握2006年企业会计具体准则[M]. 北京：中信出版社，2007.
[18] 中华会计网校. 2006新企业会计准则精读精讲[M]. 北京：人民出版社，2006.
[19] 陈文浩. 高级财务管理[M]. 北京：高等教育出版社，2013.
[20] 黄中生，路国平. 高级财务会计(2015年最新修订)[M]. 北京：高等教育出版社，2015.
[21] 汤湘希. 高级财务会计[M]. 北京：经济科学出版社，2015.
[22] 戴德明. 高级会计学[M]. 6版. 北京：中国人民大学出版社，2014.
[23] 石本仁. 高级财务会计[M]. 2版. 北京：中国人民大学出版社，2011.